Eingangsvignette aus Ludwig Ganghofers Jagdbuch

rosenheimer rāritäten

Ludwig Ganghofers

JAGDBUCH

Von Wald und Wild, von Jägern und Wilderern

Herausgegeben
von
Andreas Aberle · Jörg Wedekind

Rosenheimer Verlagshaus

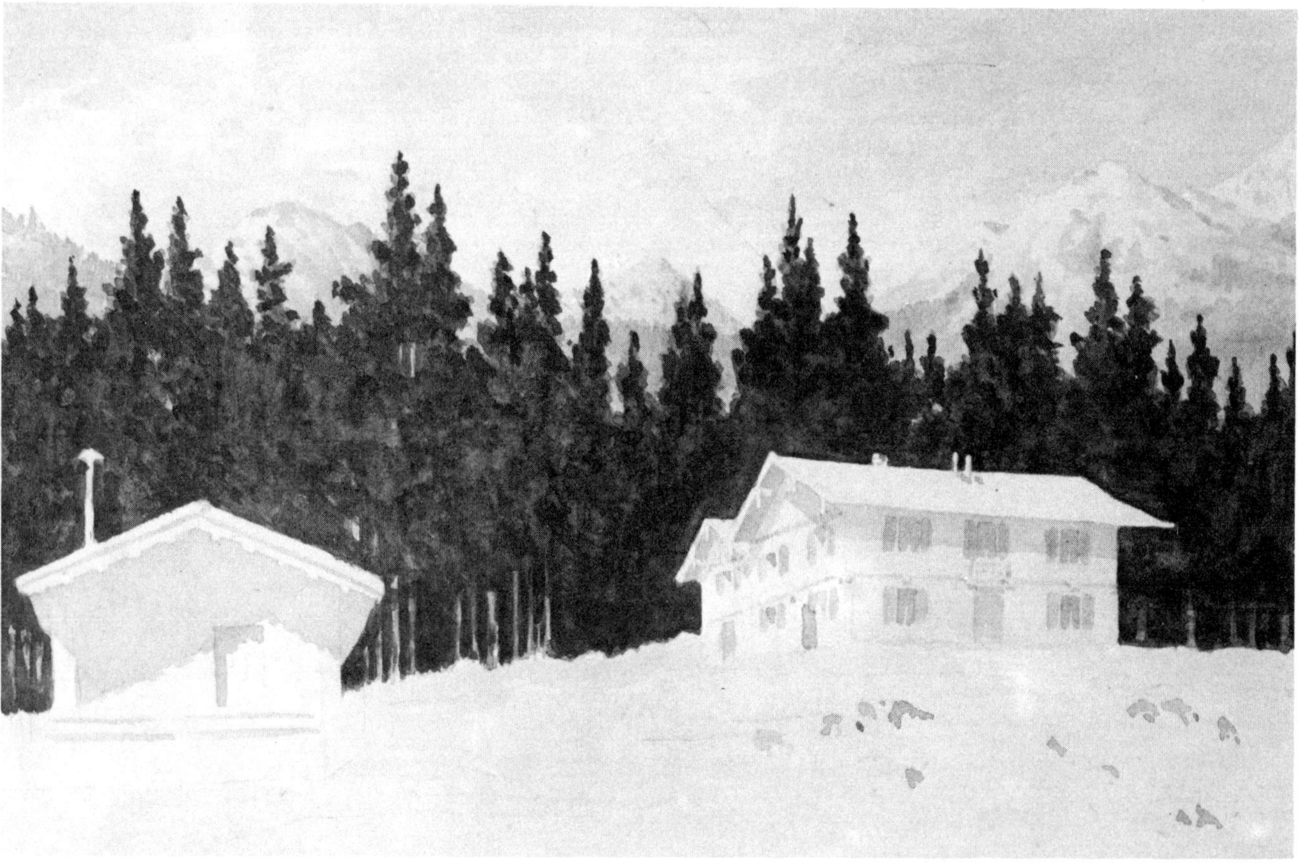

Jagdhaus Hubertus im Gaistal; ins Jagdbuch gemalt von L. Ganghofer

Inhalt

Porträt L. Ganghofers von F. A. Kaulbach

Zu diesem Buch

Die Herausgeber haben es sich in diesem Buch zur Aufgabe gemacht, Ludwig Ganghofer als Jäger darzustellen. Die Anregung hierzu gab letztlich Ganghofer selbst. Er hinterließ ein dreibändiges Jagdbuch, das so etwas wie eine Chronik seiner ausgedehnten Hochwildjagd im Tiroler Gaistal bildet, welche er von 1896 bis 1918 in Pacht hatte. Wer die handgeschriebenen und reich illustrierten Bücher sah, konnte sich des Eindrucks nicht erwehren, daß hier etwas nach Veröffentlichung verlangt.

Ganghofer hing der Jagd mit ungewöhnlicher Leidenschaft an. Aber es war nicht das Verlangen nach medaillenschweren Jagdtrophäen, was ihn immer aufs neue hinaustrieb. Er war der Jagd verfallen, weil er der Natur verfallen war. Manches Stück Wild verpaßte er zum Unwillen seiner Jäger, weil ein prächtiges Naturschauspiel seine Aufmerksamkeit ablenkte.

Da Leben und Jagen sich in Ganghofer so unlöslich verbinden, war es nötig, in einem ersten Abschnitt einen kurzen Abriß seines Werdegangs zu geben. Dabei ist keine Langeweile zu befürchten. Seine Lebensgeschichte ist so reich, daß sie Stoff für drei weitere Biographien geben könnte.

Der zweite Abschnitt behandelt an Hand des Jagdbuches die Gaistaljagd mit dem Jagdhaus Hubertus, wo der Jagdherr im Kreis seiner Familie und oft zahlreicher Gäste residierte. Hier entstanden auch in einsamen Nachtstunden seine späteren Romane. Gleichsam zur Erholung schrieb er zwischendurch kürzere Arbeiten, die von Wald und Wild, von Jägern und Wilderern handeln und in denen er seine reichen Erfahrungen mit verschiedenen Arten der Jagd oder ganz einfach Selbsterlebtes und Erzählenswertes festhält.

Im dritten Abschnitt, dem umfangreichsten, soll Ganghofer mit diesen Erzählungen und Geschichten ausgiebig selbst zu Wort kommen. Sie wurden von den Herausgebern unter anderem aus unveröffentlichtem Material und nicht mehr neu aufgelegten Sammlungen ausgewählt. Ganghofer hat in dieser kurzen Form sein Bestes geschrieben. Von besonderem Reiz sind die eingestreuten Einträge aus dem Jagdbuch.

Das Herannahen des Jahres 1914 wirft auch auf das Jagdhaus Hubertus seine Schatten, wovon im letzten Abschnitt die Rede sein soll. Es ist die Zeit, in der erste gesundheitliche Beschwerden Ganghofer zwingen, auf manche verlockende Pirsch zu verzichten. Aber der Glaube an das Leben verläßt den Optimisten nie. 1920 endet am Tegernsee ein Jägerleben, das zu den schönsten gehört.

L. Ganghofer beim Zitherspiel; Zeichnung aus dem Jagdbuch von Hugo Engl

Jäger und Poet

Ludwig Ganghofers umfangreiches Werk – er schrieb an die 70 Romane, Erzählungen und Theaterstücke – ist nicht allein die Frucht eines reichen Talents, sondern auch ungewöhnlicher Arbeitskraft. Er war imstande, zehn Stunden und mehr am Schreibtisch auszuharren. Auch wenn er nicht schrieb, konnte er lange Zeit in eine selbstgeschaffene Phantasiewelt untertauchen, sobald ihn ein neues Projekt beschäftigte. Er saß dann am Tisch, nahm mit mechanischen Bewegungen Speisen zu sich und beteiligte sich nicht am Gespräch. Richtete jemand das Wort an ihn, so tauchte er einen Moment empor, antwortete einsilbig und fiel erneut in Schweigen zurück.

Aber es gab ein Mittel, ihn unfehlbar aus dem Brunnen seiner Gedankenwelt hervorzulocken. Seine Freunde und Angehörigen kannten es und haben es oftmals – mitunter auch zum Scherz – angewendet. Man brauchte nur leise das Gespräch auf die Jagd zu bringen, auf einen guten Gamsbock oder einen Vierzehnender, sofort belebte sich Ganghofers Miene, und er wollte Näheres wissen. Dann konnte sich seine Versunkenheit urplötzlich in ungestümen Tatendrang verwandeln. Wenn er in seinem Roman »Schloß Hubertus« vom alten Grafen Egge-Sennefeld erzählt, daß dieser, sobald ihm ein lohnendes Stück Wild gemeldet wurde, in seiner leidenschaftlichen Hast beim Verlassen der Jagdhütte wiederholt gegen den Türstock rannte und faustgroße »Dippel« davontrug, so hat er damit keinen anderen als sich selbst geschildert.

Ludwig Ganghofers Geburtshaus in Kaufbeuren

Daß Ludwig Ganghofer ein Jäger war und ein Meister dieser Zunft dazu, ist vielen Lesern seiner Romane unbekannt. Dabei ist es nicht schwer zu erraten. Wenn in seinen Romanen der Held innehält und den Blick über Berge und Wälder schweifen läßt, folgt eine Schilderung der Natur, die deutlich macht, daß Ganghofers Verhältnis zu Wald und Tier so innig und kenntnisreich war, wie es nur bei einem Jäger sein kann. Und mehr noch: Ganghofers Beziehung zur Natur war nahezu die eines Mystikers. Der goldglänzende Aufgang eines Morgens, das stille Herabsteigen der Nacht konnte ihn in eine andere Welt entrücken. Es ist dieses wahrhaft erlebte, innige Einssein mit der Natur, das nachbebt in so vielen seiner Schilderungen.

Das Waidwerk begleitete Ludwig Ganghofer ein Leben lang, und zwar von Anbeginn. Seine Wiege stand in einem Forsthaus. Als er am 7. Juli 1855 in Kaufbeuren zur Welt kam, war sein Vater dort unter dem Großvater Ludwig Thomas Forstaktuar. Auch von den Verwandten trugen viele den grünen Rock.

Onkel Franz, der Bruder des Vaters, war Forstmann, Großvater Anton Ganghofer hatte die Forstmeisterei in Ottobeuren inne, und der Großvater mütterlicherseits, Friedrich Louis, lebte als gräflicher Forstrat zu Erbach im Odenwald.

1859, als Ludwig vier Jahre alt war, erhielt der Vater die Beförderung zum Revierförster und wurde nach Welden im schwäbischen »Holzwinkel« versetzt. Fünf Gehstunden von Augsburg entfernt, lag der Ort inmitten eines ausgedehnten Forstes in völliger Abgeschiedenheit. Einmal in der Woche fuhr ein Bote mit einem Plachenwagen nach Augsburg hinein und brachte, was man im »Botenbüchel« bei ihm bestellt hatte.

Diese grüne Waldinsel wurde das Kindheits- und Jugendparadies Ludwig Ganghofers. Zeitlebens war sie ihm Muster einer heilen, gesunden Welt, die wohl nicht frei war von Armut und Leid, aber doch voll Lebenszuversicht und Gottvertrauen. So klein diese Welt zu beiden Seiten der »stillfließenden Laugna« war, enthielt sie doch eine Fülle lebendiger Gestalten.

»Rings um unser Haus her saß ein Handwerker neben dem anderen«, schreibt Ganghofer in seinen Lebenserinnerungen. »Unser nächster Nachbar bachaufwärts war der Wagnermeister, dessen Hausmauer kaum zu sehen war unter dieser Menge von spiralförmig entrindeten Birkenstangen, die da zum Trocknen in der Sonne standen. Neben dem Wagner hatte der Bachgasselesschmied ein großes Haus auf dem Marktplatze; aber dieser ›Schmied‹ war eine lange, magere Witib, die zwei riesenstarke Schmiedebuben hatte. Ein paar Häuser bachaufwärts ratterten die Lohstampfen des Gerbers, der immer nach Eichenlohe roch, die C-Trompete blies und einer von den sieben Liberalen des Dorfes war. Hinter dem Gerber hauste der Schreiner, schräg über der Straße stand das Haus des Zimmermeisters Kriechbaum. Fünfzig Schritte weiter bachaufwärts wohnte der Drechsler, bei dem ich das ›Draxeln‹ studierte und jene rote Spinnräderbeize kennenlernte, die man vierzehn Tage nicht mehr von den Fingern wegbrachte. Und ganz am Ende der Gasse, noch hinter der Nagelschmiede kam das liebe Haus, in dem mein guter ›Maler-Papi‹ seine herrlichen Künste trieb: der Malermeister, Vergolder und Lackierer Georg Vogel. Über dem Bache drüben knetete der Sattler mit seinem dicken Daumen das Leder, aus dessen Abfällen ich meine Schleudern fabrizierte.«

Unter all diesen Häusern mit ihren ausgeprägten Bewohnern, Farben und Gerüchen zogen ihn zwei besonders an: das des Malermeisters und das des Nagelschmieds, der zugleich Bürgermeister war und wegen seines Aussehens »Heiliger Vater« genannt wurde:

Der Vater August von Ganghofer

»In diesen beiden Häusern, in denen ich Tag um Tag der Stunden mehr verbrachte als in der Stube meiner Eltern, bekam meine Lebensentwicklung eine dauerhafte Farbe. Die frohen und freundlichen Leute, die unter diesen zwei Dächern hausten, an den beiden entgegengesetzten Enden des Dorfes, lehrten mich von Kind auf, gut und hell von den Menschen zu denken, und gaben mir einen unzerbrechlichen Maßstab für die Beurteilung alles Lebens, das ich späterhin auf zwei Beinen über die Erde zappeln sah. Nur selten hörte man etwas von einem Diebstahl, von einer groben Gaunerei, von einer richtigen Niedertracht. Und wenn mein Vater mit einem Wildschützen oder mit einem ›Streuschnipfer‹ Verdruß hatte und zornig aus der Kanzlei kam, pflegte die Mutter zu sagen: ›Geh, Gustl, schau, im Kern sind's gute Leut; macht einer Dummheite, so bürscht ihm halt 's Köpfl ein bissele; wirst sehen, es hilft!‹«

Das ganze Dorf war der Erzieher des kleinen Ludwig, nicht nur in der Kunst, dem Leben das Gute und Schöne abzugewinnen, sondern auch es mutig und furchtlos anzupacken. Vom »Dorfphilosophen« Onkel Xaveri, dem Lehrmeister der Buben im Fischen und Vogelfangen, stammte der Satz, der dem abenteuerhungrigen Förstersohn wie auf den Leib geschnitten war: »Vor nix muß ma si ferchte!«

So vermochte denn auch die Köchin Ottil »mit ihren 100 Gespenstergeschichten« keine Furcht in ihm zu erwecken: »Ich glaubte nicht an Gespenster, aber ich hätte doch ums Leben gern einmal einen Geist gesehen.« Wenn er dem Vater abends noch einen Krug Bier holen mußte, machte er deshalb mit Vorliebe den Umweg über den Friedhof und blickte in die Beinkapelle, ob sich dort nicht etwas Gespenstisches rege. Manchmal raschelte auch etwas zwischen den Gebeinen, entpuppte sich aber dann zur Enttäuschung des kleinen Geisterforschers als gewöhnliche Maus.

Eine andere Spezialität der Köchin waren Schatzgräbergeschichten. Sie beherrschten die Phantasie des kleinen Ludwig eine ganze Zeit, fanden dann aber durch eine kräftige Ohrfeige des Vaters ein plötzliches Ende. Als sich nämlich die Träume des Buben von gefundenen Reichtümern, für die er sich eine Kutsche mit zwei weißen Ziegenböcken zu kaufen gedachte, trotz eifrigen Suchens nicht erfüllten, kam er auf die merkwürdige Idee, selbst einen Schatz zu vergraben. Seine Spielkameraden sollten ihn finden, und an ihrem Staunen und Entzücken wollte er sich weiden. Er grapschte also im Elternhaus alles Gold und Silber zusammen, dessen er habhaft werden konnte: sein Patenbesteck, die silbernen Löffel der Mutter und Papas goldene Uhr und Kette. Dann vergrub er alles im Wald. Aber das Fehlen der Familienkleinodien wurde bald bemerkt. Der Vater nahm ihn beim Ohr, ging mit ihm in den Wald und verlangte, den »Schatz« augenblicklich zu heben. Aber Ludwig, so sehr er hinter Büschen und Bäumen suchte und stocherte, fand die Stelle nicht mehr. Mehr als die Ohrfeige des Vaters betrübten ihn die Tränen der Mutter.

Lausbubenstückel dieser Art reihen sich in Ludwig Ganghofers Lebenserinnerungen in bunter Reihenfolge aneinander. Dazu gesellen sich die Erzählungen lustig-grausamer Knabenjagden auf Vögel und Eichkätzchen und auf die Räuber der Felder und Lüfte. Alles was in die harten Knabenfäuste kam, sollte gezähmt werden, und zumeist gelang es, »nur die Füchse blieben immer wild, bissen und stanken«.

»Aber wenn man eins von diesen roten Satansbiestern um seiner Unerträglichkeiten willen totschlagen mußte, fingen wir gleich wieder ein paar neue und waren des festen Glaubens, daß wir sie diesmal zahm kriegen würden. Und es gab im Revier meines Vaters keinen Fuchsbau, dessen Röhren so eng gewesen wären, daß wir den mageren Alfons mit einigem Nachschub nicht hineingebracht hätten. Wenn wir ihn an den Beinen wieder herauszerrten, war er von den Fußknöcheln bis zum Halse gelb von Sand, hatte ein blutendes Gesicht, blutende Hände und streckte uns lachend in den zerbissenen Fäusten zwei rote, zappelnde Wollknäuel entgegen, die sich als junge Füchse entpuppten.«

Und noch ein anderes erweckt in Ganghofer, wenn er an seine Jugendzeit in Welden zurückdenkt, versunkenes Glück: der Wald, »Brunnen aller Dinge, die gesund sind, Heimat aller schönen, zufriedenen Träume«, wie er ihn nennt.

»Ich habe mich als Kind im Walde nie gefürchtet. Er war mir ein Vertrautes, bevor ich ihn noch kennenlernte. Denn eh' ich zum erstenmal in seinen stillen Schauer trat und lachend nach seinen Farben und Früchten griff, hatte ich schon zu hundert Malen das schwärmerische Wort der Mutter gehört: ›Mein Wald!‹ Und der Vater, der nicht leicht zu Zärtlichkeiten neigte, hatte immer etwas Frohes und Mildes in der Stimme, wenn er von ›seinem‹ Walde sprach.

Es mag wohl bald im ersten Sommer zu Welden geschehen sein, daß ich sehnsüchtig diesem winkenden Grün entgegenzappelte. Des Tages, der mir den Wald gegeben, weiß ich mich nicht mehr zu entsinnen. Aber ich glaube, daß dieser Tag mir den ersten Seelenrausch, das erste klingende Gefühl meines Lebens gab. Denn so weit ich mit klarem Erinnern zurückschaue in die Kindheit, immer steht mir zwischen schönen Dingen der Wald als das schönste, immer war mir da ein frohes

Zittern im Blute, ein Jubelschrei in der Kehle, ein Staunen in den Augen. Und das ist seit damals so in mir geblieben bis zum heutigen Tage.«

Die glückliche Knabenzeit in Welden fand ein Ende, als Ludwig mit zehn Jahren auf die Lateinschule zu Neuburg an der Donau geschickt wurde. Das Näherrücken des Abschieds versetzte ihn in einen fast krankhaften Zustand. Eine unersättliche Gier überkam ihn, »sich in Wald und Feld noch gründlich auszurasten«. In der Schule zeigte er sich unruhiger und rauflustiger als je zuvor; wo es ging, versuchte er auszukneifen, so daß ihn der Benefiziat schließlich in seine Studierstube einschloß und die Fensterläden von außen zuhakte. In seiner Einsamkeit freundete sich Ludwig mit dem Rasiermesser des Benefiziaten an und entdeckte, daß man damit wundersame Figuren in Papier schneiden konnte. Einen Band nach dem anderen der in Schweinsleder gebundenen Kirchenväter nahm er aus dem Regal und schnitt selbstvergessen die zierlichsten Ornamente in Kanten und Rücken. Den guten Benefiziaten rührte fast der Schlag, als er das Werk des jungen Künstlers sah, der auch den heiligen Augustin nicht verschont hatte. Ludwig wurde tüchtig bei den blonden »Kreuzerschnecken« seines Haupthaares gebeutelt, aber »verklagt« hat ihn der Benefiziat nicht.

Unter den Jungen in Welden war Ludwig der Erste gewesen, nun, als kleiner Lateinschüler in Neuburg, sollte er lernen, unter vielen der Letzte zu sein. Als ihm wieder die Waldsehnsucht in die Glieder fuhr und er den Garten der Gymnasiasten betreten wollte, wo schöne Bäume standen, bezog er seine erste Tracht Prügel und machte Bekanntschaft mit der Klassengesellschaft. Aber nicht lange, so hatte Ludwig wieder seine eigene Welt um sich geschaffen. Auf dem baumlosen Hof der Lateinschüler gab es unter einem Ziegeldach einen Stapel Holzscheite, groß wie ein Haus:

»Und da machte ich gleich eine großartige Entdeckung. Dieser Holzschuppen war achtzig Schritte lang, hatte keine Wände, nur ein rotes Ziegeldach, unter dem die schweren Holzscheite zum Trocknen aufgereiht waren bis unter den Giebel. Droben am First war eine kleine Lücke. Ich kletterte hinauf, schob mich durch die enge Röhre, als wär's ein Fuchsbau meines Weldener Waldes, und als ich mich so zwanzig Schritte vorwärts gewuzelt hatte, begann ich Scheit um Scheit herauszuziehen und seitwärts zu verstauen. Ich arbeitete, daß mir der Schweiß herunterlief. Nach einer Stunde war mitten in der dicken Scheiterbeuge ein gemütliches Dämmerkämmerchen ausgehöhlt. Nun wählte ich die Kameraden, die meine

›Waldhütte‹ mit mir teilen sollten. Wer im Walde aufgewachsen, riecht den Wald. Unter den fünfen, die ich auswählte, waren vier Försterssöhne. Später wurde die Waldhütte zu einer ›Burg‹ ausgebaut, und wir nahmen noch vier Bundesgenossen auf. Kein anderer durfte herein. Die Burg war leicht zu verteidigen. Denn durch die Fuchsröhre konnte immer nur ein einziger kriechen. Wollte ein ›Fremdling‹ eindringen, dann bekam er, sobald sein Haardach erschien, so viele Kopfnüsse, daß er flink retirierte. In dieser Burg wurde nur von der Heimat, vom Wald und von der Jagd geredet.«

Allzuviel mag der zehnjährige Ludwig von der Jagd noch nicht verstanden haben, denn der Vater versuchte ihn solange als möglich davon fernzuhalten und verbot den Forstgehilfen, ihn mitzunehmen. So hatte sich Ludwig schon frühzeitig andere Lehrmeister gesucht. Einer davon war der »Lumpeschuster« gewesen, ein alter Bauernjäger:

»Mein Vater sah es nicht gerne, daß ich mit diesem Alten Freundschaft hielt. Aber wenn er mir begegnete und mit den schlauen Augen zwinkerte, wußte ich gleich, daß wir vor Anbruch des Abends auf dem Theklaberge sein mußten, der Muckl, der Domini, der Alfons und ich. Da gab's kein Halten, pünktlich war ich droben bei der Ziegelstätte. Und wenn die Sonne über den fernen Gottsackerberg hinunterging, kam der Lumpeschuster über den Theklaberg herauf, einen schweren Sack auf dem Rücken schleppend. Erst mußten wir Buben Stillschweigen geloben mit dem Schwur: ›Auf Ehr und Seligkeit!‹ Dann ging es zur Zieglerwiese. Und der Lumpeschuster holte aus dem Sack ein großmächtiges, spinnefein geflochtenes Netz heraus. Wir Buben mußten links und rechts von der schmalen Wiesenmitte auf zwei hohe Bäume klettern, die Rollen an den Wipfeln festbinden und die Schnüre durchziehen. Bevor es dämmerte, war das feine Netz, turmhoch durch die Luft gespannt, quer über die Wiese hin. Neben dem Lumpeschuster, der am Waldsaum hockte und die Fallschnüre festhielt, huschelten wir viere uns lautlos zusammen, guckten in die Luft und lauerten. Es dämmerte mehr und mehr. Die letzten Amselrufe schwiegen, die kleinen Meisen wurden still, manchmal brummte unsichtbar ein großer Käfer an uns vorüber. Alles in der Dämmerung Verschwimmende wurde zu einem rätselhaften Ding, das man mit erregter Neugier betrachten mußte, und wenn das Netz schon nimmer zu sehen war und ein großer Stern am blaßgelben Himmel aufbrannte, pflegte der Lumpeschuster unter leisem Kichern zu flüstern: ›Jetz bald! Jetz bald!‹ Wir Buben zitterten im Fieber der Aufregung. Drunten im fernen Dorf ein sanftes Glockengeläu-

te, bei dem wir zu beten vergaßen. Und nun in der bleigrauen Luft ein merkwürdiges Räuspern, immer näher, ein hohes Gezwitscher, doppelstimmig – über den Waldsaum huschen zwei schwarze, schwebende Kugeln herüber, jede so groß wie eine Faust, und senken sich gegen die nebelnde Wiese, steigen wieder und fallen, scheinen miteinander zu spielen, verwandeln sich in runde, fette Vögel mit hurtig schlagenden Flügeln. Mitten im kosenden Flug scheinen sie plötzlich stillzustehen, ein leises Rauschen, ein sachter Klatsch – das Netz ist gefallen, hat die zwei Schnepfen unter seinen Maschen begraben, und wir Buben stürmen mit dem Siegesgeheul von Indianern auf die Beute los. Die kam natürlich in den großen Sack des Lumpenschusters.

Weshalb man bei solch einer herrlichen Sache Stillschweigen ›auf Ehr und Seligkeit‹ geloben mußte, das hab ich erst späterhin begriffen. Der Lumpeschuster war ein Wilderer und stahl die Schnepfen in meines Vaters Revier – und da nahm er mich mit, um sich für den Fall der Entdeckung einen Blitzableiter zu sichern.«

Aber auch ohne Lehrmeister waren Ludwig und seine Freunde eifrige Jäger mit Flitschbogen und Armbrust und schossen Pfeile und Bolzen auf Nimmerwiedersehen in die Baumkronen und Büsche. Eines Tages jedoch hatten sie genug von diesen Kinderwaffen. Der erfindungsreiche Sohn des Dorfmalers brachte Ludwig auf den Gedanken, »daß man beim Forstgehilfen Stubenrauch zum ebenerdigen Fenster ins Zimmer hineinsteigen und eine Flinte herausholen könnte«. So geschah 's:

»Was ich erwischte, war ein nagelneuer, doppelläufiger Lefaucheux. Und vier Patronen grapste ich aus der Schublade. Die Flinte war so lang und schwer, daß ich sie nicht an der Wange festhalten konnte. Aber der Schlosser war ja doch mein Freund. Und als ich zu ihm kam und bettelte: ›Du, schneid mir das lange Gwehrle vorn und hint ein bissele ab!‹, da lachte er und tat, was ich haben wollte. Nun gingen wir pirschen, der Alfons und ich. Furchtbar stolz! Doch wir hatten noch keine zwanzig Schritte in den Wald gemacht, da ging das Gewehr schon los, ohne daß ich schießen wollte. Und dem Alfons fuhr das Feuer und der Schuß so dicht am Bauch vorbei, daß er ein Brandloch ins Kittele bekam und daß an seinem ›Schilehweschteleible‹ ein Tuchfetzen und zwei Knöpfe fehlten. ›Noi, du!‹ sagte der vorsichtige Freund, machte einen seiner berühmten Seitensprünge und ließ sich an diesem Tage nicht mehr in meiner Nähe blicken.

Mir war ein bißchen absonderlich zumute. Und weil sich nur

der Alfons aufs Laden verstanden hatte, wußte ich für mich allein nimmer, was ich tun sollte. Ging also heim. An dem roten Hause sah das verstörte Gesicht meiner Mutter zum Fenster heraus. Und noch bevor ich, um ein klassisches Wort zu gebrauchen – den Hof erreichte, tauchte der Vater mit zornheißer Stirne in der Haustür auf. Mit der Linken faßte er mich am Handgelenk, und die Rechte hielt er hinter seinem Rücken versteckt, drum konnte ich nicht sehen, daß er in dieser Hand die Hundspeitsche hatte. Und dann bekam ich in meines Vaters Kanzlei die ersten schweren Hiebe meines Lebens. Mit dieser Hundspeitsche! Und dem Forstgehilfen Stubenrauch mußte Papa einen neuen Lefaucheux kaufen.«

Diese schmerzliche Erinnerung an den ersten Umgang mit einem Jagdgewehr, war zu der Zeit, als Ludwig in Neuburg zur Schule ging, längst vergessen. Wenn er in den Ferien nach Hause kam, durfte er nun endlich auch die Forstgehilfen bei ihren Dienstgängen im Revier begleiten. Kehrte er dann Ende September ins Internat zurück, so machte ihn die Sehnsucht nach dem Wald zu einem »verdrehten, widerhaarigen und jähzornigen Gesellen«. Er konnte weder arbeiten noch aufpassen, immer war er mit den Gedanken »weit da draußen, wo die hundertjährigen Bäume jenes Lied sangen, das kein anderer hören konnte als ich allein«. So fand er sich denn in den Zensurfaszikeln der Studienanstalt Neuburg auf wenig schmeichelhafte Weise verewigt:

»Ludwig Ganghofer ist ein wohlbefähigter, aber ganz nichtsnutziger, überaus träger und leichtsinniger Schüler, der schon vom Beginn des Schuljahres an zeigte, daß er völlige Abneigung gegen die Studien hege. Für alle Mahnungen war er taub; Strafen hatten bei ihm keine Wirkung! Bei vielen Gelegenheiten zeigte er überdies einen boshaften und rohen Charakter. Dementsprechend sind sein Fortgang und seine Noten.«

Der Vater resignierte schon und meinte, der Nichtsnutz müsse dann eben Forstgehilfe oder Schlosser werden, aber die guten Worte der Mutter brachten es schließlich dahin, daß Ludwig nach dreiwöchigem Büffeln das Absolutorium »mit einer nicht allzu schlanken Note« bestand.

Zur Belohnung erlaubte ihm der Vater, seinen ersten Rehbock zu schießen. »Doch als er dalag, war's eine Geiß. Im Jagdfieber hatte ich Maskulinum und Femininum verwechselt, wie mir das mit den lateinischen und griechischen Substantiven schon des öfteren passiert war. Doch durfte ich von diesem Tag an kein Gewehr mehr in die Hand nehmen. Freilich ließen mich die Forstgehilfen ohne Wissen des Vaters immer wieder heimlich von der Jagdschüssel naschen.« Solche Verwechslungen der Geschlechter passieren dem Anfänger bekanntlich immer wieder. In »Ex'lenz haben einen Bock geschossen« hat Ganghofer das alte Thema auf seine Art behandelt.

1869 wird Ludwig als »Stadtstudent« nach Augsburg auf das Gymnasium geschickt, wo er seine Liebe zum Theater und zur Physik entdeckt. Da er überdies Geschick zu allem Handwerklichen besitzt, planen die Eltern, ihn Maschinenbau studieren zu lassen. Die Neigung zur Literatur war wohl erkennbar gewesen – er hatte sich schon in Neuburg von Indianergeschichten bis zu Goethe durchgelesen und schrieb in Augsburg ein schwulstiges Theaterstück über Philippine Welser mit dem Titel »Die weiße Rose von Augburg« –, aber das war für einen Gymnasiasten nicht unbedingt außergewöhnlich. Seine »Theaterrennerei« wurde ihm in Augsburg schließlich zum Verhängnis. Er besuchte die für Gymnasiasten verbotene Aufführung einer Pariser Truppe, die auf der Bühne griechische Plastiken darstellte, wurde entdeckt und von der Schule gewiesen.

In Regensburg, wo ihn der Vater nun unterbrachte, gefiel es ihm aber nicht weniger gut. Wieder trat ein »Neues, Schönes, Geheimnisvolles« in sein Leben: das große Wasser.

»Die Laugna in Welden war ja nur ein kleines Bächle gewesen, die Donau in Neuburg eine mäßige Sache, die ich näher nicht kennenlernte, der Lech in Augsburg nur so ein Kieselgerinnsel, wo man durchwaten, manchmal sogar hinüberspringen konnte. Doch jetzt dieses reiche, mächtige Ehepaar: die rauschende, lebenslustige, nur ein bißchen gefährliche Donau und der stille, tiefgründige Regen! Ich wurde halb verrückt vor Zärtlichkeit für diese beiden neuen Götter meiner Jugend.

Im plätschernden Wellenzug der Donau mit lustigem Gegaukel so hinzuschießen und dann aus Leibeskräften stromauf zu rudern, mit übereinandergebissenen Zähnen, keuchend, schweißtriefend am ganzen Leibe, die Adern an Hals und Schläfen zum Springen geschwellt – was war das eine herrliche Sache! Man aß und schlief dann wie ein griechischer Herrgott. Und das Nötige für die Schule war am Morgen mit einer Stunde erledigt. Aber das viel, viel Schönere noch, ein Unbeschreibliches war dieses andere: nachmittags auf dem stillen, von Schattenstauden begleiteten Regen weit stromauf zu rudern und am Abend vom kleinen, weißen Segel sich heimziehen zu lassen, so lautlos und sanft hineinzugleiten in die violette Dämmerung, in die blaue Nacht, diesen hundert blitzenden Sternen entgegen, die vom Himmel auf die dunkle Erde gefallen schienen!«

Das übermütige Vertrauen auf seine Kräfte brachte ihn in

Regensburg fast an den Rand des Todes. Er wettet mit seinen Schulkameraden um ein Krügel Bier und zwölf Bratwürste, daß er zweimal über die hochgeschwollene Donau hinüber und herüber schwimmen würde, ohne am Ufer zu rasten. Bei der letzten Passage verließen ihn mitten im Strom die Kräfte, und er ging unter. Sein Denken erlosch, ein grauenhaftes Angstgefühl befiel ihn – »und plötzlich hörte ich einen stoßenden Hall in meinen Ohren, als hätte man an zwei ungeheure Glocken geschlagen, von denen die eine tiefer klang als die andere. Und nun verwandelte sich meine Todesangst in ein Gefühl von namenloser Süßigkeit«.

Die Soldaten der Militärschwimmschule zogen ihn in ihren Kahn und brachten ihn ins Leben zurück. Am nächsten Tag konnte Ludwig stolz in der Schule verkünden: »Der Tod ist gar nix! Bloß ein Glockenläuten! Und was merkwürdig Gutes!«

Das Heimweh nach Welden war in Regensburg, wo Ludwig nicht wie von Augsburg in fünf Stunden nach Hause eilen konnte, so groß wie je. Unter den vielen Gedichten, die seiner heißen Feder entströmten, findet sich auch eine Hymne an die ferne Waldheimat. ». . . und schau ich«, hieß es da ungefähr, »im Geist die vertrauten Berge wieder, die blühenden Täler . . . da denk ich nur das eine: Ich weine!«

Jede Strophe schloß mit dem Kehrreim:

Da denk ich nur das eine:
Ich weine!

Es gelang dem jungen Dichter, das Lied in der Zeitung unterzubringen. Stolz fand er es eines Sonntags gedruckt. Doch wie hatte ein Druckfehler die letzte Strophe verstümmelt:

Ich seh die Anverwandten alle
Mit geist'gem Aug, so fern sie sind,
Der Oheim sitzet in der Halle,
Die Tante wiegt ihr blondes Kind.
Der Vetter füttert seine Pferde,
Die Base kocht und bäckt am Herd –

Da denk ich nur das eine:
Schweine!

Seine Theaterleidenschaft verließ ihn auch in Regensburg nicht. Als er einmal nach den Ferien in die Donaustadt zurück-

fahren mußte, bat er seinen Vater, einen Umweg über München machen zu dürfen, um das Oktoberfest zu besuchen. Aber der fidele Rummel auf der Theresienwiese lockte ihn in Wahrheit nicht. »Etwas Schönes wollte ich sehen, etwas namenlos Schönes!« Vom Bahnhof fragte er sich zum Hoftheater durch, wo man den »Tannhäuser« gab. Es folgten vier Stunden eines »selig, selig staunenden Rausches«, der ihn alles vergessen ließ. Anschließend rannte er halb von Sinnen durch die Straßen und saß dann die halbe Nacht im Hofgarten. Endlich landet er im Wartesaal des Bahnhofs, mitten unter den betrunkenen und gröhlenden Besuchern des Oktoberfestes, deren Anblick ihn abstößt. Aber der menschengläubige Ludwig findet auch hier das Gute und Schöne, an das er sich halten kann:

». . . mitten in diesem Gedränge von Widerlichkeiten steht plötzlich ein junges, bildschönes Mädchen mit seidenem Fransentuch und schimmerndem Riegelhäubchen, ein rosiges Madonnengesicht mit verträumten, glückseligen Augen. Und neben ihr ein fester, hochgewachsener Bursch mit der Goldschnur um den Hut, mit einem ruhigen, glücksfrohen, sonnverbrannten Gesicht. Er hält den einen Arm um das Mädel geschlungen, und den anderen Ellenbogen vorkrümmend, macht er einen eisenfesten Zaun. Die beiden verschwanden im Gewühl. Doch heute seh ich noch immer dieses junge Paar so deutlich, daß ich es malen könnte.«

Nach bestandenem Abitur reist er glücklich nach Welden zurück. Als er seinen Eltern die »papierenen Zweier« vorweist, sagt der Vater lachend zur Mutter: »Lotte, heute darfst du ein Kalb schlachten!«

Zur Belohnung seines Fleißes durfte er sich in den nächsten Wochen mit der Jagdbüchse gründlich in den Wäldern des Holzwinkels austoben. Dabei hatte er in einer Vollmondnacht eine aufregende Begegnung:

»Ich sah auf mondheller Lichtung plötzlich einen Wilddieb stehen mit dem Gewehr im Anschlag gegen mich. Mein erster Gedanke: ›So, jetzt bist du hin!‹ Und mein zweiter: ›Wehr dich!‹ Und da krachte auch meine Büchse schon. Ich glaube zu sehen, wie es den Wilddieb im Rauch über den Haufen wirft, springe in einen Graben hinunter und rase heim. Den Schreck, den mein Vater hatte, kann man sich denken. Doch als wir in den Wald hinauskamen, um den Schwerverwundeten heimzuschaffen, stand der Wilddieb ganz gesund auf der Lichtung und zielte wieder: ein alter, mannshoher Baumstrunk mit ausgestrecktem Ast. Nun gab's ein Gelächter. Und Papa sagte: ›Na, wenigstens hast du nicht schlecht geschossen!‹ Meine Kugel war mitten durch das faule Holz gegangen.«

1873 wurde der Vater als Kreisforstmeister nach Würzburg versetzt, und die Familie nahm Abschied von dem trauten Försterhaus in Welden. Der Absolvent des Gymnasiums bindet die blaue Schlosserschürze um und geht als Volontär in die Riederingersche Maschinenfabrik nach Augsburg. Aber die Liebe zum technischen Beruf kühlt sich im Laufe des Jahres merklich ab. Eines Tages eröffnet er den Eltern, die inzwischen in München wohnten, daß er Schriftsteller werden möchte. Der Vater gibt schließlich seufzend sein Einverständnis, die Mutter nimmt es von der heiteren Seite. »Na also, wenn du ein Dichter sein willst, so mach mir emal en Reim auf Apfelkuchen!« sagt sie. »Den möcht ich gleich versuchen«, kommt es wie ein Blitz vom Sohn zurück.

Nun hört Ludwig auf dem Polytechnikum und der Universität Vorlesungen quer durch den reichen Garten der Philologie. Daneben treibt er weiter Physik »aus Liebe zur Natur«. Wurde ihm von dem Durcheinander das Gehirn etwas rappelig, so half gewöhnlich eine »feste Tour ins Gebirge«.

Da die Wohnung der Eltern zu klein ist, wohnt er in einer Studentenbude in der Innenstadt. Hier ist er unumschränkter Herr seiner Nächte. »Das tat mir nicht gut. Aber grob geschadet hat es mir schließlich auch nicht.«

Wenn er in warmen Sommernächten vom Hofbräuhauskeller heimkehrte, pflegte er den Monumentalbrunnen vor der Universität zu seiner Badewanne zu machen. Er plantschte nackt darin herum und jagte einsam »heimzappelnden Frauenzimmerchen« einen panischen Schrecken ein. Einmal wurde er aber von einem Gendarm entdeckt. Dieser erfaßte die Situation sofort, bemächtigte sich der Kleider des Badenden, retirierte aus dem Spritzbereich und rief:

»Sö, genga S' aussi da!«

»Ich mag nicht.«

»Guat, dann nimm i halt 's Gwand mit auf d' Wach.«

»Sie werden öffentliches Ärgernis erregen, wenn Sie mich zwingen, nackt durch die Stadt zu laufen.«

»Herrgottsakra . . .!«

Der Tugendwächter kratzte sich ratlos den Kopf. Schließlich ließ er sich bereden, die Kleider zurückzugeben und auf die andere Seite des Brunnens zu treten, denn Ludwig weigerte sich entschieden, »putzelnackert vor einem wildfremden Menschen aus dem Wasser zu steigen«. Aber statt sich anzuziehen, griff Ludwig nur seine Sachen und rannte »mit den Sprüngen eines Marathonläufers« gegen das Siegestor davon.

Um sein Taschengeld etwas aufzubessern, schickte Ludwig Gedichte, politische Aufsätze, Essays und Kunstplaudereien an die Zeitungen. »Die eine Hälfte kam zurück, die andere Hälfte blieb antwortlos verschollen.« Das erfahrene Beamtenauge des Vaters – mittlerweile Forstrat im Finanzministerium – entdeckte schließlich die Ursache. »Das glaub ich schon, daß man das alles zurückschickt«, sagte er, »dieses Buchstabengefuzel kann ja keine Katz lesen!« Ludwig nahm also Unterricht bei einem Kalligraphielehrer und lernte noch einmal schreiben wie ein Kind. Die »Therapie« wirkte verblüffend. Dieselben Manuskripte wurden nun von denselben Zeitungen angenommen und »niedlich honoriert«.

Freilich war die Studentenzeit in München keineswegs immer heiter und unbeschwert. Ein betrügerischer Freund, ein geliebtes Mädchen, das sich von ihm abwandte, brachten ihn an den Rand des Selbstmordes. Aber »wenn ich unterzugehen drohe, war immer eine freundliche Leiter nah, über deren Sprossen ich wieder in die Höhe kam«. Er wandte sich von der Außenwelt ab und richtete seine enorme Lebensenergie auf seine Doktorarbeit, die eine vergleichende Studie zwischen dem Franzosen Rabelais und dem Deutschen Fischart zum Thema hatte. »Fischarts gesunder und derber Humor . . . festete mein Rückgrat wieder, gab mir neue Liebe zu den Menschen, neuen Glauben an das Leben, Mut für neue Wege.«

Im Café Metropol, wo Ludwig nun halbe Nächte verbrachte, wurde er mit den »politischen Matadoren des Zeitgeistes« bekannt. Aber seine Bekehrung zum Sozialdemokraten gelang nicht. »Da kam der einheitliche Menschenwert und der große Ausgleich aufs Tapet, und es wurde mir das Bild eines Zukunftstaates entwickelt, vor dem mir gruselte um der Unfreiheit willen, zu der jeder einzelne dann gebunden und gefesselt wurde . . . Gleichheit aller Menschen, ja, gewiß, an Recht und Pflichten und vor dem Gesetz. Aber der Begabte und Fleißige soll es im Leben doch weiterbringen können als der Unbegabte und Faule.«

Ludwig entwarf eine eigene Utopie, die er »Staat der in Jugend Glücklichen« nannte. Darin war von grünen Vorstädten, Einfamilienhäusern, Schulgeldfreiheit und Bildungsrenten die Rede. Die realistische Mutter packte ihn lachend am Haarschopf: »Ach Bub! Eh man die Welt ein bisserl besser macht, muß man 's Geldmännle auf'm Häfele erfinde, das allweil voll ischt.« Und dann sagte sie ernst: »Aber hast schon recht! Wer nie zum Bohre anfangt, kommt nie durchs Brettle durch.«

Die Freiheit, von der die Utopisten sprachen, hat dem Weltverbesserer Ludwig selbst viel zu schaffen gemacht. »Es liegt im Wesen der Menschen, daß sie mit jeder Freiheit den Anfang machen, sie gründlich zu mißbrauchen. Das hab ich besorgt. Sehr ausgiebig ... Ich meinte zu hellen Höhen zu klettern und verirrte mich zu dunklen Tiefen. Doch wo die Wege allzu abschüssig wurden, war immer wieder die Schranke da, die mich von den gefährlichen Purzelbäumen zurückhielt.«

»Was vom Weg abbringt, bringt auch auf den Weg zurück.« Diese tröstliche Weisheit bekam Ludwig Ganghofer zu dieser Zeit in volkstümlicher Abwandlung auf einem Schießstand zu hören und aus dem Munde eines Mannes, den er seit langem verehrte:

»Im Sommer, bei einem Ausflug an den Tegernsee, als ich die Blauberge besteigen wollte, hörte ich von der Rottachmühle herüber die Stutzen knallen. Das war hallende Musik, die mich anzog. In dem grünen Buchental zwischen Wallberg und Bodenschneid fand ich das Tegernseer Forstpersonal bei einem lustigen Scheibenschießen versammelt. Ich vergaß die Blauberge, vertrödelte den ganzen Tag, schwatzte an den Ladetischen mit den Jagdgehilfen, guckte zu den Scheiben hinaus, und wenn der weiß und rot gefleckte Zieler da draußen den Spitzhut in die Luft warf, einen Juchschrei tat und Purzelbäume schlug, dann war immer eine Freude in mir, als hätte ich selber einen Punkt geschossen.

Unter den Schützen war einer, dem mein besonderes Interesse gehörte, sooft er den Stand betrat und die schwere Feuerbüchse hob. Ein feines, altes Männchen. Schon weißköpfig, mit mehlgrauem Backenbart und Schnauzer. Der grüne Jägerhut mit der Spielhahnfeder war schief übers rechte Ohr gezogen, damit die Sonne beim Zielen dieses klare, schöne, jung gebliebene und heiter blitzende Auge nicht blenden sollte. Das schlanke, alterszarte Mannsfigürchen stak in weiten, grauen Hosen mit grünen Streifen und in einer Miesbacher Joppe, deren Rückenteil durch die Quetschfalte hochgezogen war und vom Körper weg einen straffen Winkel machte. In dem durchgeistigten Gesichte dieses heiteren Greises war ein Mund, den man immer ansehen mußte. Wenn er in seiner fröhlich-ruhigen Weise sprach, wurden die anderen still und horchten. Und wenn der Greis vor die Scheibe trat, war immer ein Gedränge von neugierigen und erwartungsvollen Schützen um den Stand herum. Der Alte schoß nicht schlecht, obwohl seine Hände schon ein bißchen müd und zitterig waren. Häufig mußte er vor dem Schuß den schweren Stutzen absetzen und nochmals Atem schöpfen.

Nun trat er wieder in den Stand. Der Schuß krachte. Während der greise Schütz das rauchende Feuerrohr langsam sinken ließ, sagte er schmunzelnd: ›Der, moan i, kunnt stecken!‹

Draußen wirbelte ein Spitzhut in die Luft, ein Juchschrei

klang, und die zum Himmel gerichteten Beine des Zielers zappelten vor der Scheibe. ›Gelt? In aller Mitten steckt 'r!‹ Ein fideles Geschrei um den Stand herum. Und als der Alte mit den heiter blitzenden Augen sich umdrehte, rief der Forstmeister: ›No also! Es geht ja no allweil sauber hin!‹

›Warum soll's denn net?‹

›Weil's halt diemal schon a bißl wackelt.‹

›Macht nix!‹ Und lachend das Hütl rückend, sprach der Weißkopf dieses Wort, das mir unvergeßlich geblieben ist: ›Wackelt's aussi, wackelt's eini aa!‹

Auch noch andere merkten sich diese tröstende Weisheit; sie wurde für alle Schützen und Jäger meiner heimatlichen Berge ein Sprichwort.

Wer dieses Sprichwort münzte? Wer dieser lebenskluge Alte mit den schönen, frohen Augen war? Der Dichter Franz von Kobell.«

Später lernte Ludwig noch einen anderen bayerischen Mundartdichter kennen, Karl Stieler, dem er seine Gedichte vorlegte. »Er klopfte freundlich meine Hand und sagte mit einem Ton, der nicht wehtun konnte: ›Bürscherl, Bürscherl! Das ist no nix! Drin is scho a bisserl was. Aber viel besser muaß alles no aussikummen! . . . Plagen muß man sich mit jedem Wörtl! Aber wenn's dasteht, muß 's ausschauen, als wär's aus dem Ärmel geschüttelt.‹ Während dieser 4 Stunden . . . hab ich mehr vom deutschen Stil profitiert als in allen Jahren meiner Schulzeit.«

Die Kunst hatte ihn nun fest am Bandel. Vor allem der Theaterteufel ließ ihn nicht mehr los. »Was mir gefiel, machte mich schreien vor Begeisterung, was mich abstieß, machte mich toben vor Wut.« Er entwarf das »Programm einer Nationalbühne« und ließ sich längere Zeit die Haare nicht mehr schneiden. Zu seiner Überraschung vermehrte dies seinen Erfolg bei zärtlichen Abenteuern beträchtlich. Mit einer »Kompanie« von zwanzig Musikern, Sängerinnen und Schauspielern, mit denen er sich allabentlich in der »Rosenau« in Schwabing traf, führte er eines Nachts Shakespeares »Sommernachtstraum« auf, ohne Publikum, nur so zum eigenen Vergnügen.

In dieser Gesellschaft ging das Wort um, daß man als Künstler nur in Berlin reüssieren könne. »Bist du erst mal in Berlin, bist du auch schon in der Höh!« Nachdem Ludwig zum Abschied von Bayern die Alpen noch einmal vom Allgäu bis zum Königssee durchwandert hatte, packte er seine halbfertige Dissertation, seine dramatischen Entwürfe und Gedichte in einen Koffer und machte sich auf in die kaiserliche Weltstadt, um dort sein letztes Studienjahr zu verbringen.

In Berlin droht ihn erneut der Rausch des Neuen und der Freiheit zu verschlingen. Er arbeitet an seinen Entwürfen, verkehrte in literarischen Zirkeln und handelte sich durch sein Ungestüm eine Duellforderung auf schwere Pistolen ein, die zum Glück vorzeitig auf der Polizeiwache endete.

»Teufel, jetzt muß doch endlich mal was rrraus von dir«, sagte schließlich ein gläubiger Freund. »Mit dreiundzwanzig! Denk doch an Alexander den Großen!« Darauf entschloß sich Ludwig, was ihm an Schmerz und Freud seines Liebeslebens aus der Feder geflossen war, als Gedichtband herauszugeben – im Selbstverlag. Aber die Sammlung mit dem Titel »Vom Stamme Asra« riß die Berliner Kritiker nicht, wie erwartet, von den Stühlen. Doch der Dichter ließ sich dadurch nicht entmutigen. Er klebte sich den schlimmsten Verriß als Menetekel in sein Tagebuch und wandte sich neuen Aufgaben zu.

Der Termin der Promotion rückte nun bedrohlich näher. Da er das 7. und 8. Semester in Berlin verschludert hatte, ging er nach Leipzig, wo man in sechs Semestern den begehrten Doktorhut bekam. In einem seiner charakteristischen Kraftakte bewältigte er die Hürde »cum laude« und der besten Note nicht in Literatur, sondern in Physik.

Wieder in München, hatte ihm der Vater zur Belohnung eine Jagderlaubnis im Hochgebirge verschafft. Der frischgebackene Doktor, bis dahin noch Flachlandjäger, bestand seine erste Gemsjagd, die ihm »das Blut viel heißer machte als der ganze Theaterkram«.

Ludwig Ganghofer im Jahre 1880

»Der Forstmeister von Tölz nahm mich zur Gemsbrunft mit nach Fall. Er gab mir gute Lehren. ›Nur ja nichts Schlechtes schießen! Einen Gemsbock heimbringen, der nicht schußbar ist, das gilt im Königreich Bayern als Staatsverbrechen.‹ Und zum Jagdgehilfen Gasteiger, der mich führen sollte, sagte er: ›Gelt, passen S' mir auf! Der ist zum erstenmal auf der Gemsjagd. Daß er keine Dummheiten macht! Sie sind verantwortlich.‹ Der Gehilfe nahm es mit der Verantwortung sehr ernst. Schon beim Aufstieg schimpfte er: ›Teifi, da hüat i liaber an Sack voll Flöh als so an narrischen Schüppel, wia Sö oaner san!‹ Die Bergfreude rumorte in mir. Und natürlich war ich auch ›echt‹ kostümiert: Hemd mit offner Brust und kurze Hose mit nackten Knien bei Schnee und fünf Grad Kälte. An den Füßen schwergenagelte Flöße, die mich drückten, und auf dem Buckel eine geliehene Büchse. Am zweiten Tage sahen meine beiden Knie wie geschälte Blutorangen aus, von denen es immer rot heruntertröpfelte. Aber fein war's!

Die Schönheit der Berge wurde für mich zu einem gesteigerten Wunder des Lebens, die Jagd zu einem fröhlichen Dolmetsch der Natur. Ich begann der Natur gegenüber anders zu sehen, anders zu hören, anders zu fühlen als früher.

Und als ich nach wundervollen Tagen, die mir wie blankes Silber meiner Jugend waren, den alten, kapitalen, siebzig Pfund schweren Gemsbock, den ich nach zwei unverantwortlichen Fehlschüssen mit der dritten Kugel gestreckt hatte, ins Tal hinunterbrachte, lagen im Zwirchgewölb des Försterhauses die beiden lausigen Schneider, mit denen der Forstmeister von Tölz zwei bayerische Staatsverbrechen begangen hatte.

Herrgott, wie selig und stolz ich damals war!

Meinen Gemsbock kaufte ich natürlich und nahm ihn mit nach München. Und nun denke man sich das Aufsehen, das ich verursachte, als ich an einem der ersten Dezembertage mit offener Brust und mit nackten Knien stolz meinen Gemsbock im Rucksack vom Bahnhof durch die Kaufingerstraße und über den Residenzplatz zur Schönfeldstraße trug!

Beim Kriegsministerium begegnete mir ›der Geheime Kommerzienrat aus der Schönfeldstraße‹, ein merkwürdiger alter Herr, der seit einiger Zeit in der Nähe unserer Wohnung häufig zu sehen war. Er war immer sehr elegant gekleidet, fast modisch, trug unter dem straff sitzenden Winterrock eine helle Hose, auf dem weißen Bärenkopf einen taubengrauen Zylinder mit schwarzem Band. Und wenn er den Winterrock offen hatte, sah man im Knopfloch seines schwarzen Gehrockes ein mehrfarbiges Ordensbändchen. Drum nannten wir ihn den Geheimen Kommerzienrat.

Als ich mich bei der Haustür nochmals umguckte, sah ich, wie der alte Herr zu meinem Anblick ernst den Kopf schüttelte, als wäre in ihm der halb erstaunte, halb barmherzige Gedanke: ›Das ist ein Narr!‹

Auch Papa sagte so etwas Ähnliches, als ich mit meinem Gemsbock heimkam. Und die Mutter schlug vor meiner etwas ruppig aussehenden Beute die Hände über dem Kopf zusammen: ›Jesus, Bub, das alte, zähe Luder kann ja kein Mensch nit fresse.‹ Die mißliebigsten Glieder der Verwandtschaft wurden mit Schlegeln, Bügeln, Wanteln und Ziemerstücken beschenkt. Freilich mir zuliebe behielt die Mutter auch ein kleines Stück für uns.«

Dem geheimnisvollen »Herrn Kommerzienrat« sollte er später in einem literarischen Salon wiederbegegnen. Es war kein Geringerer als Henri Ibsen, dessen Stück »Nora« ihn wie kein anderes erschüttert hatte.

In Berlin hatte Ganghofer den Leiter der Münchner Volksbühne Hans Neuert kennengelernt und dessen Repertoire als zu wenig naturalistisch kritisiert. Als er ihn nun in München wiedertraf, ließ er sich überreden, selbst ein Volksstück zu schreiben. In neun Tagen entstand der »Herrgottschnitzer von Oberammergau« und wurde ein riesiger Erfolg.

Nun hatte Ganghofer zu seiner Überraschung plötzlich eine volle Brieftasche und versprach seinen Eltern für das kommende Jahr schon ein eigenes Haus. Doch die Mutter lachte: »Unser Herrgott wird schon der Geiß das Schwänzle net gar z'lang wachse lasse.«

Und sie hatte recht. In einer Unglücksnacht verlor Ganghofer im Spiel seine ganze Barschaft und blieb noch 700 Mark schuldig. Er sah keinen anderen Ausweg, als die Rechte am »Herrgottschnitzer« seinem Agenten zu verkaufen, der später damit ein Vermögen verdiente.

Diese Dummheit ließ sich nicht so leicht verschmerzen. »Hin ist hin, Anna Maria Fiedlerin«, auch die Worte der Mutter halfen da nicht. Er rannte in die Berge, ins Forsthaus zu Fall im hintersten Isartal und fand Trost in der Erlegung seines ersten Hirschen. Dabei hätte er beinahe mit dessen Geweih unliebsame Bekanntschaft gemacht, als er sich dem noch nicht verendeten Recken unvorsichtig näherte. Sein Führer war ein urwüchsiger, eisenharter Jäger, der unter dem Namen »Urmensch« bekannt war. Unter diesem Titel hat ihm Ganghofer später eine Erzählung gewidmet, die auch diese seine erste Hirschjagd schildert.

Wie so oft ließ ihn das Leben in Wald und Bergen allen Stadtkummer vergessen. »Sonnenschöne Tage beim Rauschen der Bergwälder. Dazu die gemütlichen Abende zwischen den lustigen Jagdgehilfen, bei Zither und alten Liedern, bei wunderlichen Geschichten und derben Jägerspäßen«, das alles reinigte ihm wohltuend Kopf und Gemüt. Und wenn die anderen schon auf dem Kreister schnarchten, juckte den Schriftsteller noch die Feder: »Der kurzlederne Genius loci faßte mich fest beim blonden Schopf. Es formten sich die Anfänge zum ›Jäger von Fall‹.«

Immer häufiger zieht es Ganghofer nun in den Isarwinkel, besonders nachdem wieder einmal eine Liebschaft in die Brüche geht. Bei einem dieser Aufenthalte schießt er vom Jagdsteig aus seinen »ersten Adler«, eine spaßige Begebenheit, die er unter dem Titel »Eine feine Jägerprimeur« beschreibt.

Bei einem Ausflug von Fall an den Achensee lernt er im »Seehof« auf ungewöhnliche, echt ganghofersche Weise den Direktor des Wiener Ringtheaters Franz Jauner kennen. Die wechselseitige Vorstellung findet statt, während Jauner aus dem Fenster sieht und Ganghofer am Blitzableiter hängt, über den er in sein Mansardenzimmer zu gelangen trachtete. Jauner nahm ihn als Dramaturg mit nach Wien, wo er zwölf Jahre bleiben sollte. Der »Herrgottschnitzer«, den er im Ringtheater mit äußerstem Realismus herausbrachte, war kein durchschlagender Erfolg. Die Wiener waren durch Anzengruber verwöhnt. Aber dafür verliebte er sich wieder einmal, und diesmal für's Leben. Als er durch das Fernglas auf der Bühne die Sängerin Kathinka Engel sah, umklammerte er den Arm seines Freundes und sagte: »Du! Wenn die noch zu haben ist, die muß meine Frau werden.« Es mußte aber erst das Ringtheater niederbrennen, ehe er diesen Schatz gewann. Er vermutete sie zunächst im brennenden Theatergebäude, fand sie aber dann wohlbehalten zu Hause und schloß sie erleichtert in die Arme. Einige Tage später überfiel er dann den Bruder seiner Braut im Kaffeehaus mit der Frage: »Sie, wie ist denn das jetzt? Geben Sie mir die Thinka?« Der Bruder gab lachend sein Einverständnis: »Viel Kapitalien haben S' vermutlich nicht. Aber Talent haben S'! Und Kurasch! Sie kommen schon in die Höh!«

Der Schwager hatte richtig geurteilt, wenngleich der große und dauernde Erfolg noch einige Jahre auf sich warten ließ. Bald nach seiner Heirat mietete Ganghofer in der Kaunitzgasse im »Ratzenstadel« eine Wohnung. Der Kreis der Freunde wuchs rasch, besonders nach dem Beitritt zum »Verein der Natufreunde«, bei dem auch Anzengruber, Johannes Brahms und Johann Strauß verkehrten. Auch bei den Ganghofers auf dem »Kaunitzbergl« wurde im Winter manch fröhliches Fest gefeiert. Obwohl die spärlichen Einkünfte noch zur Sparsamkeit zwangen, konnte der Hausherr nicht widerstehen, wenn es darum ging, sein Heim mit Vasen, Bildern, Statuetten zu verschönern. Er kaufte, was ihm gefiel, wenn auch Frau Kathinka die Hände über dem Kopf zusammenschlug. Auch wenn mit seinen schriftstellerischen Arbeiten nicht alles nach Wunsch ging, setzte er stets auf die Zukunft, auf sein Glück und seine Kraft und hat am Ende recht behalten.

Aber die Stadt konnte für den Sohn des Weldener Holzwinkels kein dauernder Aufenthalt sein. 1883, bei einem Besuch in München, bettelt er seinem Vater die Erwirkung einer Jagderlaubnis im Forstrevier Ruhpolding ab. Zusammen mit seiner den Bergen und der Jagd noch etwas mißtrauisch gegenüberstehenden jungen Frau und seinem erst drei Monate alten Töchterlein macht er sich bald darauf auf die Reise ins Berchtesgadener Land. Auf den Bahnhöfen zapft er eilends »aus dem guten Feuerherzen des Dampfrosses das heiße Wasser ab«, um die Milch für »das kleine Weibi« zu wärmen.

Kaum im Quartier angelangt, bricht er noch in derselben Nacht auf, um seinen ersten Auerhahn zu erlegen, woraus die merkwürdige Geschichte »Ein weidmännischer Glücksfall« entstand, die eine seiner tiefsten Weisheiten enthält. Die Kunst des Lebens, so schreibt er, besteht darin, die Richtung des Schicksalstroms zu erkennen und mit ihm zu schwimmen, ohne sich zu widersetzen.

In Ruhpolding verlebt er mit seiner kleinen Familie glückliche Tage. Wenn es nichts zu jagen gibt, geht er fischen, und als die Hechte nicht beißen wollen, erlegt er kurzerhand 16 Stück mit der Büchse. Gegen Ende des Sommers beschert ihm sein sprichwörtliches Glück ein herrliches Quartier im Schiffmeisterhaus am Königssee. Und um die Seligkeit voll zu machen, erhält er am Tag des Einzugs ein großformatiges Schreiben mit der Unterschrift König Ludwigs II., das ihm eine dreijährige Jagderlaubnis für die königlichen Leibgehege Ramsau, Berchtesgaden und Königssee erteilt. Von nun an wird das Schiffmeisterhaus mit dem herrlichen Blick sein alljährlicher Sommeraufenthalt. Auf diesem Boden reift in den folgenden Jahren der Plan für seinen Romanzyklus »Die Watzmannkinder«.

1886 entschließt sich Ganghofer um seiner Familie willen, die inzwischen durch die Geburt zweier Mädchen auf vier Köpfe angewachsen ist, als Feuilletonredakteur und Burgtheaterkritiker mit geregeltem Einkommen in die Redaktion des »Wiener Tagblattes« einzutreten. Aber an die Stadt läßt er sich dennoch nicht fesseln. Sobald der Frühling kam, bezog er mit seinem Freund und Redaktionskollegen Vincenz Chiavacci (seinem späteren Biographen) eine kleine Villa in Preßbaum, eine Eisenbahnstunde vor Wien. Zur Erledigung der Redaktionsgeschäfte fuhren die Freunde nachmittags für einige Stunden in die Stadt.

In Preßbaum saßen sie an schönen Sommerabenden auf der Veranda, blickten in den unermeßlichen Nachthimmel und stellten Betrachtungen an über die Enge der anthropozentrischen Weltsicht. Sie fühlten sich verschmolzen mit dem Wesen aller Wesen, und die hohe Ethik Buddhas erschien ihnen als die geläutertste Erkenntnis der sittlichen Weltordnung.

Doch auch auf die Jagd konnte Ludwig Ganghofer nicht mehr verzichten. In Rappoltenkirchen, zwei Wegstunden von Preßbaum entfernt, hatte er mit mehreren Freunden eine kleine Niederwildjagd gepachtet, wo er auf Hasen, Wachteln, Schnepfen und Rebhühner pirschen konnte. »Einmal brachte er ein ganzes Nest junger Habichte nach Hause«, erzählt Chiavacci. »Er hatte einen hohen Baum erklettert, dabei die Kleider in Fetzen gerissen, und die jungen, schon kräftig entwickelten Raubvögel hatten ihm die Hände bös zerhackt. Er ließ aber nimmer aus und brachte sie wie Tauben auf seinen Armen zwei Stunden weit bis nach Preßbaum.«

Im Laufe der Jahre kam es zu Zerwürfnissen mit den Kollegen beim »Wiener Tagblatt«, die dem angesehenen Schriftsteller seine Privilegien und Freiheiten neideten. Ganghofer verließ die Zeitung und Anfang 1893 auch Wien, das immer seine zweite Heimat blieb.

Es folgte ein Jahr wechselhaften Wanderlebens. Längere Zeit hielt er sich in Italien auf, vor allem in Sorrent, woran die humorvolle Erzählung einer Schnepfenjagd erinnert. In dieser Zeit vollendet er auch den ersten Band seines Berchtesgadener Romanzyklus, den »Klosterjäger«, den er aus dem Schmerz um den Tod eines Töchterchens schreibt. So enthält der Roman etwas wie sein Glaubensbekenntnis: Die Fahrt des Lebens zwischen Qual und Jubel kommt nicht ans Ziel, wenn sie im Äußeren Gewinn sucht. Zweck des Lebens ist das Leben selbst, wie Goethe sagt. Nicht Widerstand und gewalttätiger Wille, sondern Aussöhnung, Genügen, Annahme der Torheiten, Unvollkommenheiten und Leiden als notwendigen Teil des Ganzen führt zu dem, was die Menschen Glück nennen. Wer sich brüderlich verbunden fühlt mit allen menschlichen, tierischen und scheinbar leblosen Wesen, wird Kraft schöpfen zu froher Tat und heiterem Vertrauen.

1894 läßt sich Ganghofer für immer in München nieder. Sein literarischer Ruf ist durch Romane wie »Der Klosterjäger«, »Die Martinsklause« und »Schloß Hubertus« soweit gefestigt, daß regelmäßige Honorare ein sorgloses Leben versprechen. Was noch aussteht, ist die Erfüllung des Wunsches nach einem eigenen Stück Natur. Und noch einmal fällt ihm das Glück in den Schoß. Es gelingt ihm 1896 durch schnelles Zugreifen die Pacht einer herrlichen Hochwildjagd im tirolischen Gaistal an der Südseite des Wettersteinmassivs. Sie sollte bald Mittelpunkt seines jägerischen und schriftstellerischen Lebens werden.

Die Gaistaljagd

Die Geschichte der Ganghoferschen Jagd im Gaistal beginnt in Italien. Der Jagdherr gibt in seinem Jagdbuch, von dem noch ausführlich zu berichten sein wird, selbst eine launige Schilderung jenes Glückstages, der ihm dieses Paradies bescherte:

»Ende August 1896 im grünen Riva am blauen Gardasee erhielt ich die mein Jägerherz elektrisierende Nachricht, daß die holde Waidmannsgöttin dem Herrn Herzog von Orleans den guten Gedanken eingegeben hätte, für die von ihm gepachteten Jagden im Gaistal einen Abnehmer zu suchen. Mit einem Eifer, der einer Scheibe der postalischen Glastür zu Riva das blanke Leben kostete, stürzte ich auf das Telegraphenamt und sandte die elektrischen Boten meiner Jägersehnsucht nach Innsbruck und Paris. Und siehe da, willkommene Antwort ließ sich vernehmen, und mit Zustimmung der liebenswürdigen Innsbrucker Forstbehörde schloß ich Mitte Oktober mit dem Herrn Herzog von Orleans den Vertrag, durch welchen mir die Jagd im Gaistal auf neun vielversprechende Jahre übertragen wurde. Bei meinem ersten Besuch des Jagdgebietes lachte mein Waidmannsherz in eitel Wonne; lustig röhrten die Hirsche, und mit blinkenden Fenstern grüßte mich das stattliche Jagdhaus.«

In der Tat war es fürstlich, was Ganghofer da erworben hatte, sowohl was die Größe betraf wie auch den Wildbestand. Mit den später dazugepachteten Gemeindejagden von Ehrwald, Bieberwier und Leutasch umfaßte das Revier eine Fläche von über 20 000 Hektar. Nach kostspieligem Ausbau sorgten 2 Jagdhäuser, 12 Jagdhütten und 8 Futterplätze für Jäger und Wild. Der Abschuß pro Jahr betrug durchschnittlich 25 Hirsche, 40 Tiere, 60 Gams, 20 Rehböcke, 20 Auerhahnen, 15 Spielhahnen, 30 Murmeltiere. Dazu Feld- und Berghasen, Schnepfen, Wildenten, Hasel-, Stein- und Schneehühner.

Die landschaftlichen Reize des Reviers, das sich als Hochtal acht Gehstunden zwischen den Ortschaften Leutasch und Ehrwald erstreckt, hat der Jagdherr selbst in seinem Roman »Das Schweigen im Walde« am schönsten geschildert:

»Zu Füßen der Straße zog sich ein schmales Hochtal mit fast ebener Sohle bis in weite Ferne, kaum merklich gewunden, eine einzige große Linie, gezeichnet von der weitausholenden Hand des Schöpfers. Durch das lange Tal hin schlängelt sich die Gaistaler Ache, in enggedrängtem Bette aus- und einbiegend um vorspringende Felsen und Waldecken, bald grünlich

schimmernd bei ruhigem Gefäll, bald wieder blitzend in der Sonne und zersprudelt zu weißem Schaum. Das ganze Tal entlang reiht sich zur Linken ein Felskoloß an den anderen; neben der ungestüm aufstrebenden Munde erhebt sich die wuchtige Hochwand, hinter dem klobigen Igelstein drängt sich der steile Tejakopf hervor, und den wirkungsvollen Abschluß bildet die Sonnenspitze mit ihrer schlanken, auf breitem Sockel ruhenden Pyramide. Von dunklem Blau umschleierte Kare schneiden in den Leib der steinernen Riesen ein, und über die steilen Felsrippen klettern die Fichtenwälder empor als schmale Zungen und verlieren sich mit einsam vorgeschobenen Bäumen zwischen den Latschenfeldern, die um die Brust der Berge hängen wie eine grüne Samtverbrämung. Verstaubter Schnee, den immerwährender Schatten auch gegen die Sonne des Juli schützte, füllt mit zerrissenen Formen alle tieferen Buchten im Gestein, und von ihm aus ziehen, den lebenden Wald zersprengend, die Lawinengassen nieder mit verwüstetem Gehäng.«

Die Art der Schilderung macht fühlbar, daß dies Hochtal für Ganghofer mehr war als nur ein Jagdrevier. Endlich war er wieder dort angekommen, von wo er einst im Weldener Holzwinkel ausgegangen war: er konnte wieder ein Stück Natur als sein eigen betrachten. Zwölf Jahre später hat er niedergeschrieben, was ihm dies bedeutete:

»Wenn ich nach müden, kranken Stadtmonaten hinaufreise zu meinem lieben, einsamen Waldhause da droben im Wettersteingebirge, ich kann euch nicht sagen, was da in mir lebendig wird! Immer wieder ist das wie ein heilendes Wunder, wie frische Kraft, wie neuer Glaube an alles, was Leben heißt. Auf halbem Wege, noch sieben Stunden weit von meinem Wald, fangen meine Augen schon zu suchen an. Und tauchen meine Berge hinter fremden Steinen heraus und seh ich an einer blaufernen Höhe ein Stücklein meines Waldes hängen wie ein Schwalbennest, dann beginnt in mir ein Sehnen, bei dem mir eine Stunde zu einem unübersehbaren Zeitraum wird. Aber rollt der Wagen hinein in meine stillen, wundersamen Bergwaldshallen, so werde ich ruhig und fange zu schauen an.

Mein Wald! Dieses Possessivum will nur sagen: ein Wald, den ich kenne. Neue Wälder sind mir immer wie fremde Menschen, deren Inneres wir erst entdecken müssen, wie ungelesene Bücher, die noch nicht reden zu uns. Um einen Wald so kennenzulernen, daß ich ihn mein nennen kann, dazu brauche ich lange.

Oft sagen mir Leute: ›Die Natur, die du schilderst in deinen Büchern, ist lebendig und spricht.‹ Wenn das so ist, dann hat es nichts zu schaffen mit irgendeinem Können. Es ist eine dankbare Folge der vertrauenden Geduld, die ich mit dem langsam sprechenden Walde habe. Durch viele Jahre bleibe ich immer an der gleichen Stelle – Frühling, Sommer, Herbst und den halben Winter – und schaue mir immer wieder, wieder und wieder das gleiche Stück Natur an. Im vierten oder fünften Jahr wird es mein – das heißt, es beginnt für mich lebendig zu werden. Dann kann ich von ihm erzählen.«

Ganghofer nannte seine Bergresidenz »Haus Hubertus« im Gedenken an seinen Roman »Schloß Hubertus«, den er 1895 beendet hatte. Es mag nicht nur der Name gewesen sein, der ihm als Vorbild im Sinn lag. Die Hauptfigur des Romans, Graf Egge-Sennefeld, war nach einem der berühmtesten Hochlandjäger gezeichnet, dem Grafen Maximilian von Arco-Zinneberg, der zehn Jahre zuvor verstorben war. Der Graf war einer der ersten gewesen, der die »eingestellten Jagden«, die großen höfischen Wildgemetzel, verabscheut und sich der anstrengenden, aber ungleich edleren Pirsch auf das Bergwild zugewandt hatte. Er suchte geradezu die Gefahren und Mühsale der Jagd, erlegte, oft nach mehrtägigem Passen, zehn Adler und ließ sich zweimal in den Horst abseilen. Oft hielt er sich mit seinen »Arcojägern« tagelang in entlegenen Holzerhütten und Almkasern auf, teilte deren einfache Kost und unterhielt sich mit Zitherspiel. Auch Ganghofer erlebte den höchsten Triumph jeden Alpenjägers, einen Steinadler zu erlegen, auch er liebte die Einsamkeit und das einfache Leben in den Berghütten und die harte, waidgerechte Pirsch. In einem seiner letzten Romane »Das große Jagen« hat er sich von der Seele geschrieben, wie sehr er die Jagdweise des 18. Jahrhunderts, die Gott, Wild und Natur aufs tiefste beleidigte, zeitlebens verachtet hat.

Ganghofers erster Aufenthalt im Jagdhaus auf der Tillfußalpe datiert vom 20. November 1896. Mit Ernst von Wolzogen, dem Dichterfreund und einem der vier Mitpächter, stieg er zu dem 1400 Meter hoch gelegenen Waidmannssitz hinauf:

»Heute in Begleitung meines sehr verehrten Freundes zum erstenmal in Hubertus eingerückt. Bei der Abfahrt von Innsbruck nebliges Wetter; allmählich klärte sich der Himmel, und gegen drei Uhr, bei Ankunft in Hubertus, grüßten die zart beschneiten Spitzen der Berge aus Sonnenschein und wechselndem Gewölk hernieder!

Munter ging's an die Arbeit mit Auspacken und Einrichten. Und dann die erste Mahlzeit, während draußen in lautloser Nacht der Mondschein über weiße Zinnen glänzte! Und jetzt die Ruhe! –«

Schon am nächsten Morgen eilt er zur ersten Gamspirsch

Pulverflasche und Jagdbesteck aus dem Besitz L. Ganghofers

Jagdhaus Hubertus; Aquarell aus dem Jagdbuch von Luigi Kasimir ▷

1910.

Ludwig Ganghofer; ins Jagdbuch gemalt von Louis Braun

hinaus. Ein leichter Schnee ist gefallen, und der Jäger faßt seine Freude in die Verse:

Über Nacht – ja was sagst! –
Hat si' alles verdraht:
Koa Steig nimma z' finden
Und alles verwaht!

A Schneberl hat 's g'schnib'n
Dö Berg, dö ham blüaht,
So weiß ohne Fleckerl
Wie an unschuldigs G'müat!

Wia Zucker, so stenga
Dö Christbäum' im Wald –,
Aber gamsjaagern jetzt,
Bua, *dös* kost an G'walt!

Diese reizvolle Schilderung der Ankunft wie auch die eingangs wiedergegebene Episode in Riva stammen aus dem sogenannten Jagdbuch, das die Chronik des Hauses Hubertus und seiner Jagd darstellt. Vom ersten Tag an hat es Ganghofer liebevoll geführt, manche Jagdepisode in Prosa oder Versen festgehalten und mit Bleistift oder Pinsel illustriert. Sein Zeichentalent war schon in der Schule aufgefallen. Auch seine Freunde von der Malerzunft wie F. A. Seligmann, Louis Braun, Hugo Engl und C. W. Allers haben einige Skizzen beigesteuert. Man liest von der Pirsch auf Gams, Hochwild und Auerhahn, von Erfolg und Mißerfolg bei der Verbesserung des Wildbestandes, von Tod und Geburt im »Hirschgarten« nahe dem Jagdhaus. Dazwischen eingestreut sind die Danksagungen der zahlreichen Gäste, häufig durch ein Gruppenfoto veranschaulicht, auf dem das gutmütige Jupiterhaupt des Hausherrn, unverkennbar am blonden Lausbubenschüppel, hervorsticht.

Mehrfach ist das geräumige Jagdhaus abgebildet. Chiavacci schildert es als einfach, aber überaus behaglich. »Lichtes Zirbelholz bildet die Täfelung der Wände; die Möbel sind aus gleichem Material. Einen kostbaren Fries bilden die Farbskizzen, die mit dem Hausherrn befreundete Künstler an die Wand gemalt haben. Der Tisch ist malerisch gedeckt mit Alpenblumen. Im Herrgottswinkel sitzt der Hausherr und präsidiert die Tafel, an der sich immer zahlreiche Gäste einfinden. Neben den Jagdfreunden Ganghofers erscheinen allsommerlich die Freunde aus München und der alte Freundeskreis aus Wien.

Im Garten des Jagdhauses wächst Edelweiß zwischen Alpenrosen und duftenden Kohlröschen, Ganghofers Lieblingsblumen. Zahme Hirsche und Rehe beäugen neugierig den Fremdling, ein Steinadler hat nahe beim Hause sein Gefängnis. Dazu gibt es alle Einrichtungen für einen dauernden Aufenthalt. Einen Eiskeller, dessen Eis aus den nahen Schneefeldern herbeigeschafft wird, birgt Mundvorräte und Getränke, eine Kegelbahn und ein Tennisplatz bieten gesellige Unterhaltung im Freien.«

Besonders hoch her ging es an den Geburtstagen Ganghofers und seiner Frau; beide waren am 7. Juli geboren. Dann kamen die Jäger und Holzknechte aus den Jagdhütten und Almen herbei, und der Hausherr spendete ihnen ein Faß Tiroler mit der Ermahnung: »Das sag i enk, gel, g'rauft werden darf nit!« Die Jäger, wohl ein Dutzend, schossen eine Salve in die Luft, und Raketen stiegen aus den nahen Sennhütten. Dann wurde ein Scheibenschießen veranstaltet, und wenn es dunkelte, nahm Ganghofer die Zither zur Hand, und der Platz vor dem Jagdhaus verwandelte sich in kurzer Zeit in einen fröhlichen Tanzboden.

Zu den Gästen, die gern der Einladung der Ganghofers in ihr Alpenparadies folgten und die oft mit der ganzen Familie kamen, zählten bekannte Persönlichkeiten wie Ludwig Thoma, Ricarda Huch, Hugo von Hofmannsthal, die Maler Kaulbach, Defregger, Stuck, Böcklin, die Schauspieler Josef Kainz, Ernst von Possart, Alexander Moissi, der Sänger Leo Slezak, die Musiker Bruno Walter und Richard Strauss. Besonders die etwas schwerblütigen und kontaktarmen unter den Künstlern fühlten sich wohl in dem Haus ohne Falsch und Neid, bei dem lebensfrohen und einfallsreichen Gastgeber und seiner charmanten Hausfrau. In einem Brief vom 10. April 1899 bedankt sich Hugo von Hofmannsthal für »das gemütliche Beisammensitzen abends und die vielen schönen, lebensvollen Geschichten, die Sie so lieb und gut waren, mir unermüdlich vorzulesen und zu erzählen. Sie werden nicht leicht in Ihrem reichen und freigebigen Leben jemandem eine so nachhaltige Freude gemacht haben, lieber Herr Doktor, als mir, und so lassen Sie mich endigen als Ihr aufrichtig dankbarer Hofmannsthal.«

Das »große Haus«, das Ganghofer auch in seiner luftigen Sommerresidenz führte – er hielt sich nur in den Wintermonaten in München auf –, machte schon 1897 einen Ausbau nötig. Spätestens zur »Ludwigsfeier« des Jahres 1902 ist das Haus, das nun 34 Gäste aufnehmen konnte, aber schon wieder bis unter das Dach mit Menschen gefüllt, und der Hausherr schreibt in die Chronik:

Wenn jetzt noch a Freund kommt, –
Wohin tun mer den glei
I woaß nur noch ein Ort,
Und der is net frei.

Einer alten Gewohnheit blieb Ganghofer auch in Hubertus treu: dem nächtlichen Arbeiten und Schreiben. Das war schon in seiner Studentenzeit nicht anders gewesen: »Hatte ich einen sonnenschönen Tag mit einer halben Nacht um die Ohren geschlagen und kam ich heim in meine Bude, so zündete ich stets die Lampe an, blieb noch ein paar Stunden am Schreibtisch sitzen, arbeitete oder las etwas Tüchtiges. Damals gewöhnte ich meinem Körper an, wenig Schlaf zu brauchen. Fünf Stunden Schlummer im Durchschnitt genügten mir. Doch während dieser fünf Stunden war ich immer wie ein Bleiklotz, den kein Kanonenschuß lebendig machen konnte.«

In Hubertus schrieb Ganghofer gewöhnlich noch, nachdem seine Gäste zu Bett gegangen waren. Fast alle späteren Romane entstanden auf diese Weise und manche der Jagderzählungen, die in diesem Buch enthalten sind. Ganghofer schrieb konzentriert und flüssig, er hatte die Handlung schon fertig im Kopf und brauchte sie nur »abzuschreiben«. Durch das hohe breite Fenster seines Arbeitszimmers fiel sein Blick auf den Nachthimmel und die Tillfußalm im Mondlicht. Unter dem 16. September 1902 steht im Jagdbuch: »In der Nacht trenzt auf der Alm vor dem Jagdhaus ein guter Hirsch und treibt das Tier durch den Lichtschein, den das Fenster meines Arbeitszimmers auf die Alm wirft.« In schönen Nächten konnte es vorkommen, daß er, wenn die Sterne erblaßten und der Morgen dämmerte, noch immer bei der Arbeit saß. »Und glänzte dann die reine Frühe so wunderbar rosig«, schreibt sein Freund Chiavacci, »dann ist ihm das Schlafen eine viel zu langweilige Sache. Da nimmt er seine Büchse, pfeift seinem Hund und steigt durch den erwachenden Morgen zu einer Pirsch hinauf. Und wenn der Gemsbock liegt, dem der Weg gegolten, dann kommt da droben in der Morgensonne der Waldgrenze oder im Kraut des Almfeldes ein wohliges und erquickendes Ausschlafen.«

Bei seinem ersten Besuch in Hubertus konnte Chiavacci erfahren, wie angesehen Ganghofer bei den Tirolern war; nicht weil er soeben einen neuen Roman veröffentlicht hatte, sondern – weil er einen Adler erlegt hatte.

»Als wir dem Seefelder Postmeister unser Reiseziel anvertrauten, lachten seine Augen, und er sagte mit lokalpatriotischem Stolz: ›Ah, Sie wollen zum Doktor Ganghofer auf's Jagdhaus? Dös ischt a Jager! Der hat die vorige Wochen an Steinadler g'schossen – da lüg i net, aber zwoa und an halben Meter Spannweit'n hat'r scho g'habt. Und zwoa lebendige Junge hot'r aa ausg'hobn! Dös ischt a Jager, der an jeden Wildschützen no was vorgibt.‹ Diese Geschichte vom Steinadler war uns schon über den Brenner entgegengeeilt. In dem Zuge von Toblach nach Franzensfeste erzählten drei Herren davon, und der Wirt von der ›Goldenen Sonne‹ in Innsbruck war auch, als ich den Namen Ganghofer nannte, mit den Worten eingefallen: ›Einen Steinadler hat er erlegt, der Herr Doktor, ein prachtvolles Tier. Es wird jetzt in Innsbruck ausgestopft.‹«

Die Geschichte dieser Adlerjagd hat Ganghofer natürlich auch in seinem Jagdbuch festgehalten. Später hat er daraus eine Erzählung gemacht unter dem Titel »Adlerjagd«, die alle seine Erfahrungen mit dem König der Lüfte zusammenfaßt.

Einen großen Raum im Jagdbuch nehmen die Berichte über seine Versuche mit der Blutauffrischung des Rotwildes ein. Sie verlief bald dramatisch, bald tragisch und steckte zugleich voll abenteuerlicher und amüsanter Vorfälle. Als Herzog Ernst von Sachsen-Altenburg 1871 das Revier pachtete, war es, wie so viele Tiroler Jagden, völlig ausgeschossen. Durch nachhaltige Hege stellte sich in einigen Jahren wieder ein befriedigender Wildstand ein. Auch Ludwig Ganghofer war von Anfang an bedacht, vor allem die Qualität der Trophäen zu verbessern.

Schon Ende März 1897, im ersten Jahr seiner Pacht, trafen im Gaistal, von einer Tierhandlung gesandt und in Kästen eingepfercht, ein Spießer und zwei Tiere ein. Da sich die Genehmigung zur Errichtung eines umzäunten Geheges, eines Hirschgartens, seitens der Forstdirektion verzögerte, mußten die Tiere fast zwei Wochen in ihrem engen Gefängnis ausharren. »Die armen Hascherln sehen aus wie Märtyrer aus der Zeit der schönsten Christenverfolgung«, notiert Ganghofer in seiner launigen Art. »Eine der beiden Mütter – ich habe sie Bella getauft – ist in dieser Zeit der Not und Enge völlig zahm geworden und frißt aus der Hand.«

Am 7. April notiert er: »Leichtes Schneegestöber. Im ganzen Hause wird mit Dampf gearbeitet – besonders im Stall, der die Hirsche aufnehmen soll. Nach einer dreistündigen Augiasarbeit wird der Boden weich mit Tannenreisig gepolstert und das Diner serviert: Bestes Heu, frisches Wasser, gebrochener Mais mit phosphorsaurem Kalk und Salz.

Als erste erscheint Fräulein Bella – 10 Uhr – und fühlt sich sofort heimisch. Halb 12 Uhr rückt das beschlagene Alttier ein und scheint ebenfalls guter Dinge zu sein. Die Tiere werden ihrer Ruhe überlassen – doch als ich eine Stunde später nachsehe, finde ich die arme Bella keuchend und zum Umfallen erschöpft, die ganze Decke zerrauft von den Läufen des rauflustigen Alttiers. Mit einem Prügel bewaffnet muß ich mich als Friedensstifter zwischen die beiden Tiere stellen und sofort eine trennende Bretterschranke errichten lassen.

Die beiden Tiere sind in ihrem Habitus so gründlich von einander verschieden, daß sie unmöglich aus derselben Gegend stammen können ... Das Alttier ist unbedingt von edlerer Rasse – aber Bella ist ein lieber Kerl, allerdings ein plebejisches Frauenzimmer, aber ein gutes Mädel, das für Zärtlichkeiten dankbar ist.«

Am 13. April treffen die restlichen ungarischen Blutauffrischer ein: »drei beschlagene Muttertiere, drei Schmalstückeln und ein prächtiger Spießer. Möge ihnen die Bergluft des Gaistales bekommen.«

Im Hirschstall läßt sich zunächst alles gut an, aber dann wird ein verendetes Hirschkalb gefunden, »welches wahrscheinlich infolge der Reisebeschwerden zu früh gesetzt wurde.« Am 1. Mai ist das Freigehege des Hirschgartens vollendet und wird zwei Tage später geöffnet.

»3. Mai: Gestern, bei wenig günstigem Wetter, wurden die Ungarn in den Garten gesetzt. Die 8 scheueren Stücke verschwanden sofort im Hochwald, während die beiden zahmen Tiere sofort den Futterstadel annahmen. Den ganzen Tag blieben die ersteren 8 Stücke unsichtbar, erst bei Anbruch der Abenddämmerung zogen sie auf die Lichtung aus. Eines der Schmaltiere lahmte am linken Vorderlauf, doch scheint das Übel nicht bedenklich.

Heute morgen zeigte sich die Suhle fleißig angenommen und im Futterstadel war der Maistrog ziemlich sauber geleert.

13. Mai: Das große Tier, das wir auf den Namen Frieda tauften, mußte gestern aus dem Hirschgarten ausgelassen werden, da es sich bösartig benahm und die anderen Tiere nicht zum Futter zuließ. Gestern den ganzen Tag blieb es in der Nähe des Jagdhauses, ließ sich gutwillig die Winterhaare ausrupfen und übernachtete im Stall. Heute lief es den Arbeitern zum Futterstadel nach, trat dort in eine Schonung und ward nicht mehr gesehen!«

Zusammen mit den Hirschen setzte Ganghofer auch Murmeltiere aus. Auch dabei ging es nicht ohne Unglücksfälle ab:

»14. Mai: Im Zwinger der Murmeltiere hat sich heute nacht

eine Tragödie abgespielt. Das sechste, nicht zur Familie der fünf anderen gehörige Murmeltier wurde von den übrigen getötet und bis auf Kopf, Haut und Knochen aufgefressen.«

Am 22. Mai läßt Ganghofer die Murmeltiere in den für sie errichteten Bau mit zwei »Kesseln« und einem drei Meter langen Verbindungsrohr einsetzen: »Als wir die Murmeltiere einsetzen wollten, machten wir die traurige Entdeckung, daß der alte Bär während des Transportes verendet war. Die Todesursache konnte nicht konstatiert werden. Zwei schlafende Junge wurden in den Kessel gelegt, bevor man denselben eindeckte. Die Bärin und ein Junges, welche wach waren, nahmen den Bau sofort an und kamen nicht mehr zum Vorschein.«

Wenige Tage später drohte dem Hirschgarten durch starken Schneefall eine weit schlimmere Katastrophe:

»Das viertägige, unerhörte Schneegestöber – es war bis zu 1 Meter Schnee gefallen – hatte Not und Tod in unseren Hirschgarten gebracht. Heute morgen bemerkte ich neben Bella nur noch ein Rudel von 7 Stück, und als ich nachsuchte, fand ich ein beschlagenes Muttertier wie schlafend liegen – verendet. Das Tier wurde aufgebrochen und genau untersucht. Es trug ein noch unausgebildetes Hirschkalb. Der Pansen war mit ganz frischer Äsung vollkommen angefüllt. Ein Teil der Gedärme war mit schleimartigem Brei gefüllt, ein anderer Teil durch Gase ballenförmig aufgetrieben. Als Todesursache konnte nur rapid verlaufener Durchfall angenommen werden.

Eine längere und genauere Beobachtung der Tiere ergab das trübe Resultat, daß noch mehrere andere Stücke an Durchfall leiden. Besonders schwach erschien der Spießhirsch, dessen Losung nur grünes, verschleimtes Wasser war.

Sämtliche Arbeiter zu Hilfe nehmend, ließ ich Wege durch den Schnee schaufeln, um den Tieren den Weg zum Futterstadel zu erleichtern.

Abends 5 Uhr wurde nur ein Rudel von 6 Stück gezählt. Bei der Nachsuche fand ich den Spießer einsam stehend. Er wankte und hob abwechselnd den einen und den anderen Hinterlauf dicht an den Leib, augenscheinlich von Schmerzen gequält. Rings um ihn her war der Schnee mit wäßriger Losung bespritzt.

Ich ließ diese Losung, so gut es möglich war, aufsammeln und aus dem Hirschgarten entfernen. Von den Stellen, an denen die Tiere mit Vorliebe zu ruhen pflegten, wurde aller Schnee fortgeschaufelt und reichliches Heu zu einem weichen Lager aufgeschüttet.«

Der Schnee schmolz so rasch weg, wie er gefallen war, und

die Tiere waren gerettet. Nur Bella, das »plebejische Frauenzimmer« und »liebe Mädel«, zeigte Symptome einer Erkrankung. Sie machte merkwürdige Halsbewegungen und zeigte Schlingbeschwerden. Ganz offensichtlich hatte sie der Strick, mit dem sie in dem Transportkasten angebunden gewesen war, zu stark stranguliert. Sie wurde schließlich von den anderen Tieren nicht mehr geduldet und übel malträtiert, so daß sie in Freiheit gesetzt werden mußte.

Frieda erwies sich dagegen als gesund und sehr anhänglich. Einmal verdarb sie Ganghofer dadurch eine Spielhahnpirsch:

»Mit Jäger Schuster war ich um 1 Uhr bei Laternenschein von Hubertus abmarschiert. Nach halbstündigem Marsche hörten wir plötzlich Friedas Glöckerl hinter uns. Das Tier ließ sich nicht zurückscheuchen, sondern folgte uns unverdrossen bis zur Felderer Alpe. Hier sperrten wir die anhängliche Dame in den Kuhstall – aber sie wußte sich freizumachen und folgte unserer Fährte bis auf das Isentalköpfl. Ich nahm ihr die Glocke ab, und während ich mich in einem Latschenbusch verbarg, tat sich Frieda mitten auf dem Platze, auf dem der Hahn falzen sollte, in den Schnee nieder. Der Morgen graute schon, und während ich noch ratlos überlegte, wie ich mich von der ungebetenen Jagdkameradin befreien könnte, fiel bereits der Hahn ein. Er ließ einen Blaser hören, Frieda drehte neugierig den Grind – und der Hahn strich davon. Nach etwa 10 Minuten fiel er abermals ein, und die Sache von vorhin wiederholte sich, bevor ich noch das Gewehr an die Backe brachte. Dann hörte ich den Hahn hinter dem Grat des Isentalköpfls falzen. Durch die Latschen gedeckt, schlich ich davon, kam auf etwa 30 Schritte bis zum Hahn – doch eben, wie ich abdrücken will, trippelt Frieda auf meiner Fährte daher, guckt mir über die Schulter, und der Hahn streicht davon auf Nimmerwiedersehen. Lachend kraulte ich der treuen Dame die Luser und band ihr das Glöcklein wieder um den Hals.«

Mit einer weiteren Tiersendung kam eine Hirschkuh, die auf den Namen Liesl getauft wurde und bald gleichfalls zu den Sonderlingen im Gehege gezählt werden mußte. »Das Tier überkletterte den 2 Meter hohen Treppenstieg des Parkzaunes, kam ins Jagdhaus, stieg über die Treppe in den oberen Stock, fraß Papier und Radiergummi vom Tisch, trank in der Küche die Milch aus den Töpfen und setzte sich, als die Köchin es vertreiben wollte, mit schlagenden Läufen zur Wehr.«

Am 15. Juni wurde der Hirschpark geöffnet, und gegen Morgen zogen die Insassen aus in die Freiheit. Nur Liesl bereitete Schwierigkeiten, indem sie draußen Leute anfiel. »Mehrere Personen wurden von ihr durch Laufhiebe schwer verletzt«. So mußte sie wieder in den Garten gesperrt werden. Fünf Tage darauf kehrte auch Frieda zurück und wurde in das Gehege zurückgenommen. Von da an gehörten beide zum Bestand des Hauses.

Bella, das gute, halskranke Hirschmädel, konnte sich in der Freiheit nicht halten. Von einem Sennen wurde sie in der Nähe eines Latschenfeldes angetroffen »noch im Winterhaar, in total verkümmertem Zustand und mit hoch aufgezogenem Rücken«.

Vollends tragisch war das Ende Liesls. Als ihre Genossin Frieda ein Kalb gesetzt hatte, wurde Liesl, um die Wöchnerin zu schonen, aus dem Hirschgarten ausgetrieben. In ihrem Unverstand lief sie durchziehenden Touristen bis nach Leutasch nach. Am 22. August wurde sie nach Hubertus zurückgebracht – verendet. Ein böser Leutascher, der auf ihre schönen Keulen aus war, hatte ihr die Axt in den Rücken geschlagen. Meister Ganghofer hat die Geschichte mit blutroter Tinte zu einer 17strophigen Moritat verarbeitet, in welcher auch ein junger Jagdgehilfe namens Pischl eine mysteriöse Rolle spielt.

Im Sommer 1908 macht Ganghofer erneut einen Versuch, das Blut seines Hochwilds zu verbessern. Von einer Tierhandlung in Wien erwirbt er auf dem Papier für 600 Kronen plus 180 Mark Transportkosten einen »ausgewachsenen, brunftfähigen Hirsch«, der aus Böhmen stammt. Was jedoch eintraf, war ein etwa fünfjähriger Achter »mit jugendlich nettem Geweih, doch mit verkümmerten und künstlich geputzten Augenenden.« Michele, wie man den etwas enttäuschenden neuen Helden des Reviers taufte, erwies sich als zahm. Auf Anfrage teilte die Tierhandlung mit, »daß er einige Zeit im Gatter gestanden hätte« und ließ wegen der übrigen Mängel 200 Kronen ab. Dennoch sollte Ganghofer dieses böhmischen Jünglings nicht froh werden, ja, er bereitete ihm und seiner Familie die aufregendsten Stunden, die man in Hubertus je erlebt hatte.

Obwohl zahm, war der Michele keineswegs gutmütig, sondern griff jeden an, der sich dem Gatter näherte. Ein niedliches Schmaltier, das man ihm zur Brunftzeit in den Fang setzte, beachtete er überhaupt nicht. Dafür ließ er sein Brunftgeschrei um so heftiger ertönen, sobald sich eine gewisse weibliche Dienstperson blicken ließ. Als man ihn schließlich in Freiheit setzte, verschwand er keineswegs im Wald, sondern begann auf der Suche nach jener Schönen eine regelrechte Belagerung des Jagdhauses. Den Verlauf und das tragische Ende dieser »Schlacht«, die von Seiten Ganghofers mit Peitsche, Feuerspritze und Holzscheiten geführt wurde, hat der Jagdherr in

Aquarell von Hugo Engl ▷

Das Endziel unsrer Züchtung sei
|: o Zukunftstraum der Jägerei :|:
Im schwarzweissrotbraungrauen Wams
Der Hirschbockbirkfuchsauergams!

einer kleinen Erzählung auf humorvolle Weise wiedergegeben. In Wahrheit ging sie ihm jedoch so zu Herzen, daß er einen seiner schwersten Migräneanfälle bekam.

Mehr Glück schien Ganghofer mit dem Blutauffrischungshirsch Michele II. zu haben, den er 1910 nach zweijähriger Haltung im Einfang in Freiheit setzte. Wie sein Vorgänger ein stattlicher Achter, war dieser jedoch von gutartiger Natur. Aber das Ende war nicht minder tragisch, um so mehr, als »Michel der Gute« daran ganz unschuldig war. Er begann gleich nach seiner Freisetzung seine segensreiche Tätigkeit; »zahlreiche Kinder erzählen von seinem Fleiß.«

»Während des Sommers 1911 blieb Michele vollständig unsichtbar. Ende September stellte er sich orgelnd ein, fraß Mais und Haber in ungeheuren Quantitäten, trug ein prachtvolles Zehnergeweih und begann nach erfolgreichen Minnestunden mit Hansi und Lieserl rings um Hubertus den ganzen Hirschharem abzugrasen. Am 5. Oktober nachmittags, als ich mit Jäger Weigel zur Pirsch auszog, lag er gemütlich wiederkäuend auf der Almlichtung vor dem Jagdhause. Um 6 Uhr abends hörten wir, eine Stunde vom Jagdhause entfernt, einen guten Hirsch röhren. In sinkender Dämmerung zieht der Hirsch mit einem Schmaltier auf 180 Schritt in den Latschen an uns vorbei. Ich fahre auf. Weigel mustert ihn mit dem Glas: ›Ein kapitaler Kronenzehner!‹ – Ich: ›Es wird doch nicht der Michele sein?‹ – ›Gott bewahre, der liegt ja drunten auf der Alm.‹ – Im Feuer stürzt der Hirsch. – Und es war der Michele!– Verzweiflung, Wut, fürchterliche Migräne.«

Diese zwei Mißerfolge haben Ganghofer nachdenklich gestimmt. Er kam zu dem Schluß, daß es nicht recht sei, »die Natur zu verbessern und sich zum Handlanger des lieben Gottes« zu machen. Er unterließ weitere Versuche, sehr zur Freude seiner Frau, die ohnehin der Meinung war, daß er viel zu viel Geld auf seine Jagd verwende.

Mit der Schilderung des tragischen Endes von Michele II. ist in den Jagdbüchern und auch in der Geschichte der Gaistaljagd ein gewisser Höhepunkt erreicht, der Anlaß gibt zum Innehalten. Im folgenden Abschnitt soll der Jagdherr Ganghofer ausschließlich selbst zu Wort kommen und in Erzählungen und Schilderungen, auf die zum Teil schon hingewiesen wurde, von seinen waidmännischen Erfahrungen und Erlebnissen berichten.

◁ *Aquarell von L. Ganghofer*

Gamsbrunft

Während im Wald der Ebene die roten Blätter fallen und bei fröhlichem Jagdgetriebe Schuß um Schuß durch die bunten Hallen kracht, wird hoch in den Bergen, über deren Gipfel und Almgehänge ein früher Winter schon das weiße Schimmerkleid geworfen, stille und mühsame Jagd gehalten. Wenn zu Ende des November die Flocken um die Latschenfelder wirbeln, wenn die grimmig kalten Nächte schon alle Bäche zu Eis gerinnen machen und ein schneidender Wind um alle Grate und Schroffen saust – diese harte Zeit ist im verschobenen Liebeskalender der Natur der ›wunderschöne Monat Mai‹ des scheuen Krickelwildes. Je kälter da der Bergwind durch die Latschen fährt, um so heißere Gefühle erwachen in dem braven Gemsbock, der die schöne Zeit des Sommers in einsiedlerischem Behagen verbrachte und bei fleißigem Äsen nur der einen Aufgabe lebte, tüchtig Feist unter seine Decke zu bringen. Sein fahles Sommerkleid hat sich in glänzendes Schwarz verwandelt, drall und stattlich ist er anzusehen in der zottigen Fülle seines Winterpelzes, und schon beginnt sich der ›Bart‹ auf seinem Rücken zum Wachler auszuwachsen und weiß zu bereifen. Da hebt er nun ein ruheloses Suchen und Wandern an, und aus den Latschenfeldern der schattigen Klüfte, in deren kühlem und dichtem Versteck er seinen Sommerstand gehalten, steigt er zu den sonnseitigen Almgehängen empor, auf denen Rudel sich zu sammeln beginnen.

Treibt es der frühe Bergwinter gar zu schlimm, wirft er Schnee über Schnee und hüllt er durch lange Wochen alle Gipfel in Gewirbel und Nebel, dann freilich wird dem Hochlandsjäger die schöne Zeit der Gemsbrunft, die er das ganze Jahr hindurch mit Sehnsucht erwartete, gründlich verdorben. Wohl scheut er keine Unbill der Witterung, um für seinen Hut den Schmuck eines ›wachelnden‹ Gemsbartes zu gewinnen. Aber bei ›grobem‹ Wetter, bei dem der Wind in jeder Minute aus einem andern Winkel bläst, ist die Jagd auf das scharf ›windende‹ Gemswild eine nutzlose Mühe. Gemspirsch, die Aussicht auf Erfolg verspricht, verlangt blauen Himmel und gleichmäßig ziehenden Wind.

In solch trüber Novemberzeit steht der Hochlandsjäger wohl ein dutzendmal des Tages mit heißer Ungeduld vor dem Barometer und klopft an die Röhre, ob denn das gottsvermaledeite Quecksilber noch immer nicht steigen will. Endlich eines Morgens atmet er hoffnungsfreudig auf: ›Gott sei Lob und Dank, jetzt hat's a Ruckerl gmacht!‹ Gegen Mittag fällt ruhiger Nordostwind ein, Sonnenglanz durchbricht die ziehenden Ne-

bel, und noch ehe der Abend kommt, tauchen die zuckerweißen Berge aus dem steigenden Gewölk hervor. Eine kalte Nacht sinkt über die Täler, und einzelne Sterne blitzen aus dem dunklen Schleier des Himmels.

Und nun wollen wir aufsteigen zu einer ›Gamspirsch‹ in die verschneiten Berge!

Eine Stunde, ehe der Morgen graut, sind wir parat zum Abmarsch, nicht allzu warm gekleidet, denn das Stapfen und Steigen im frischen Schnee wird uns heißer machen, als uns lieb ist. Einen bescheidenen Imbiß und einen guten Tropfen im Rucksack, den Stutzen und die Patronen, Fernrohr, Wettermantel und Bergstock – mehr brauchen wir nicht. Und jetzt hinaus in die Nacht! Der Himmel ist völlig klar geworden, und mit zitterndem Gefunkel leuchten die tausend Sterne. In schweren Klumpen fällt der Schnee von den Bäumen, deren Wipfel in leichtem Winde sich bewegen.

»Dös Winderl wär net ohne!« meint der Jäger, der uns begleitet. »Fein ziahgt's abi über'n Berg! Heut kunnt's krachen! Und an Tag kriagn mer, grad nobel!«

Schon der halbstündige Weg durch das langsam steigende Waldtal macht die Stirnen gehörig warm. Dann erst das Aufwärtsstapfen über den hoch verschneiten Jägersteig! Das ist wie ein Dampfbad, und alle paar hundert Schritte verhält man sich eine Minute, um den verlorenen ›Schnaufer‹ wiederzufinden. Der Wald geht zu Ende, und die steilen Latschenfelder beginnen. Allmählich hat sich der Schein der Sterne gedämpft, farbiges Zwielicht gleitet über den Himmel hin, alle Konturen der weißen Berge werden klar und rein, und ein letztes verirrtes Wölklein löst sich auf in blauen Duft. Langsam und vorsichtig steigen wir höher und höher, jede Blöße zwischen den Felsen und Latschen mit spähenden Blicken musternd. »Denn in der Brunft, da fahrt a Gamsbock her über'n Weg, du woaßt net wie!«

Fast haben wir schon den Saum des Almfeldes erreicht, das sich zwischen zerklüfteten Felswänden breit bergan dehnt, schimmernd wie milchblaue Seide. Da brennt es auf dem höchsten der weißen Gipfel auf gleich einer roten Flamme.

»Sakra! Jetzt dürfen mer uns aber tummeln! D' Sunn fliegt an.«

»Sich tummeln?« Nein! Da heißt es stehen und schauen und staunen! Von einem Gipfel zum andern fliegt die rote Morgenflamme, tiefer und tiefer brennt sie herunter über Gewänd und Schnee, das ganze Almfeld überhaucht sich mit rosigem Glanz, sogar die Schatten tauchen sich in zarten Purpur. Und über allem der reine Himmel, tief und blau wie ein südliches Meer, und zwischen seinem Blau und dem rosigen Schneeglanz blitzt im Kontrast der Farben die silberweiße Linie des Grates.

»Herr Gott! Wie schön ist das!«

Da pfeift es in den Latschen, die Büsche rauschen, und Schnee stäubt auf.

»Mar' und Joseph!« zischelt der Jäger. »Richten S' Eahna! A Gamsbock! Und was für oaner!«

Doch ehe die Büchse noch an der Wange ist, fährt der schwarze Gesell, der uns auf lautloser Suche in den Weg geraten, mit sausender Flucht schon durch die Latschen hinunter in den Wald.

»Natürli! D' Natur antratschen! Dös is 's Richtige in der Gamsbrunft!« brummte der Jäger. »D' Sonn können S' alle Tag sehgn, aber so an Gamsbock net! No also, machen wir halt weiter! Der is jetzt schon beim Teifi!«

Ein Viertelstündlein steilen Marsches, und ein Hügel des Almfeldes ist erreicht. Gedeckt von einer Latschenstaude, lassen wir uns nieder. Obwohl wir bis an die Hüften im Schnee hocken, haben wir doch ein ganz behagliches Weilen, denn

Bleistiftskizze von L. Ganghofer aus dem Jagdbuch

kaum merklich zieht der Wind, und die steigende Sonne beginnt sich lind zu fühlen. Während eine gute Zigarre den Ärger des Jägers besänftigt, halten wir mit dem Fernrohr Ausschau nach allen Seiten. Manch ein schwarzes Pünktlein auf dem sonnigen Schnee, das wir mit freiem Auge für eine Gemse halten, entpuppt sich durch das Glas als ein Felsbrocken oder als ein Latschenstäudlein, das sich aus der Schneedecke hervordrängt. Aber dort oben, wo die beschneiten Schuttfelder steil aufsteigen zu den kahlen Wänden, dort oben bewegen sich ein paar schwarze Punkte. Das Fernrohr wird gerichtet.

Ein Rudel! Und wir zählen gegen dreißig Stück, brave Mütter mit ihren Kitzen und einige Geltgeißen. Bei genauer Beobachtung zeigt es sich, daß beim Rudel ein dreijähriger Bock steht, der nicht als schußbar anzusprechen ist. Wäre es um die Zeit der Sommerpirsch, so würden wir ruhig weiterziehen und anderswo unser Heil versuchen. Aber jetzt, in der Brunft, da heißt es geduldig ausharren. Denn wo ein Rudel steht, wird ein guter Bock nicht lange auf sich warten lassen.

Ruhig sitzen wir im Schnee, der uns nun doch seine Kälte langsam in alle Knochen bohrt. Dazu beginnt der Wind immer schärfer zu ziehen. Die Ohren beginnen zu brennen, und die Finger werden steif. Aber die Beobachtung des Rudels kürzt uns die bittere Zeit. Einige der Gemsen ruhen im sonnigen Lager, andere ziehen langsam über den Hang und schlagen mit den Läufen den Schnee von der Erde, um Äsung zu finden. Zwischen den ruhig ziehenden Müttern tummeln sich die Kitzlein umher und treiben ihre munteren Spiele wie ausgelassene Schulkinder; sie jagen sich, versuchen harmlose Kämpfe und machen kleine Schlittenpartien über den steilen Schnee. In dem Dreijährigen erwachen sehnsüchtige Gefühle, und er beginnt bei den Schönen ein Werben, das an alle Eigenschaften eines Verliebten erinnert, nur nicht an scheue Zärtlichkeit. Eine alte Kokette drängt sich zutraulich an ihn heran. Aber der junge Galan scheint für die Reize des ›gefährlichen Alters‹ nicht das rechte Verständnis zu haben. Mit einem derben Krickelstoß jagt er die Schmeichlerin von seiner Seite und kehrt zu den jüngeren Schönen zurück, deren Sprödigkeit ihn noch feuriger macht und in groben Zorn versetzt. Just hat er ein schlankes Geißlein ein paar hundert Schritte über das Schneefeld hingesprengt. Da verhofft er plötzlich, äugt gegen die höheren Wände hinauf und stampft mit den Läufen.

»Passen S' auf jetzt«, flüstert der Jäger, »da ist der Alte nimmer weit!«

Wir suchen die Wand mit dem Fernrohr ab. Und dort oben steigt er über den Grat heraus, »aber scho a höllischer Teifi«,

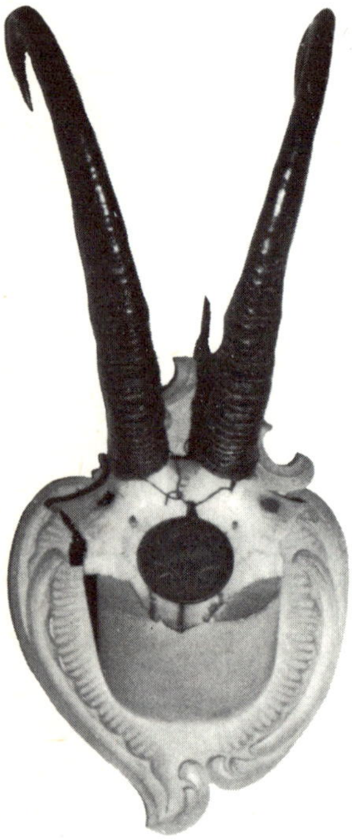

stolz und kraftvoll, scharf abgehoben vom blauen Himmel, so daß sich mit dem Glas die hohen Krickeln und die wehenden Zotten des Bartes deutlich erkennen lassen.

»Sakra, sakra«, meint der Jäger, »den wann S' kriegen, da können S' Eahna gratalieren!«

Alle Kälte in Blut und Gliedern ist jäh verflogen, und mit heiß erregten Schlägen hämmert das Herz.

Ein paar Minuten äugt der Alte regungslos auf das Rudel nieder. Dann plötzlich kommt er über die Wand herabgefahren, daß die Steine prasseln, sprengt auf die Geißen ein und fordert mit brutaler Gewalt seine Rechte als Herr des Harems. Inzwischen hält sich der Dreijährige eine Weile in scheuer Ferne, dann beginnt er das Rudel in Unruh zu umkreisen und schlängelt sich immer näher heran. Aber ein paar zornige Sprünge des Alten jagen ihn wieder in die Flucht. Einsam steht nun der Verscheuchte auf einem Schneegrat. Die Sache scheint ihm offenbar nicht zu gefallen. Er stampft mit den Läufen, schüttelt die Luser, und dann entscheidet er sich für das bessere Teil der Tapferkeit, fährt über den Schneegrat nieder und verschwindet in einem Graben des Almfeldes.

Wir kümmern uns nicht weiter um die Richtung seiner Flucht und lassen den Alten und sein Rudel nicht aus den Augen. Doch jählings pfeift es ein paar Dutzend Schritte neben uns, und als wir aufblicken, steht der Dreijährige zwischen den niederen Latschen. Er scheint von unserem Anblick ebenso betroffen wie wir von seinem unerwarteten Auftauchen. Einige Minuten währt diese gegenseitige regungslose Musterung, bis ihm der Jäger mit einer scheuchenden Handbewegung zumurmelt: »Geh, du Springerl, fahr ab!« Das läßt sich der Bock nicht zweimal sagen. Erschrocken schlägt er um, saust durch die Latschen talwärts und pfeift noch ein paarmal, da er schon verschwunden ist.

Obwohl die Entfernung zwischen uns und dem Rudel fast tausend Schritte beträgt, sind doch die Pfiffe des Flüchtlings bis zu ihm hinaufgedrungen. Ein paar Geißen, die sich schon zur Ruhe niedergetan, springen wieder auf, der Alte klettert auf einen Felsblock, und so äugt das ganze Rudel zu uns nieder. Ein Glück, daß uns die Sonne im Rücken steht – ihr blendender Glanz macht den Gemsen ein deutliches Gewahren unmöglich. Dennoch scheinen sie die Gefahr zu wittern, denn eine Kitzgeiß beginnt über das Schuttfeld emporzuziehen, als wollte sie in die Felswand einsteigen.

»Auweh zwick! Jetzt is gfeit!« brummt der Jäger und schließt mit einem derben Fluch die Vermutung, daß wir heute leer nach Hause gehen würden.

Seine böse Ahnung scheint sich zu bestätigen. Denn langsam zieht das ganze Rudel der führenden Kitzgeiß nach. Gemächlichen Schrittes und zuweilen den schwarzen Pelz schüttelnd, steigt der Alte hinter dem Rudel her, und wir folgen ihm seufzend mit den Blicken. Da verhofft er plötzlich, jagt über den steilen Schnee hinauf und sprengt die Geißen von der Wand zurück auf den Lahner. Das ganze Rudel steht dicht gedrängt und äugt über das Almfeld hinaus.

»Himmel Saxen!« zischelt der Jäger in heißem Eifer. »Da schaugn S' ummi! Da steigt oaner her über d' Schneid. Und gar koa schlechter net! Sakra, sakra, jetzt geht a Gschäft!«

Ein guter Bock, schwarz wie Kohle, ist am Saum des Almfeldes erschienen. Er hat das ganze Rudel gewahrt und trollt über den Schnee einher, seinen Weg durch spielende Sprünge kürzend. Der Alte zieht ihm entgegen, zögernd, als wollte er vorerst mit Bedacht die Kraft des nahenden Gegners prüfen.

»Geben S' acht, dö packen anander!« flüstert der Jäger. »Von dene zwoa, da woaß i net, was für oaner der besser is. Von dene zwoa gibt koaner so leicht net nach!«

In wachsender Erregung sehen wir durch das Fernrohr dem Drama der Eifersucht zu, das sich dort oben auf dem steilen Schneefeld abspielen will. Deutlich gewahren wir durch das Glas, wie der Alte zornig die Oberlippe aufzieht, und trotz der Entfernung glauben wir seinen blökenden Kampfruf zu vernehmen. Schon sind sich die beiden Gegner bis auf wenige Schritte nahegekommen. Sie stehen regungslos voreinander, mit gesenkten Krickeln – es scheint, als hätte jeder Respekt vor der Kraft des anderen und keiner so recht den Mut, um den unsicheren Kampf zu beginnen. Langsam und neugierig zieht das Rudel näher. Und als hätte die Gegenwart seiner Huldinnen die Kampflust des Platzbockes befeuert und seine Eifersucht gesteigert, so rennt er mit kraftvollem Sprung auf seinen Gegner los. Wir hören, wie die Krickeln aneinanderschlagen. Aber schon ist der Angreifer mit blitzschnellem Sprung wieder zurückgefahren und steht erwartend. Da holt der Gegner zum Angriff aus, beim Stoß verfangen sich die beiden Kämpen mit den Krickeln, und so zerren sie sich hin und her, daß es sich ansieht wie ein drolliges Spiel, nicht wie ein ernster Kampf.

Endlich kommen sie los voneinander, und der Alte retiriert, als wäre ihm schon halb der Mut gesunken. Das befeuert den Rivalen, und mit derben, immer hitziger werdenden Stößen bedrängt er den Platzbock, der sich aufs Parieren verlegt und dessen Kräfte immer mehr zu erlahmen scheinen. Aber diese scheinbare Schwäche ist nur schlaue Taktik des alten, geriebenen Burschen. Als sich der Gegner, der in heißem Ungestüm

den Kampf mit einem Gewaltstreich beenden will, auf die Hinterläufe hebt, um mit gesenkten Krickeln den Rivalen am Nacken oder auf dem Rücken zu fassen, fährt ihm der Alte mit wuchtigem Stoß in die Weichen. Der Getroffene überschlägt sich und kugelt über den steilen Hang hinunter, umwirbelt von stäubendem Schnee. Mühsam erhebt er sich, aber da rennt der Alte schon wieder mit wütendem Sprung auf ihn los, und in wilder Jagd sprengt er den Besiegten gegen die Tiefe des Almfeldes.

»Teifi no amal! Jetzt aber gschwind! Jetzt gilt's!«

Wir gleiten durch die Latschen hinunter in eine Mulde, und drüben geht's mit Keuchen wieder hinauf über Schnee und Geröll. Kaum haben wir, noch atemlos, die Höhe des Almgrates erklommen, da saust auch schon mit hängendem Lecker und stöhnend der gejagte Bock an uns vorüber. Einen tiefen Atemzug, den Hahn gespannt und die Büchse an die Wange – jetzt taucht mit rasenden Sprüngen der Sieger vor uns auf, doch bei dem Pfiff des Jägers verhofft der Bock, halb verschleiert vom aufwirbelnden Schnee. Dröhnend hallt der Schuß über das Almfeld hin. Im Feuer schlägt der Gemsbock um und verschwindet in einer Mulde. Auf dem jenseitigen Hang erscheint er wieder und flüchtet gegen das Rudel hin – eine zweite Kugel soll ihn einholen, aber da bricht er zusammen und rollt verendet über den Schnee. Ein Jauchzer schwingt sich auf in das sonnige Blau, während von den steilen Wänden die Steine niederprasseln, die das flüchtige Rudel löste.

Ein Stündlein später treten wir, der Jäger mit dem geschränkten Bock über den Schultern und der glückliche Schütze mit dem frischen Latschenbruch auf dem Hut, in die einsame und halbverschneite Sennhütte, deren Stube einen öden und unwirtlichen Anblick bietet. Alle Glieder zittern uns vor Kälte und Erschöpfung, die Augen sind rot gerändert und brennen vom blendenden Schneeglanz, den wir durch lange Stunden ausgehalten. Aber wir lachen, als kämen wir von lustiger Maipartie, und mit sprudelndem Eifer wird die ganze Jagd noch einmal durchgeplaudert. An dem Maßstab, der in den Bergstock eingeschnitten ist, wird die Höhe des selten

Aquarell aus dem Jagdbuch von L. Ganghofer

starken Krickels und die Länge des sorgsam ausgerupften Gemsbartes gemessen – wobei der Jäger mit heiligen Eiden schwört, daß ›a söllener Bock in hundert Jahr nimmer gschossen weard‹!

In der Aschengrube wird ein flackerndes Feuer angeschürt, dessen Schein die verwahrloste Almstube freundlich überglänzt. Von der aufsteigenden Hitze des Feuers beginnt auf dem Hüttendach der Schnee zu schmelzen, und die Tropfen fallen und plätschern, als möcht es draußen schon Frühling werden.

Eintrag in das Jagdbuch vom 21. November 1896

Die erste Pirsch

Um 1 Uhr mittags, bei dichtem Schneegestöber, ging's hinaus. Unter den Wänden des Schwarzbachkares sah ich den ersten Gamsbock, der wegen schlechten Windes nicht anzupirschen war. Beim Einstieg in das Felderntal guckte schon der zweite mit pechschwarzem Grind über ein steiles Gratl herunter. Nun kam eine Geduldprobe. Eine halbe Stunde stand ich mit dem Jäger regungslos, bis der Bock, wieder vertraut, sich zur Ruhe niedertat. Mit dem schlechten Winde kämpfend, pirschte ich ihn an. Auf etwa 150 Schritte war ich nahe gekommen, als er Wind bekam und aufsprang. Mein Schuß krachte, und: »Hat ihn schon! Mit 'm Grind hat er beutelt!« meinte der Jäger. In banger Erwartung stand ich, während Jäger Probst zum Schußplatz hinaufkletterte. Eine Weile lautloses Schweigen, dann klang von oben die Trauerkund:

»G'feit is er!«

»Himmel Kreuz Teufel noch amal! Der erste Gamsbock, und g'fehlt!«

In einer Laune, so grau wie der Himmel, trat ich den Heimweg an und erging mich dabei in tiefsinnigen Betrachtungen über die Frage: »Weswegen denn hat er mit 'm Grind beutelt? Vielleicht hat er die Kugel pfeifen hören und Ohrensausen bekommen?«

Auf dem Heimweg sprang mir ein Tier mit dem Kalb an der Nase vorüber, und dann konnte ich noch einen Spießer und einen Zehnerhirsch bei ruhigem Äsen beobachten.

Dieser verheißungsvolle Anblick besserte meine Laune wieder.

Hüttenleben im Hochgebirg

Das war ein Tag – so einer von den richtigen Grobwettertagen. Am frühen Morgen schon, als ich mit dem Förster zur Gemspirsch ausgezogen, hatte uns der Himmel ein bedenkliches Gesicht geschnitten.

»Heut gibt's noch was! Ich mein', wir bleibeten gscheiter daheim auf der Hütten!« hatte der Förster ein um das andere Mal gebrummt.

Aber mein Jagdeifer hatte mir die Ohren taub gemacht für diese Warnung. »Ah was – so gfährlich schaut's net aus!«

Mit diesen Worten hatte ich die Büchse über die Schulter geworfen und war hinausgetreten unter den mit schwerem Gewölk behangenen Himmel. Brummend war der Förster hinter mir hergetrabt, hatte eine dicke Rauchwolke schief unter seinem grauen Schnurrbart hervorgepafft und geknurrt: »Natürlich – da muß man gamsjaagern – bei so ei'm Wetter, wo der Wind umeinanderfahrt wie a Maus im leeren Mehlsack. Aber grad freuen tät's mich, wenn's uns heut noch recht ghörig waschen möcht!«

Er sollte auf diese Freude nicht lange warten müssen. Denn als wir nach erfolgloser Pirsch die Grenze des Revieres erreicht hatten, da war's über uns losgebrochen, »als hätt's der Peterl grad schaffelweis zum abagießen«. Da hatte kein Wettermantel, kein Unterstehen mehr gefruchtet. Nach wenigen Minuten waren wir durchnäßt bis auf die Haut. Mit der richtigen Nässe war uns auch der richtige Jagdhumor wieder gekommen; unter Lachen und Plaudern waren wir bei strömendem Regen den zwei Stunden weiten Weg zur Hütte heimwärts gestapft und hatten es kaum beachtet, wie das Wasser in völligen Bächen von uns niederrann, und wie jeder Schritt einen kleinen Springbrunnen aus unseren patschenden Schuhen trieb.

Mit lachendem Gruß hatte uns der Jagdgehilfe unter der Hüttentür empfangen. Wie Pudel, die aus dem Wasser gestiegen, hatten wir die gröbste Nässe von uns geschüttelt und waren in die kleine, trauliche Jägerstube getreten, in welcher der Jagdgehilfe in Voraussicht des Zustandes, in dem wir heimkehren würden, ein tüchtiges Feuer angeschürt hatte.

Und nun, eine halbe Stunde später, saßen wir in trockenen Kleidern, rauchend und plaudernd, auf der Holzbank vor der Hütte und schauten, im Schutze des weit vorspringenden Daches, hinaus in das rastlose Strömen und Gießen. Uns zu Füßen senkte sich der waldige Berghang nieder ins Tal, das von dichten, wirbelnden Nebeln erfüllt war, welche nur ab und zu

einen flüchtigen Ausblick über die weit zerstreuten Häuser des tief liegenden Dorfes gewährte. Jenseits des Tales bauten sich steile Berge empor über das Nebelmeer, aber ihre Kuppen verschwanden wieder in dem höheren Gewölk, und die farbige Zeichnung ihrer Gehänge schien von dem strömenden Regen wie von einem dichten Schleier überbreitet. Keuchende Windstöße rüttelten die triefenden Tannen und peitschten den Regen, der mit klatschendem Knattern über das Schindeldach der Hütte fiel. Von unferne tönte das dumpfe Rauschen eines Sturzbaches und dicht vor unseren Füßen plätscherten die hundert Wasserfäden der Dachtraufe über das verwaschene Gestein. Dazu klang durch die offenen Hüttenfenster das Prasseln und Knistern des Feuers, über welchem das Wasser im eisernen Fleischtopf brodelte, und wir hörten die hin und wider eilenden Schritte des Gehilfen, hörten das Klappern der Pfanne, mit deren Hilfe er für unseren Hunger seine primitive Kochkunst betätigte, während er halblaut eine volkstümliche Weise pfiff.

All dieses Hören und Sehen, die gemütliche Rast nach dem ermüdenden Marsche, das trockene Plätzchen inmitten dieses Strömens und Gießens: das alles machte eine behagliche Stimmung. Und diese Stimmung mochte mir der Förster wohl vom Gesichte lesen, denn er lachte mich an und sagte:

»Geln S', nach so ei'm Marsch und bei so ei'm Wetter, da tut ei'm d' Hütten wohl!«

Mit vergnüglichem Schmunzeln nickte er vor sich hin, zog an der Pfeife, blieb ein dünnes Wölklein in die Luft und plauderte weiter:

»Ja, ich sag's allweil – die Jager von heut, die wissen's gar net, wie schön daß sie's haben. Wann ich dagegen so z'ruckdenk an mei' eigene Ghilfenzeit, vor a dreißig a vierzig Jahr – no, Sie – da hat fein a ganze Lieb zur Jagerei ghört, sonst hätt ei'm d'Lust vergehen können vor lauter Müh und Plag! Jeden gschlagenen Morgen vor der Tagslichten in d' Höh und nauf am Berg, a vier, a fünf und sechs Stund weit – und nachher auf d' Nacht wieder heim bis in' Ort. Denn in die Sennhütten unterschliefen, das is auch net ei'm jeden sein Gusto gwesen – und jede Sennerin war auch net danach, daß sich a Jager mit ihr hätt verhalten mögen. Höchstens, daß man auf an Schmarren oder a Milchsuppen zusprechen hat können. Aber wenn kein Kaser weit und breit net gwesen is, oder wenn d' Sennhütten leer gstanden sind, nachher hat's gheißen, von in der Fruh bis auf d' Nacht umeinanderschieben, ohne an warmen Bissen im Magen. Und mit die Lumpen! Was hat man da erst für a Metten ghabt! Natürlich, die haben das ausgnutzt, daß der Jager

dengerst amal heim hat müssen zum Essen und Schlafen. Allbot hast an Schuß hören können – aber natürlich, bis der Jager amal zum Zeug 'kommen is, derzeit war der Lump schon lang über alle Berg! Und Mon'schein wann gwesen is – da hat einer gleich Tag und Nacht nimmer heim dürfen. Wo man auf 'n Abend 'gangen oder gstanden is, da hat man sich hinglegt und sich in sein' Wettermantel gwickelt. Und am allerfleißigsten hat einer beim groben Wetter auf die Füß sein dürfen – gwiß wahr – das is gar nix Seltsams net gwesen, daß man an ei'm und demselbigen Tag a drei a viermal naß und trocken worden is bis auf 'n letzten Faden. Und Sie – so was nimmt fein an Menschen her!«

Bei diesen Worten schnitt der Förster ein schiefes Gesicht, klemmte die Pfeife zwischen die Zähne und fuhr sich mit beiden Händen unter prüfenden Griffen über die Beine. Dann hub er wieder zu plaudern an und begann im Gegensatz zur »alten Zeit« das Lob der neuen zu singen.

»Gwiß wahr, seit in die letzten fufzehn Jahr ein Schutzhäusl und Jagerhüttl ums andere 'baut wird, derzeit is auch von Jahr zu Jahr mit die Lumpen besser worden. Natürlich, ganz aufhören tut so was net. Aber die mehreren haben sich's doch überlegt mit 'm 'nausgehen, seit s' wissen, daß ihnen der Jager bei Tag und Nacht allweil auf an Katzensprung am Gnack sitzt. Jetzt macht sich ja der Schutz schiergar von selber. Gar nimmer plagen braucht sich einer – und beim groben Wetter tut's es ja schon, wenn er sich vor d' Hüttentür aufs Bankl setzt. Da sieht er und hört er sein' ganzen Bezirk aus. Und wenn er schon draußen war und kommt heim als a Nasser, so hat er sein Stübl und hat sein Ofen. Und mit 'm Essen kann er sich's einrichten, grad wie er mag. In der Fruh hat er sein Kaffee oder sei' Brotsuppen – auf Mittag kocht er sich an Schmarren oder Kasnocken, oder was ihm sonst grad taugt – und für 'n Abend, da liegt a Flascherl Bier in der Kellergruben. In der Nacht hat er sei' warme Liegerstatt, und wenn's a recht Verzogener is, der 's Kratzen vom Heu net vertragt, der hat sei' Matratzen, sei' wollene Decken und sein Polsterkissen. Und Gsellschaft hat er dengerst auch a paarmal in der Wochen – und da sind nachher die lustigen Stunden daheim auf der Hütten. Ja, grad a nobligs Leben is daheroben!«

So plauderte der Graubart weiter und wurde nicht müde, die Vorzüge und Reize des Hüttenlebens vor mir zu entwickeln. Seltsamerweise dachte er dabei gerade an einen Vorzug nicht, den er meinem eigenen Geschmacke nach in erster Reihe hätte nennen müssen: den Reiz der landschaftlichen Umgebung.

Der Zweck, dem diese Hütten dienen, bringt es mit sich, daß

sie zumeist an Stellen erbaut sind, von denen aus ein möglichst großer Teil des betreffenden Jagdbezirkes zu übersehen ist. Da steht solch eine Hütte inmitten eines weit gedehnten Berghanges auf scharf vorspringendem, steilem Felsenerker, der einen Ausblick von unbeschreiblicher Schönheit bietet, sei es über eine wild zerklüftete Waldschlucht oder einen lieblichen Almengrund, sei es über das tiefliegende, bewohnte Tal oder über die waldigen Vorberge hinaus in die graue, bis in unabsehbare Ferne sich dehnende Ebene. Eine andere Hütte wieder erhebt sich auf einem schütterbewachsenen Hügel im Zentrum eines stundenbreiten Hochplateaus, das rings umschlossen ist von kahl aufstarrenden Wänden, von mächtig in die Lüfte ragenden Felskolossen, über deren höchste Gehänge der ewige Schnee herniedergreift bis in die grünen Latschenfelder, zwischen welchen wohl auch mit dunkelblauem Wasser ein kleiner Hochsee still gebettet liegt, der sich ansieht wie eines versteinerten Riesen lebendig gebliebenes Auge, das mit unergründlich tiefem, schwermutsvollem Blick den Himmel sucht.

Was erhebender wirkt, was tiefer in das Gemüt eines für Naturschönheit empfänglichen Menschen greift, ich weiß es kaum zu unterscheiden: der erste, jähe, in einen einzigen Blick gefaßte Eindruck solch einer Szenerie oder das tagelange, beschauende Verweilen an solchem Orte, das sinnende Betrachten des allmählichen Wandels in diesem Bilde, der mit dem wechselnden Lichte des verrinnenden Tages sich vollzieht, von der frühen, dämmerigen Stunde an, in welcher das Auge nur mit Mühe die grauen Schatten durchdringt, bis zum Erwachen des gebrochenen, in allen Tönen spielenden Morgenlichtes, bis zum rosigen Erglänzen des ersten Sonnenstrahls, bis zu der drückenden, alle Konturen verwischenden Schwüle des Mittags, bis zum lauen, klaren, herrlichen Abend, an welchem unter dem Scheidegruß der Sonne die kahlen Felsen in dunklem Purpur erglühen, bis die sternenhelle Nacht mit ihren schwarzen Schleiern die letzten Farben löscht.

Und solch einem Tag gegenüber nun ein anderer, mit seinen jagenden Wolken und flatternden Nebeln, mit seinem Gießen und Strömen, mit seinen triefenden Bäumen und tropfenden Wänden, mit seinen rasch entstandenen und rasch wieder verrinnenden Sturzbächen, mit zuckenden Blitzen und mit krachendem Donner, unter dem die Erde schüttert und die Berge zu erzittern scheinen.

So wechseln die Bilder der Tage und fügen Zug an Zug zum Gesicht des Jahres, von jenem Morgen, an dem der Jäger nach »harber« Winterszeit zu der vom Schnee erlösten Hütte steigt, vom Frühling an mit seinem brausenden Föhn, mit seinen stürzenden Lawinen, mit seinem licht und schüchtern sprossenden Grün, bis zur prunkenden üppigen Pracht des Sommers, bis zum Herbst, in welchem das Tierleben der Berge seinen regsten Pulsschlag zeigt, in welchem ein immerklarer, tiefblauer Himmel niederlächelt auf den grellen, buntfarbigen, fast koketten Aufputz der alternden Natur, bis jählings eines Morgens der erste, blendendweiße Neuschnee die steilen Gehänge deckt, die geduldigen Bäume drückt, das Wild in die tieferen Gehege treibt und den Jäger von der Hütte heimwärts schickt in das winterliche Dorf.

Der mit den Stunden geizende Tourist, der hinter den Fersen des Führers eine »Hochtour« abkeucht, in der Almhütte eine Schüssel voll saurer Milch auslöffelt und sich von der Sennerin belächeln läßt – er trägt von der »Bergnatur«, die er zu »studieren« gekommen, wohl auch ein Bild mit fort. Wie weit entfernt aber ist seine Vorstellung von der gewaltigen Wirklichkeit! Wer die Bergwelt, die mit jeder Stunde ein anderes Antlitz zeigt, seinem Verständnis erschließen will, der hat vor allem Zeit, Geduld und Ruhe vonnöten. Dieses tage- und wochenlange Verweilen »auf der Hütte«, das ist eine der richtigen Hochschulen für die Erkenntnis der Bergnatur. Hier sitzt sie selbst in ihrer ganzen tiefernsten Würde auf dem Dozentenstuhl und öffnet dem geduldig Lauschenden ihr innerstes Herz. Hier lernt man so recht ihre Sprache verstehen, die sich zusammensetzt aus dem dumpfen Poltern der stürzenden Steine und dem Grollen der Lawinen, aus dem Brausen des Sturmes, dem Ächzen der Bäume und dem Raunen der zitternden Blätter, aus dem Rauschen und Murmeln ihrer Gewässer und aus den hundertfachen Stimmen ihrer scheuen Geschöpfe. In jeder Jahreszeit, in jeder Stunde des Tages hat diese Sprache einen anderen Klang, eine andere Färbung. Und am tiefsten greift sie jenem ins Herz, der sie hört in dunkler Nacht, wenn die Sterne niederblitzen über die finster ruhenden Berge. Man sitzt auf einem moosigen Steinblock und starrt in Gedanken empor zu den leuchtenden Augen des Alls. Wie ein tiefes, langaushaltendes Atmen geht es durch den schwarzen Wald. Da plötzlich trifft ein unbeschreiblicher, hellvibrierender Ton das Ohr. Man weiß nicht, woher er kommt, und errät nicht, was ihn erzeugt hat. Er kommt wie aus weiter Ferne, wie aus der Tiefe der Erde – man hört ihn – und leise verzittert er in der finsteren Nacht. Es ist, als schliefe die Natur, als hätte sie im Traum gesprochen.

Wie manche solcher Stunden hab' ich schon genossen, und immer wieder wirken sie auf mich in gleich ergreifender Weise. Da ist es mir nach und nach zur lieben Gewohnheit geworden,

Franz v. Defregger: Ludwig Ganghofer im Kreise seiner Jäger

Schießscheibe zur Geburt von Ludwig Ganghofers erstem Enkelkind

in der letzten Nacht vor dem Verlassen der Hütte lange Stunden unter freiem Himmel zu verbringen, bis mich die mahnende Stimme des Jägers oder das ungeduldige Knurren meines Hundes aus dem Sinnen und Schauen weckt und mich zurückruft in die Hütte, zur letzten kurzen Rast auf dem weichen knisternden Bergheu.

Wie wird mir dann am anderen Morgen das Scheiden von der kleinen Hütte so schwer! Geht es aber nach Tagen oder Wochen wieder zu Berge und winkt mir nach langem, ermüdendem Anstieg das in der Sonne blinkende Balkenhaus über die Tannenwipfel entgegen, dann ist mit einem Schlag alle Müdigkeit vergessen. Da kräuselt sich der bläuliche Rauch aus den Schindeln; mit hellem Laut begrüßt mich der rote Schweißhund, und nun tritt der Jäger unter die Tür und streckt mit lachenden Gesichtes die sonnverbrannte Rechte hin.

»Grüß Gott, Herr Doktor! Wieder einmal beim Zeug?« so lacht er mich an. »Wie geht's denn, han? Aber wie dumm als ich frag! Wie kann's denn schlecht gehn, wann's auf d' Hütten geht! Jetzt kommen S' nur gleich 'rein. Die zwei Träger sind schon da seit a drei, vier Stund – der ein' mit Ihrem Sach, der ander mit'm Bier. Ich hab 's Faßl gleich aufgstellt – und wann S' an Durst haben, kann ich anzapfen auf der Stell!«

Dabei nimmt er mir den Bergstock aus der Hand und die Büchse von der Schulter, und erleichtert aufatmend tret' ich unter die Tür, während mein Teckel mit dem Schweißhund ein schnupperndes Wiedersehen feiert. Ein kleiner Vorraum empfängt mich, der als Speisekammer und zuweilen als Küche dient. Eine Klapptür führt zur Kellergrube. Fast den vierten Teil des Raumes nimmt der selten benutzte offene Herd ein, auf welchem jetzt das Bierfaß steht, mit naßkalten Tüchern umwickelt. Eine niedere Tür führt in die Stube, welche durch zwei kleine vergitterte Fenster ihr Licht empfängt. Die Balkenwände und die Decke sind mit weißen Brettern verschalt. In der einen Ecke steht der eiserne Kochherd, in der anderen daneben das für drei Schläfer knappen Raum gewährende Heubett mit zwei groben Wolldecken und einem zerlegenen Polster. In der Fensterecke steht der kleine Tisch vor der in die Wände eingelassenen Winkelbank. In der vierten leeren Ecke ist hoch an der Wand ein Brett befestigt, welches, neben mancherlei Kram, die blecherne Kaffeemaschine, die Zuckerdose, einige Gläser und ein paar eiserne Töpfe trägt. Darunter ist die Zapfenreihe für die Gewehre, Ferngläser und Rucksäcke angebracht. Nicht weit davon hängt ein Rahmen mit einigen Holz- und Porzellantellern, mit zwei irdenen Schüsseln und drei oder vier Kaffeetassen, von denen sich nicht mehr alle eines Henkels erfreuen. Über dem Ofen hängen die beiden Pfannen, die saubergefegte Wasserpfanne und die fettglänzende Schmarrenpfanne. Ein paar verkümmerte Geweihe schmükken die Wände und aus dem Tischwinkel nieder grüßt das niemals fehlende Kruzifix.

Je enger die Hütte, desto lieber ist sie mir. Je kleiner der Tisch, desto näher rückt man zusammen, desto gemütlicher plaudert sich's. Und was gibt es da am ersten Abend bei Krug und Pfeife alles zu plaudern und zu fragen! Wo steht der gute Zehnerhirsch mit dem kapitalen, weitgespannten Geweih? Da drüben also im neuen Schlag! Und schon verfegt! Und dieser alte Schlaumeier von einem Gemsbock, der mir im vergangenen Herbste zweimal aus dem Schusse blitzte? Er hält auch heuer wieder den alten Stand! Und auch die Rehböcke treiben schon lustig drauf los. Hurra, da gibt's ja Weidmannsarbeit übergenug für alle Hände! Also munter ausgetrunken und – und eingeschenkt, daß wir beizeiten aufs Heu kommen! So flink geht's aber doch nicht von statten; mit dem Austrinken und Einschenken wohl, aber nicht mit dem Ausplaudern. Zum Kuckuck – Mitternacht! Ja, wo ist denn die Zeit hingekommen? Nur rasch die Fenster ein wenig aufgerissen, denn in der Stube liegt der Rauch zum Schneiden. Die Hunde schlafen schon und knurren im Traum, in welchem sie wohl mit gierigem Eifer dem schweißenden Hirsch auf der Fährte hängen. Und jetzt die Fenster zu, das Licht gelöscht und mit einem Satz auf den Kreister! Ah – wie tut das Strecken so wohl und wie fühlt sich das Heu so weich! Kaum hat man die Decke über die Beine gezogen, da ist man schon »hinüber«.

Nun gilt's, mit festem Schlaf die Kürze des Schlafes wett zu machen. Denn gegen die dritte Morgenstunde ist mein wackerer Jäger schon wieder in der Höhe. Ich zwinkere noch ein halbes Stündchen weiter, während der Jäger die Pfanne über das Feuer setzt. Mit einem Ruck aber bin ich auf den Beinen, sobald die Löffel klappern. Schwarzer Kaffee und dazu eine Pfanne voll Schmarren, das ist in den Bergen das richtige Jägerfrühstück; das pflastert den Magen und hält die Rippen fest, das gibt aus für geschlagene zwölf Stunden.

Und nun den Hut aufs Haar, die Büchse über die Schulter, den Bergstock in die Faust, und hinaus in den dämmerigen Morgen, dessen klarer Himmel einen herrlichen Tag verheißt.

Fünf Stunden später kehren wir zurück von erfolgloser Pirsch. Wohl stand mir ein guter Achterhirsch, dem schon die Bastfetzen von den Sprossen hingen, auf Schußbereich vor der Büchse – aber schief! Und solch einem Edlen die Kugel auf die weiße Scheibe setzen? Pfui, der Schinder! Ich habe Zeit, ich kann's erwarten, bis mir ein anderer das rote Blatt zu gutem Schusse zeigt.

Nun wieder in die Hütte. Eine halbe Stunde Rast, dann beginnt die »höhere Kocherei«. Statt Schmarren oder Kasnokken gibt's zur willkommenen Abwechslung für den Jäger heute »Gaw'liersmenasch« – Fleischsuppe und Fleisch. Im Stubenofen wird das Feuer angeschürt – und was für ein Feuer! Daß die Platte glüht und eine schweißtreibende Hitze die Stube füllt. Auf der Hütte hat das Holz keinen Sparer – und gegen die Hitze lassen sich Fenster und Türen öffnen. Der scharfe Zug, der die Stube durchfährt, erfrischt nur bei dem schweren »Werke«, das man »ernst bereitet«. Nun wird im eisernen Topf mit »Grünzeug« und einer Handvoll Salz das Fleisch einem Meer von Wasser zugesetzt. Und gerät das Wasser erst ins Brodeln – mit welchem Eifer wird die Suppe »abg'schaumt« und behütet, daß nur ja das Fleisch nicht aus dem Sieden kommt!

Der Ofen wird mit frischen Scheiten angepackt – dann verschnauft man und hält eine Kunstpause von einer halben Stunde. Danach geht's an das Putzen und peinlich akkurate Schneiden der gelben Rüben, die in der Wasserpfanne nach einem etwas dunklen Rezepte eingebrannt werden. Zum »Luxus«, wie ein Jäger meint, werden in einem Blechhafen noch Kartoffeln zugesetzt, um später in der Schmarrenpfanne gerö-

stet zu werden. Während auf dem glühenden Ofen ein unaufhörliches Dampfen, Brodeln und Zischen herrscht, wird am Tische das Brot zur Suppe in eine Schüssel geschnitten und ein Ei darüber geschlagen. Und nun denke man: das Brot in der Schüssel, die Kartoffeln im Hafen, die gelben Rüben in der Wasserpfanne, das Fleisch im Topf , und schließlich wieder die Kartoffeln in der Schmarrenpfanne – welch ein ursprüngliches Kochgenie gehört dazu, um das alles zu übersehen, um nicht das eine in das andere zu bringen!

Endlich! Das Mahl ist fertig, und der Tisch ist gedeckt. Geradezu vorzüglich ist die Suppe geraten. Der Jäger meint: »Ah – so a Süpperl, das is a Süpperl! Da kann sich fein koa' Wirtssuppen dagegen sehen lassen!«

Freilich kratzt der allzu reichlich genommene Pfeffer ein wenig im Halse – aber »Pfeffer macht Kurasch«, und Kurasch kann man brauchen in den Bergen! Nun erst das Fleisch! Es sticht sich wie Butter! Da ist kaum ein Messer vonnöten – es zerfällt schon unter der Gabel. Wunderbar goldbraun sehen die gerösteten Kartoffeln aus! Allerdings kostet es einige Mühe, sie von der Pfanne los zu bringen. Die gelben Rüben schauen sich freilich ein wenig dunkel und runzlig an, und von mancher ist nur noch ein verkrümpeltes Häutlein übrig – aber die »Soss'«, in der sie schwimmen, reißt alles heraus! Wie das schmeckt! Auf der Hütte schmeckt überhaupt alles – und doppelt gut das Mahl, das man selbst bereitet, bei dem also jede Kritik von vornherein ausgeschlossen ist. Nun ein Krug Bier darauf, und eine gute, leichte Zigarre. Der Jäger schmunzelt schon mit dem ganzen Gesichte, während ich das Ledertäschchen aus der Joppe ziehe – und dennoch sträubt er sich ein paar Sekunden lang, die gebotene Zigarre anzunehmen. Nun ein paar Rundgänge um die Hütte, in Hemdärmeln unter der warmen Sonne. Dann kommt für mich ein Stündchen Schlaf unter dem nächsten schattigen Baum, während am plätschernden Brunnen der Jäger sich diese ganze Stunde müht, um die Schmarrenpfanne von den Kartoffeln, die Wasserpfanne von den gelben Rüben rein zu bekommen. Gegen drei Uhr gibt's Kaffee. Und gegen solchen Hüttenkaffee steht nun schon gar nichts auf. Schwarz wie die Nacht und wunderbar duftend rinnt er aus der Kanne, und mit dem dicken süßen Rahm gemischt, den der Jäger von der nächsten Sennhütte herbeigeholt, liegt er schwer wie Öl und goldig in der Tasse.

Um vier Uhr wird zur Abendpirsch aufgebrochen. Über lichte Rodungen und über weite, belebte Almenflächen wandern wir der Grenze des Jagdbezirkes zu, um die Pirsch, wie es der Gang des Windes eben fordert, von da draußen gegen die

Hütte her zu machen. Die erste Hälfte des Rückweges soll jenem schwarzkruckigen Schlaumeier gelten, und gegen sieben Uhr will ich dann noch den Ansitz auf dem »neuen Schlag« gewinnen. Kaum aber ist in der Nähe der Grenze die Jagd begonnen, da raschelt's im Unterholz, und ein Rehbock mit prächtig ausgerecktem Sechsergewichtl trollt über den grasigen Ziehweg, den Windfang suchend zur Erde gesenkt. Beim Knacken des Hahnes stutzt er und wirft das Haupt in die Höhe. Da kracht mein Schuß – mit einer hohen Flucht überfällt der Bock den Wegrain – stürzt – und liegt verendet zwischen den Stangen. Einen Jauchzer ins Tal – und dann einen grünen Bruch auf den Hut!

Der Bock wird auf den Weg gezogen und aufgebrochen. Als wir ihm die Läufe verschränken, tönt's hinter unserem Rücken:

»Gratulier – und grüß Gott bei'nander!«

Es ist der Jagdgehilfe von der nächsten Hütte. Beim Begehen der Grenze hat er meinen Schuß gehört und ist dem Halle nachgegangen. Und weil er schon einmal da wäre, meint er, könnte er auch noch das »Katzensprüngl« bis zu unserer Hütte mitmachen. Mein Jäger blinzelt mich an und stuppt mir den Ellbogen in die Seite. »Mir scheint, der hat 's Bierfaßl im Wind!«

Gemächlichen Schrittes wird der Heimweg angetreten. Während wir das Almfeld überschreiten, begegnet uns die Nannei, unsere Rahmspenderin. Sonderlich hübsch ist sie nicht, aber lustig, jung und »gsund«. Kaum sieht sie die Läufe des Rehbocks über die Schultern des Jägers ragen, da stemmt sie die Fäuste in die Hüften und »laßt ein' aussi, aber scho' an sakrischen Juchezer«.

Für die Salutierung unseres Jägerglücks sucht sie sich auch gleich bezahlt zu machen – mit lustigen Worten verspricht sie ihr tüchtiges Mithalten bei der sauren Rehleber oder bei den Leberknödeln, die es ja wohl am Abend im Jagerhäusl absetzen würde.

Und richtig – kaum dämmert's vor der Hütte, kaum brodelt auf dem glutsprühenden Ofen die Leber in der Pfanne, da tritt die Nannei mit lachendem Gruß unter die Tür. Sie hat sich »schön« gemacht – und die Sennerin vom Nachbarkaser, die Resl, hat sie auch noch mitgebracht – es wäre nur wegen dem Heimgehen in der späten, dunklen Nacht, so sagt sie, und dabei schmunzelt sie so verdächtig.

Nun sitzen wir beim zweifelhaften Licht einer Hängelampe eng gereiht um den kleinen Tisch und löffeln unter Lachen und Plaudern die saure Leber aus der Pfanne; dann wird der Tisch geräumt und der Bierkrug macht die Runde. Während ich meinen Platz verlasse, um die Zigarrentasche aus dem Rucksack zu holen, stecken die viere wispernd hinter mir die Köpfe zusammen – und nun kommt's heraus: ich soll meine Zither aus dem Kasten nehmen.

»Meinetwegen! Also her mit der Klampfen!«

Lautloses Schweigen herrscht schon, während ich die Zither stimme – und der Ausdruck einer naiv gefühlvollen Andacht malt sich auf den sonngebräunten Gesichtern, wenn ich dann von den halb schwermütigen, halb innig fröhlichen Volksliedern, die ich da und dort aufgeschnappt, so eines nach dem anderen aus den Saiten bringe. Kaum aber gerät mir der

Ludwig Ganghofer mit Jagdgehilfem

»Neubayrische« in die Finger, da fahren die viere von den Bänken; der eine Jäger faßt die Nandl, der andere die Resl um die Mitte, und durch die enge Stube geht ein Schleifen, Drehen, Stampfen, Klatschen, Springen und Jauchzen, daß Tisch und Ofen wackeln, daß die ganze Hütte zittert. Unverdrossen spiel' ich drauf los und schaue lachend auf die beiden wirbelnden Paare, von denen keines in den Ellbogen des anderen oder in den Ecken des Kreisters eine verdrießliche Härte zu verspüren scheint.

»Ja, grad a nobligs Leben is da heroben auf der Hütten!« Der graubärtige Förster, neben dem ich damals draußen auf der Holzbank saß, hatte recht gehabt.

Eintrag in das Jagdbuch vom 25. November 1896

Der erste Gaistaler Gamsbock

Bei herrlichem Wetter, doch stürmischem Wind, Morgenbirsche gegen das Wettersteingebirge hinauf. Dabei beobachtete ich:
1 Rudel Gemsen (6 Stück),
4 Gemsen mit einem Bock,
3 Hirsche (2 Sechser und 1 Achter),
1 Gemsgaiß mit zwei Böcken,
1 starken Bock und wenige Minuten später einen zweiten.

Doch der blasende Wirbelwind, der den aufgewehten Schnee gleich weißen Riesenschleiern über alle Wände und Halden flattern ließ, machte jedes Anbirschen unmöglich. Frierend bis in die Knochen flüchtete ich mit Jäger Neuner gegen 12 Uhr in das »Steinerne Hüttel«, wo uns ein flackerndes Feuer bald wieder erwärmte.

Nachdem das Frühstück eingenommen war, ging's wieder hinaus, und bergaufwärts durch metertiefe Gähwinden. Als wir mittags 1 Uhr vom »Trauchtl« durch die »Gabellehenrinne« gegen die Latschenfelder hinunterstiegen, bekamen wir vorzüglichen Wind, und da sahen wir uns plötzlich mitten zwischen 8 Gemsrudeln. Ich zählte im ganzen 73 Stück Gemswild. Da uns einzelne Rudel schon gewahrt hatten, galt es eine Geduldsprobe im Stillsitzen zu leisten. Und diese Geduld wurde belohnt.

Während links und rechts von uns die Rudel schon zu flüchten begannen, tauchte unerwartet auf einem nahen Grat das gekrickelte Haupt einer Geiß auf, das Kitzlein folgte, und dahinter kam ein vierjähriger Bock zum Vorschein. Als »erster Gaistaler« hätte ich mir freilich einen bessern gewünscht – aber, »wer den Vierjährigen nicht ehrt, ist den Kapitalbock nicht wert« – und so machte ich den Finger krumm.

Im Feuer verendend, rollte der Bock den steilen Hang hinunter, während rings um uns her unter Pfeifen und Gerappel ein Flüchten begann, als hätte man hundert schwarze Teufelchen auf dem Berghang losgelassen. Da kamen noch an die 30 Gemsen zum Vorschein, die ich früher gar nicht gesehen und mitgezählt hatte.

Den grünen Latschenbruch auf den Hut, und dann heimwärts auf einem etwas halsbrecherischen Weg, dessen Gefahr und Mühsal der schönen, erfolgreichen Birsche noch die richtige, »gamsjagerische« Würze verlieh.

Aquarell von Ludwig Ganghofer aus dem Jagdbuch

Der Graben-Teufel

Jeder Weidmann ist abergläubisch. Es ist das ein Satz, den man gern belächelt. Aber es hat damit seine Richtigkeit, und sollt' es nur insoweit der Fall sein, daß jeder Weidmann sich ärgert, wenn ihm des Morgens beim Auszuge zur Jagd ein altes Weib begegnet.

Der Jäger aus Passion ist abergläubisch, weil der Aberglaube nun einmal zum richtigen Sport gehört. Der Berufsjäger des Flachlandes ist abergläubisch aus Erziehung, denn neben der Kunst des Weidwerks lernte er den Aberglauben von seinem Lehrmeister.

Ganz anders verhält sich die Sache beim Hochlandsjäger. Die Majestät der Berge wirkt einen unsichtbaren Zauber um Herz und Sinne und zwingt selbst in den klügsten Kopf Gedanken, wie sie der friedsame und aufgeklärte Stadtbewohner nur aus den Märchenbüchern seiner Jugend kennt. Solch ein Empfinden läßt sich nicht mit Worten sagen. Nur jener weiß es zu fassen, der diese stumme und doch so beredte Einsamkeit der Berge kennt, nur jener, der durch lange Stunden dem geheimnisvollen Rauschen der Hochlandsföhren lauschte und dem donnernden Liede der Regenstürze und horchend stand, wenn durch die dunklen Schluchten das Echo des Schusses hallte, dumpf und grollend, daß es sich anhört wie ein drohendes Zürnen des Alpengeistes, dem man wieder eines seiner Kinder stahl.

Der gebildete Tourist, den der Zufall in einem Bergwirtshause mit einem Jagdgehilfen zusammenführt, schüttelt wohl mit ungläubigem Lächeln den Kopf, wenn er da die eine oder die andere ungeheuerliche Geschichte hören muß. Es ist auch wirklich nur ein Zufall, wenn er solche Dinge zu Gehör bekommt. Und er hat es dann weniger dem Zauber seiner Gesellschaft als der zungenlösenden Wirkung des Weines zuzuschreiben. Der Jäger des Hochlandes ist schweigsam; er entwöhnt sich des Redens in der wochenlangen Einsamkeit. Und dennoch ist er nicht einsam dort oben. Die ganze Natur spricht mit ihm, durch das Rauschen der Bäume, durch das mahnende Poltern der abrollenden Steine, durch den Vogelruf, durch das Pfeifen der Gemsen wie durch das Schreien der brünstigen Hirsche. Er versteht diese Sprache, wenn auch auf seine eigene Weise. Wirkt doch der Zauber der Natur auch auf das Herz des Ungebildeten, wenn er dann auch nicht imstande ist, über die eigene Empfindung zu klarem Verständnis zu kommen. Und so wird für ihn die Naturpoesie zum Aberglau-

◁ *Aquarell von Hugo Engl*

ben. Er personifiziert das ganze ihn umgebende stille Leben, die Tiere werden ihm zu gleichfühlenden und gleichdenkenden Wesen. Alles, was er sieht und hört, erklärt er sich nach bestem Wissen und Können. Steht er aber plötzlich vor einem gewissen Etwas, das ihm gegen alle Gewohnheit und Vernunft geht, so hilft ihm nur sein Gespenster- und Teufelsglaube zu einer befriedigenden Erklärung.

Aber nicht nur der Ungebildete erliegt diesem Banne. Ich kenne Forstleute in unseren Bergen, die in der einen Stunde von ihren Universitätsjahren plauderten, in der anderen mit Kopfschütteln und Achselzucken erzählen, wie sie an einem Freitag ein Stück im Schnall niedergeschossen, am Schußplatz aber weder Stück, noch Schweiß, noch Fährte gefunden hätten. Oder wie gruselig es wäre, wenn man einen weidwunden Bock trotz des kunstgerechtesten Knickens nicht zum Verenden bringen könnte.

Wer immer mit der Büchse hoch oben hinzieht über schwindelnde Steige auf einsamer Pirsch – sie alle, alle sind abergläubisch. Auch ich bin es geworden, wenn ich es im eigentlichen Sinn des Wortes auch nur eine einzige Sekunde war.

Die Liebe zur Jagd und zu den Bergen meiner Heimat hatte mich wieder einmal zur Sommerszeit nach dem schönen und wildreichen Oberisartal geführt. Ein paar Wegstunden hinter Lenggries in einem kleinen, von massigen Bergzügen umschränkten Talkessel dicht hinter dem Zusammenflusse der Walchen, Dürrach und Isar liegt der kleine Weiler Fall, ein herrlicher Fleck Erde, den ich mir für diesmal zum Standquartier erkoren hatte, um von hier aus meine Jagdausflüge nach den umliegenden Bergen und nach den hochstämmigen Forsten der Jachenau zu unternehmen.

Der schöne Sommer wanderte schon in den September hinein, und die Birkenblätter begannen zu vergilben. Da stieg ich eines Tages lange vor dem Morgengrauen bergauf zu einer Gemspirsch, deren Verlauf mich für die Dauer einer Sekunde zum krassesten Aberglauben verführen sollte.

Dicht und schwer lag der Nebel noch auf Wasser und Flur, als ich um vier Uhr die Dürrachbrücke überschritt. Außer dem Klappern meiner genagelten Bergschuhe störte kein Laut die tiefe Morgenstille; nur späterhin, als ich die ersten dampfenden Waldwiesen betrat, hörte ich den leichten Fußschlag des flüchtenden Wildbrets. Ich schritt bergan, empor über den Nebel des Tales, der mich aber bald wieder überholte. Zerrissen und zerteilt durch die massigen Stämme, flatterten die wandelsüchtigen Nebelgestalten vor mir die Höhe hinan, legten sich da und dort für einen Augenblick wie ein leichter duftiger Schleier über Stein und Busch und huschten empor durch die stillen Äste, um vereint über den Wipfeln aufzuschweben in den blauenden Himmel.

Durch einzelne Lücken der Bäume winkten die felsigen Bergspitzen zu mir herunter, erglühend unter dem Morgenkuß der aufgehenden Sonne. Da klang der erste Drosselschlag, dann das schüchterne Zwitschern der erwachenden Meisen.

Bedächtig, wie es einem richtigen Steiger geziemt, war ich drei Stunden emporgestiegen, als ich mich niederließ, um auszurasten, meine Büchse nachzusehen und den Tau davon zu wischen, den das hohe Berggras an Schloß und Schaftung abgestreift hatte. Es gehört zum Verständnis des Nachfolgenden, wenn ich über dieses Gewehr ein paar Worte des Lobes einflechte. Es war eine Doppelbüchse; die beiden kurzen Gußstahlläufe waren von feiner Arbeit, und bis auf zweihundert Gänge schossen sie die beiden Kugeln in gleicher Höhe auf Doppelzollweite nebeneinander. Manch schönen Schuß hatte ich mit dieser Büchse schon getan, auf eine Distanz, daß der besorgte Jagdgehilf mir während des Zielens abmahnend zuflüsterte: »Es reicht net, und es reicht net hin!« Meine Hand und mein Auge ließen mich auch nicht leicht im Stich, und so war ich mit dieser Büchse meines Schusses sicher – wenn ich nur zu Schuß kam.

Nach weiterem halbstündigen Steigen befand ich mich in Wildhöhe, an jener Stelle, wo von dem zur Bergschneide emporführenden Pfad sich der eigentliche Jagdsteig abzweigte, um in gleichbleibender Höhe den ganzen Bergstock zu umkreisen, aus- und einbiegend über Felsrücken und Klüfte.

Mit dem Betreten dieses Pfades beginnt die bestrickende Aufregung eines solchen Pirschganges. Langsam, Schritt für Schritt, mit den Augen überall, geht es dahin über den schmalen, oft gefahrvollen Steig. Mit immer gleicher Vorsicht setzt der Jäger Fuß und Bergstock an, nicht etwa um sicher zu stehen, denn des Gedankens an die Gefahr hat er sich längst entwöhnt – nein, er scheut nur ängstlich selbst das geringste Geräusch. ›So a Ludersgams hört dich ja schon, wann d' schnaufst!‹ Nähert sich der Steig einer Felskrümmung, so schärft sich Aug' und Ohr, lautlos schiebt der Jäger das halbe Gesicht über die Ecke und späht hinein in die dunkle, schattenvolle Schlucht, um dann blitzschnell die Büchse vom Rücken zu reißen oder mit mühsam unterdrücktem Unmut weiter zu steigen auf dem beschwerlichen Wege.

Das letztere schien für diesen Pirschgang mein Schicksal zu sein. Unter einem ständigen Wechsel von Enttäuschung und neuer Hoffnung war ich umhergestiegen an die fünf Stunden.

Die besten Gemsbestände hatte ich aufgesucht, und wo ich früher oft ›ein‹ Bock schier mit dem Bergstecken hätt derschlagen können‹, sah ich jetzt nur eine Gemsgeiß, die mit ihrem Kitz gemütlich über das Steingeröll trollte und unbekümmert um meine Nähe die salzigen Felswände beleckte.

Einem vierjährigen Schwächling war ich bis auf Schußweite nahegekommen; aber ich hatte ihn wieder laufen lassen, um mir nicht die Möglichkeit eines besseren Schusses zu verderben. Jetzt freilich ärgerte ich mich, daß ich dem Burschen nicht eins aufs Fell gebrannt hatte, um wenigstens nicht mit leerem Rucksack heimwandern zu müssen.

Aber mir blieb eine einzige, wenn auch sehr vage Hoffnung. Ungefähr eine halbe Stunde tiefer auf dem Berghang lag der Teufelsgraben, eine schwer wegsame, wildzerrissene Schlucht, die auf der Revierkarte unter dem Namen ›Hochgraben‹ verzeichnet steht. Aber der Förster und die drei Jagdgehilfen nannten sie den Teufelsgraben, und das aus einem ganz bestimmten Grunde.

Gleich während der ersten Zeit meiner Anwesenheit in Fall war ich eines Abends mit einem der Jagdgehilfen hinter dem Maßkruge gesessen, als ein anderer Gehilf in die Stube trat und meinem Gesellschafter schon von der Türe zurief:

»Du! Heut hab ich den Grabenteufel wieder gsehen.«

Natürlich fragte ich sofort nach dem Sinn dieser rätselhaften Mitteilung. Und so erfuhr ich, daß der ›Grabenteufel‹ ein alter Gemsbock wäre, mit dem es seine eigene Bewandtnis hätte. Seit Jahren hielte er seinen immer gleichen Stand im Teufelsgraben. Aber weder einem der Jagdgehilfen, noch dem Förster, ›der doch gwiß a richtiger Gamsjager is'‹, wäre es trotz aller Mühe, List und Ausdauer gelungen, diesen Bock zu erlegen.

»A Kerl, zottlet wie a Bär!« So lautete die Schilderung des Jagdgehilfen. »Und mit a Paar Krucken wie nochmal a Teufelskrönl! Und wann auf ihn gehst: Hören tust ihn jedsmal, sehen diemal, derschießen niemal! Denn wann auch zum Schießen kommst, so fehlst ihn.«

Ein paar Tage nach diesem Vorfall ließ ich mich von dem Jagdgehilfen der Neugier halber nach dem Teufelsgraben führen. Und wirklich – lautlos waren wir schon auf stundenlanger Paß gesessen, da prasselte es plötzlich von abfallenden Steinen, und jenseits des Grabens sah ich einen dunklen Schatten durch die Latschen huschen.

»Ich sag's halt allweil«, meinte mein Führer, als er sich erhob, »mit dem Bock is was net richtig!«

Und dieser Bock war jetzt meine letzte Hoffnung. Ach, Herr Jerum! Aber probieren kostet ja nichts.

Ich hatte noch eine gute Stunde Zeit, bis ich für eine Pirsch am Teufelsgraben guten Wind bekommen mußte. Allerdings hatte ich auch noch einen kleinen Umweg zu machen, um den Wind abzufangen. Als ich am Teufelsgraben angelangt war, murmelte ich spaßeshalber ein ›Weizsprüchl‹, oder, um mich verständlich auszudrücken, einen weidmännischen Gespenstersegen, den ich von einem der Jagdgehilfen gelernt hatte:

»Was ich versündigt, büß ich!
Was ich dersieh, derschieß ich!
Ich will auch einmal selig wern –
Alle guten Geister loben Gott den Herrn!«

Nun ging es am Rande des Grabens talwärts, langsam und lautlos. Von fünfzig zu fünfzig Schritt pirschte ich mich vor an den Absturz, so daß ich immer einen Teil der Schlucht übersehen konnte. Keinen Winkel und keinen Latschenbusch ließ ich unbeschaut. Aber nicht ein Haar bekam ich zu Gesicht.

Endlich war ich in der Nähe des Platzes, wo ich bei meinem ersten Besuche den Grabenteufel mehr gehört als gesehen hatte. Etwa dreißig Fuß unter mir sprang eine grasige Platte in die Schlucht hinein, von wo aus ich ein gutes Teil der tiefen Felsrinne hinauf und hinunter übersehen konnte. In aller Vorsicht und Stille stieg ich nieder und machte mir's bequem. Ich hatte noch ein paar Stunden vor mir, denn wenn ich um sechs Uhr mich zum Heimweg richtete, konnte ich immer noch vor Einbruch der Nacht nach Hause kommen.

So paßte ich und paßte. Aber nichts regte und rührte sich.

Die Sonne war schon hinuntergezogen über den Rücken eines Berges, lang und dunkel schlichen die Schatten über die Höhen herauf, und leise begann es in den Büschen und Bäumen zu rauschen von dem immer stärker ziehenden Abendwind. Ich war müde und hungrig, und mich begann zu schläfern. Um mich munter zu erhalten, nahm ich meine Patronen aus der Tasche, sah die Kugeln nach; und um mich zu vergewissern, daß sich die Ladung nicht gelockert, rüttelte ich die Patronen vor meinem Ohr, eine nach der anderen, alle sieben, die ich bei mir trug.

Dann wieder studierte ich die Konturen der Wandrisse und Abstürze und bohrte den Blick in jeden Schattenwinkel und in alle Felslöcher und Wandnischen. Dabei summten mir die Bergschnaken mit ihrem eintönigen Lied um die Ohren und zerstachen mir Hände und Knie.

Mein Jagdeifer begann nachzulassen, und recht unweidmännische Träume gaukelten vor meinen Augen auf und nieder,

Träume von Teufeln, Zwergen und Berggeistern. Manchmal klang es aus diesen Bildern wie ein gellendes Hui-hö! – und meine Phantasie sah unter Dampf und Nebel den leibhaftigen Gottseibeiuns mit einem Paar der herrlichsten Gamskrickeln auf dem pechrabenschwarzen Krauskopf emporsteigen aus der Tiefe der Schlucht.

Besonders jenes dunkle Felsloch mir schräg gegenüber hielt ich in meinen lustigen Teufelsphantasien für nicht ganz geheuer. Da drin war es schwarz wie die Nacht. Ein eigentümliches Verlangen regte sich in mir, hinüberzusteigen und dort hineinzugucken. Von meinem Platze hinunter in die Schlucht, das ging. Ob ich aber drüben wieder hinaufkam, das war zweifelhaft. Ich nahm mein Glas zur Hand und musterte das Terrain des genaueren. Nein, es war wirklich unmöglich, von unten aus da emporzusteigen. Aber vom jenseitigen Rande der Schlucht führte ein leicht erkenntlicher Gemswechsel bis zur Felsplatte, von der aus die Höhlung sich in den Berg senkte.

Heiliger Gott! Wahrhaftig! Im Dunkel der Höhle unterschied ich deutlich durch mein Glas die Umrisse eines ruhenden Tieres. Aber unmöglich vermochte ich zu erkennen, was es war. Lautlos stand ich auf, legte das Gewehr in Anschlag, ein kurzer scharfer Pfiff gellte von meinen Lippen, das Tier sprang auf, und mit der Brust gegen mich, in der Luftlinie höchstens auf sechzig Gänge, stand ein Gemsbock da, wie ich keinen zweiten mehr gesehen habe. Der Grabenteufel!

Im gleichen Augenblick krachte es auch. Und noch einmal. Der Pulverdampf verzieht sich. Und auf dem gleichen Platze steht der Bock mit gespreizten Läufen, die großen funkelnden ›Lichter‹ regungslos nach mir gewandt.

Gefehlt? Nein, das war nicht möglich! Mit diesem Gewehr und auf diese Distanz! Entladen und laden, das war ein Augenblick. Ich schoß. Und wieder. Das Tier stand unbeweglich. Mein Herz schlug wie ein Hammer, und siedheiß stürmte mir das Blut in die Schläfe. Wieder lud ich. Und schoß – und schoß –, der Grabenteufel rührte sich nicht. Da lief ein Schauer über meinen Leib. Ich fühlte, wie mir das Blut aus Kopf und Gliedern floh und sich zusammendrängte im Herzen. Und während ich mit zitternder Hast nach der letzten Patrone

suchte, glitt es von meinen Lippen: »Alle guten Geister loben Gott den Herrn!« Ich lud. Mit dem letzten Aufgebot meiner Willenskraft riß ich das Gewehr an die Wange. Und schoß. Das Tier stand wie aus Stein geformt. »Der Teufel! Der leibhaftige Teufel!« Und mir graute.

Da stieß ich einen heiseren Schrei aus der Kehle – denn das Tier neigte sich vornüber, fiel nieder, fiel mit dem halben Leib hinaus über die Felsplatte, und zwei-, dreimal an Steinvorsprüngen aufschlagend, stürzte es hinunter in die Tiefe der Schlucht. Aufatmend schüttelte ich den Kopf, trocknete meine Stirn, auf welcher der Schweiß in kalten Tropfen stand, versuchte zu lächeln – und schämte mich.

Der Abstieg zu dem verendeten Gemsbock war ein schweres Stück Arbeit. Als ich ihn aufbrach, sah ich, daß alle sieben Schuß getroffen hatten. Schon der erste, sicher aber der zweite, mußte tödlich gewesen sein.

Alte Jäger erzählen, es käme zuweilen vor, daß ein Stück Wild nach einem Kernschuß in Starrkrampf verfiele. War das hier der Fall gewesen? Ich weiß nicht – vielleicht!

Als ich mit dem Bock auf dem Rücken zu Hause anlangte, wollte der Förster kaum seinen Augen trauen. Immer und immer wieder mußte ich die dunkle Geschichte berichten, die er kopfschüttelnd mit anhörte. Und am folgenden Tage erzählte ich sie auch dem Jagdgehilfen, der mich zum erstenmal nach dem Teufelsgraben geführt hatte.

»So, so! Erst mit dem siebenten Schuß?« Der Jäger zog die Brauen in die Höhe. »Ja, ja! Da glaub ich's schon. Der Siebener is für so was a heikle Zahl!«

Der Bock wog aufgebrochen vierundsiebzig Pfund, und seine Prachtkrickeln zeigten deutlich dreizehn Jahresringe.

»Ja, ja! Der Dreizehner halt!«

Einträge in das Jagdbuch vom 2. und 6. Dezember 1896

Fünfzehnstündige Schneebirsche durch das Seebenseekar. 22 Gemsen und drei Schneehühner gesehen. Unter verschiedenen Böcken war einer, wie ich noch keinen zweiten gesehen habe: Die Krucken oben weiter als die Luserspitzen, und ca. 23 cm hoch. Ein Bart wie von einem Eremiten! Auf den geht's übermorgen wieder! Für heute mußte ich mich mit einer Geltgaiß zufriedengeben. Um die Mittagszeit sah ich ein kleines Wunder: ein Schmetterling gaukelte lustig über den in der Sonne schimmernden Schnee.

Eine letzte Birsch auf den »Alten« versucht. Er stand wieder auf dem gleichen Gratl. Von 9 Uhr früh bis zwei Uhr mittags saß ich harrend im Schnee – umsonst. Bis ich endlich ungeduldig wurde – nach 3 Stunden – und den Heimweg antrat mit einer lebhaften Erinnerung an Götz von Berlichingen.

Wart nur Alter, 's nächste Jahr wachsen wir z'samm!

Der »Alte vom Seebenseekar«

O Kreuz diri Teifi!
Dös is dir a G'frett!
A jedsmal hab i'n g'segn,
Aber kriegt hab i'n net.

Dös is gar a Schlaucher,
Der is ja so viel fein –
Aber wart', wenn dein Stünderl schlagt,
Nacha g'hearst mein!

Und falls ma schö' aussi,
Schö' abi vom G'wänd,
So tur i an Juhschroa
Zun Firmilament!

Denn so oan, wie du bist,
So hab i noch koan,
So gibt's a koan zwoat'n
In der gamsrischen Gmoan!

Da schaut er aus:

Der Alte vom Seebenseekar!

(das Portrait des „Alten" durch den Verfasser gezeichnet.)

Ganghofer

Aquarell von L. Ganghofer aus dem Jagdbuch

Schön guldi steigt scho 's Liacht in d' Höh,
Stad schleicht si d' Nacht davo',
Und 's Käuzl tuat sein' letzten Schroa,
Sein ersten tuat da Hoh'.

Und bald 'n hearst und zuawi springst,
Und bal' a fallt, da Hoh',
Dös is a Fraid, wia 's in da Welt
Nix Schönas geben ko'.

Auerhahnfalz

Viel ernste und fröhliche Lieder haben ihn schon besungen, den »großen Hahn«! Und keine schönere Jagd – so behauptet manch ein Jäger – als die Falzjagd auf den einsiedlerischen Sänger des Bergwaldes! Wenn das tödliche Blei den Liebesgesang des mächtigen Vogels so jählings verstummen macht, wenn das Echo des Schusses grollend dahinrollt über die schneebedeckten Tauern, und wenn der schwere Hahn in wuchtigem Falle niederrauscht durch die dunklen Zweige: das gewährt dem Hochlandsjäger eine Freude, die nicht einmal von dem Gefühl überboten wird, mit dem er den flüchtigen Hirsch im Feuer stürzen sieht.

Was den echten Hochlandsjäger der Hahnenjagd vor jeder anderen den Vorzug geben läßt, das liegt zum Teil wohl auch in dem Umstand, daß es gerade der Auerhahn ist, der nach den schneereichen Wintermonaten mit seinem Falzgesang das neue Jägerjahr eröffnet; noch mehr aber ist die Ursache in den herrlichen Reizen zu suchen, mit denen das geheimnisvolle Dämmerleben des erstehenden Tages diese Jagd umgibt.

Wenn vor den Strahlen der Frühlingssonne sich der Schnee aus den Hochlandstälern zurückzieht, wenn an den Buchen und Lärchen die Rinden springen und die jungen Knospen zu Tage streben, dann erweist sich die belebende Macht des Frühlings auch an dem einsiedlerischen Auerhahn; sie löst ihm die sonst so stumme Zunge und treibt ihn aus seinem versteckten »Winterstande« den lichteren Gehegen zu, in denen die braunen Hennen mit vertraulichem Gackern und glucksendem Paarungsruf die Heidelbeersträucher und Farnbeete durchhuschen.

Da zieht dann der Jäger lang vor dem Grauen des Morgens aus, um den Standort des Hahnes zu erforschen, den Hahn zu »verlusen«, der durch seinen Liebesgesang zum Verräter an seinem eigenen Leben wird. Oder es steigt der Jäger bei sinkendem Nachmittag zu Berge, um aus einem Verstecke den Einfall zu belauschen. Gewöhnlich bei Beginn der Dämmerung kommt der Hahn mit schwerem Flügelschlage dem Falzbaum zugestrichen, auf dem er schlafend die Nacht verbringt, um dann bei fahlem Frühschimmer sein Falzlied anzustimmen, das er erst beschließt, wenn er sich vor dem vollen Erwachen des Tages zu den Hennen auf die Erde schwingt. Unruhig rückt er nach dem Einfall auf dem Ast hin und her, stellt sich von einer Seite auf die andere und äugt mit gestrecktem Halse nach allen Richtungen, bis ihn die herrschende Stille vertraut und sorglos macht. Ist er bei guter Laune, so fängt er wohl auch zu falzen an; aber es ist zumeist kein rechter Zug in solch einem Abendgesang: die »Gesetzlein« folgen träge aufeinander; nach und nach verliert sein Klippen den hellen Ton und geht allmählich in Laute über, die den leise rasselnden Atemzügen eines müden Menschen gleichen, den wider Willen der Schlaf überkommen hat.

Inzwischen sitzt der Jäger regungslos in seinem Versteck; jede Bewegung, jedes Geräusch würde den Hahn »vergrämen« und zum Abstreichen veranlassen. Erst wenn die Nacht mit ihren schwarzen Schatten über den Bergwald herniedergesunken ist, erhebt er sich und schleicht sich mit lautlosen Schritten aus der Hörweite des Hahnes, um dann raschen Ganges das Dorf zu suchen. Solch einem Abend folgt ein kurzer Schlaf; denn ein paar Stunden nach Mitternacht heißt es schon wieder munter sein.

Das Jägerherz erfüllt mit frohen Hoffnungen, tritt man ins Freie; die kühle Nachtluft erfrischt das Gesicht, und aus der wolkenlosen Finsternis des Himmels winken die flimmernden Sterne. Schon mit der Wanderung durch das schlummernde Dorf beginnt der bestrickende Reiz solch eines Weidmannsganges. Eintönig rauscht der Talbach in seinem Bette; ein Hund schlägt an, träge und verschlafen; aus einem unter Bäumen versteckten Häuschen schimmert ein Licht – ist es schlummerloses Elend oder stillwachendes Glück, dem hier die Lampe leuchtet? Vorüber! Dort winken die Berge, die sich aufwärts türmen gleich einer schwarzen Mauer. Ein kurzer Anstieg über taufeuchtes Wiesengehänge, und der Wald ist erreicht.

Wie sachtes Flüstern geht es durch die mächtigen Zweige. In mäßiger Steigung zieht sich der Weg der Höhe zu, aus dem dichteren Walde über offene Rodungen und wieder im Hochholz sich verlierend. Die niederen Büsche, die Steinklötze und Wurzelstöcke zeigen in der Dunkelheit absonderlich gestaltete Konturen, und zu den Erinnerungen an die Märchenzeit der Jugend gesellt sich der wimmernde Schrei eines Käuzleins. Jetzt geht ein leises Brechen und Knacken durch das Jungholz; da flüchtet ein Reh waldeinwärts, das der Schritt des Jägers aus dem Schlaf geschreckt. Allmählich wandelt sich die Finsternis zu grauer Dämmerung; die weißen, abgetretenen Steine des Weges werden sichtbar, und auf kurze Strecken unterscheidet man schon die einzelnen Stämme des Waldes. Der Falzplatz ist nicht mehr allzu fern; auf einem moosigen Felsblock hält man kurze Rast, um sich »ein bißl zu verschnaufen«. Jetzt gewinnt auch die Jägersorge die Oberhand über die Freude an dem stillen Leben der Natur. Wird der Morgen Weidmannsglück oder Mißgeschick bescheren? Vorwärts! Vereinzelte, schüchterne Vogelstimmen werden bereits im Walde laut, und am östlichen Himmel erwacht schon das erste fahle Licht, das die Sterne erlöschen macht. Drunten im Tal ermuntert sich das Dorf; Hundegekläff, Hufschlag und Wagengerassel tönen, durch die Ferne gedämpft, zur Höhe. Vorwärts!

Schritt für Schritt geht es den letzten Rest des Hanges empor, geräuschlos, unter stetem Lugen und Lauschen. Da plötzlich schießt dem Jäger das Blut zum Herzen; er hat einen Laut vernommen gleich einem hellklingenden Zungenschlag: das Klippen, das »Schnackeln« des falzenden Hahnes.

Einige Minuten, und die erste Erregung ist niedergezwungen. Achtsam jeden Stein und jeden dürren Ast vermeidend, schleicht man sich näher von Stamm zu Stamm, bis das Falzlied klar und deutlich zu vernehmen ist: das langsam beginnende Klippen, welches schneller und schneller aufeinander folgt, um mit dem stark tönenden »Hauptschlag« in das »Schleifen« überzuleiten, das sich anhört wie das Wetzen einer Sense. Wie eine Säule steht der Jäger, und es rührt sich kein Härchen an ihm, so lange der Vogel schweigt und so lange das Klippen währt; der Hauptschlag erst erlöst ihn aus seiner Starrheit. – Nun zwei oder drei rasche, sicher ausgeführte Schritte – und wieder heißt es stille stehen, bevor das Schleifen noch zu Ende ging. Denn während dieses kaum drei oder vier Sekunden langen Schleifens ist der Hahn, der sonst mit Ohr und Auge so scharf »vernimmt« und »äugt«, für alles taub und blind, was um ihn vorgeht; der Klang und die Anstrengung seines Gesanges verschließen sein Ohr für jedes andere Geräusch, selbst für den krachenden Hall eines fehlgegangenen Schusses.

So folgt »Gesetzlein« auf »Gesetzlein«, und jedes bringt den Jäger Schritt um Schritt dem Falzbaum näher. Nun wieder ein Sprung und da geht es wie ein Ruck durch seine Arme, und fester schließen sich die Hände um die Büchse. Er hat den Hahn erblickt, auf dem waagrecht stehenden Aste einer kahlen Lärche. Scharf heben sich von dem dämmerigen Morgenhimmel die Konturen des schwarzen Vogels ab – ein Anblick, der selbst den brennendsten Jagdeifer für eine Weile bannt. Sorglos und unverdrossen falzt der Hahn ein Liedlein um das andere, tanzt dazu in leidenschaftlicher Bewegung auf seinem Aste hin und her, wendet und reckt den Kopf aus dem Halse, an dem der Federbart sich sträubt, und fächert den breiten, weiß gesprenkelten »Stoß«. Heller und heller wird es am Himmel, immer rascher und erregter tönt der Falzgesang des Hahnes, und prächtiger mit jedem Augenblick entwickelt sich das Bild des leidenschaftlichen Tieres. Schon unterscheidet der Jäger die Zeichnung des Gefieders, feurig leuchten ihm die roten Augenbogen, die »Rosen«, entgegen, und schneeweiß schimmern die »Spiegel« der hängenden, zitternden Schwingen.

Da läßt sich von der nahen Lichtung ein leises, mahnendes Glucken vernehmen, der Hahn verstummt inmitten des beginnenden Klippens; eine Weile schweigt er, dann hebt er von neuem sein Falzlied an – sein letztes! Denn auch der Jäger hat jene Mahnung verstanden. Langsam führt er die Büchse zur Wange – eine Sekunde noch – dann bricht der Schuß.

»Rings der Hall die Vöglein weckt,
Die schlafend in Busch und Baum versteckt,
Und keines von ihnen bekümmert der Tod,
Sie alle frisch grüßen das Morgenrot.«

Mit hellem Jauchzer springt der Jäger auf seine Beute zu; erst wird das erlegte Wild nach Alter, Gewicht und Schönheit mit Bedacht geschätzt; dann heißt es, zur Rast ein behagliches Plätzchen suchen, und die Pfeife wird in Brand gesteckt.

Ringsumher erwacht allmählich der volle Tag. Rotes Licht übergießt den Himmel und flutet durch den Bergwald, um wieder zu erblassen vor den lichtsprühenden Strahlen, die von Osten her emporschießen über das Firmament; die schneebedeckten Felsenhäupter, hinter denen die Sonne emportaucht, sehen sich an, als trüge jedes von ihnen eine Riesenkrone aus weißglühendem Erz.

Ein Flattern, Piepsen und Zwitschern huscht von Ast zu Ast. Draußen auf der Rodung klingt aus dem dichten, schon leicht ergrünenden Heidelbeerkraut das Glucksen der Auerhennen, und mit schnalzendem Krächzen streicht eine verspätete Schnepfe über die niederen Büsche; vom tieferen Hang empor tönt das Gurren einer wilden Taube, die erst vor wenigen Tagen von der Wanderschaft zurückgekehrt, und aus dem höheren Tann hernieder hallt der melancholische Schrei des Schwarzspechtes, wechselnd mit dem emsigen Hämmern und Scheiten des fleißigen Vogels.

Lautlosen Trittes zieht ein Reh aus dem Dickicht, windend und sichernd mit erhobenem Haupt. Lange steht es, die schillernden »Lichter« in Neugier auf die regunslose Gestalt des Jägers gerichtet. Dann zieht es weiter, um draußen auf der Rodung die warme Sonne zu suchen und die ersten zarten Grasspitzen, die der Frühling ihm beschert.

So willkommen glatt und sauber geht die Sache freilich nicht immer ab. Gar oft verdirbt die Bosheit des Wetters dem Jäger

nach schwerer Mühe die ganze Jagd. Oder es will der Hahn trotz aller Gunst der Witterung nicht falzen; und da läßt er sich nicht fragen, weshalb er nicht will ... er macht sich eben unsichtbar. Häufig auch bringt sich der Jäger durch eigene Schuld um den erhofften Erfolg; ein Schritt zuviel beim »Anspringen«, eine unvorsichtige Bewegung während der Pausen, und der Hahn ist »vergrämt«. Da heißt es dann vor dem mißtrauisch gewordenen Vogel stehen wie eine Mauer, oft durch lange, endlos scheinende Minuten, ob einem auch die Knochen im Leibe zerbrechen möchten. Ein vorzeitiges Ermüden, ein einziges Wanken, und der Hahn »reitet« dem Jäger vor der Nase davon. Manchmal auch gelang das Anspringen trefflich, man steht schon in nächster Nähe des Falzbaumes – aber kein Hahn ist zu sehen. Denn wie in der modernen Lyrik, so gibt es auch unter diesen Liebessängern des Bergwaldes Idealisten und Pessimisten. Die letzteren singen ihr Falzlied in gar melancholischem Ton, halten sich dabei in einem dichten Tannenwipfel verborgen oder drücken sich während des Falzens regungslos und weltschmerzlich an den Stamm der Buche, so daß nicht einmal das schärfste Jägerauge sie zu unterscheiden vermag. Sogar die extremen Realisten sind vertreten, welche dem um den Falzbaum schleichenden Jäger zuweilen den anrüchigsten Naturalismus auf den Hut herunterdozieren.

Hat man endlich den Hahn erblickt, so gilt es noch einen guten Schuß zu tun, was beim grauen Zwielicht und namentlich bei »Hahnenfieber« keine so leichte Sache ist. Und jedes treffende Schrotkorn tötet nicht; da streicht der Hahn im Feuer ab, tief unten auf dem Berghang, inmitten eines dichten Gestrüpps, hört man ihn zur Erde gehen und findet ihn erst, wenn er überhaupt gefunden wird, nach stundenlanger Suche. Manchmal auch ermuntert sich der angeschossene Hahn beim Anblick des Jägers wieder, flüchtet sich mit Flattern und Laufen, und ist gewöhnlich verloren, wenn ihn der Jäger nicht in der Eile mit einem zweiten Schuß zu erhaschen vermag.

Von solch kleinen Bitternissen der Hahnenjagd könnte ich zur Genüge erzählen. So passierte es mir vor Jahren in der Forstei Seehaus, daß ich einen alten Pechhahn »flügelte«. Ich wollte das Gefieder des Vogels schonen, gab einen zweiten Schuß nicht ab, sondern verließ mich auf meine flinken Beine. Eine tolle Jagd begann; ein um das andere Mal hatte ich den Hahn unter den Händen, aber immer entwischte er mir wieder, meine Finger mit scharfen Schnabelhieben bedenkend. Schließlich gerieten wir in eine steile, mit tiefem Schnee erfüllte Lawinengasse, und da ging es an ein Stürzen, Kollern und Kugeln im Schnee, daß es für den lachenden Förster lustig anzusehen, für mich aber wenig lustig mitzumachen war. Als ich endlich des Hahnes habhaft wurde, war er in einem Zustand, als hätte ihn die des Rupfens kundige Köchin schon in Arbeit gehabt.

Freilich, so oder so, das Gerupftwerden ist für den Auerhahn das Ende seiner Abenteuer. Wie hoch sein kulinarischer Wert in der Küche geschätzt wird, das mag eine kleine Geschichte beweisen. Der brave Pfarrer eines Gebirgsdorfes erhielt vom Förster einen Auerhahn zum Geschenk. Die Pfarrersköchin, welche noch niemals einen Auerhahn zubereitet hatte, erholte sich Rat bei der Köchin des Försters. Und da erhielt sie folgendes Rezept: »Erstens amal mußt ihn im Keller an der Luft hängen lassen a ganze Wochen; nachher amal mußt ihn vier Tag' lang in Boden eingraben, daß er ins Dämpfen kommt und die Zaach'n (Zähigkeit) verliert; nachher amal mußt ihn recht sauber rupfen und mußt ihn mit einer glühenden Kohl' die Haarl'n abbrennen; nachher amal mußt ihn ausnehmen und mußt ihn von außen und innen mit Salbeiblätter recht fest einreiben, und drei Tag' lang wird er in Essig ein'beizt mit die feinsten Gwürz; nachher amal mußt ihn recht schön spicken, mußt ihn füllen mit die besten Sachen, a halbe Stund' wird er in Madeira gsotten, nachher wird er in Butter schön bräunlet 'rausbraten, und wenn er firtig is, nachher wirfst ihn am Mist, denn mehr is das zaache Luder net wert!«

Das Rezept ist etwas umständlich, aber probat, und wir können es allen Hausfrauen, welche Mitleid haben mit den Zähnen ihrer Eheherren, auf das dringendste empfehlen.

Eintrag in das Jagdbuch vom 13. April 1897

Am 9. April war ein lauer Morgen bei bedecktem Himmel und völlig windstill – scheinbar ein guter Morgen für die Hahnenbalze. In Begleitung des Jägers Probst zog ich auf den Mieminger Achberg – auf so angenehmen und gemütlichen Wegen, daß ich die auf dem Achberg falzenden Hähne sofort auf den Namen »Komoditätshähne« taufte.

Die Sache ging auch wie am Schnürchen. Um 5 Uhr begann der Hahn zu falzen, wurde mühelos angesprungen, der Schuß krachte – und plumps, da lag er! Mausetot!

Es war ein griesgrämlicher Melancholikus, der sich beim Falzen keinen Schritt bewegte und mit geschlossenem Stoß und angezogenen Schwingen saß.

Der Hahn war für Generalkonsul Reiß bestimmt und scheint das gewußt zu haben, denn zwischen Schuß und Sterben diktierte er mir folgendes Testament:

»Geehrter Herr!

Nach Ihrer werten Bekanntschaft trug
Ich herzliches Verlangen
Ich weiß, Sie waren »geladen« auf mich,
Und ich hätte Sie gern empfangen.

Doch meine Hoffnung, – Gott sei's geklagt! –
Erfüllte sich mit nichten,
So muß ich nun leider für ewige Zeit
Auf Ihre Bekanntschaft verzichten.

Ich liebte so heiß und sag so froh,
Doch eitel ist alles auf Erden –
Nun werd' ich heute nach Innsbruck spediert,
Um ausgestopft zu werden.

Der alte Pechhahn
von Mieming

Nb: Am gleichen Morgen hatten alle Hähne des Reviers geschwiegen.«

Am 10. April suchte ich mit Jäger Bauer einen Dito-Hahn, der auf dem Nißkogel falzen »sollte«! Der Konjunktiv »sollte« wird dem Leser bereits verdächtig erschienen sein. Ja, er sollte – aber er tat's nicht. Wir sprangen hin und sprangen her, der Morgen graute, aber auf dem Falzplatz blieb alles stille.

Während wir –Bauer voran– höher über den Grat emporsteigen, finde ich unter einer kahlen Lärche eine merkwürdige Zeichnung im Schnee: schwarz, wie mit der Feder gespritzt.

»Sie, Auer«, sag ich, »da liegt Falzlosung.«

»Ja, hab's schon g'sehn!« sagt er und steigt weiter.

»Sie, Auer«, sage ich, »mir scheint, die ist frisch.«

Um mich klar zu überzeugen, fuhr ich mit dem Finger in den Schnee. Alles weich – der Schnee und das Übrige.

»Sie, Auer«, will ich sagen, doch plötzlich – kladderadatsch – geht es mir wie ein dichter Regen über Hut, Ärmel und Hände.

»Wie, bitte?« sag ich mit aller Höflichkeit, deren ich noch fähig war, und blicke betroffen – oder richtiger: »betropft« zum Gipfel der Lärche hinauf.

Da sitzt der Hahn gemütlich neben der Henne und äugt neugierig auf mich nieder. Wahrscheinlich hat er noch niemals in seinem Leben ein patentiertes water-closet mit tadellos funktionierendem Spülapparat gesehen.

Ich mache eine Bewegung nach dem Gewehr, aber der Hahn sagt: »Entschuldigen Sie gefälligst!« – und, gedeckt von der mitstreichenden Henne, reitet er lustig davon.

Am 12. April machte ich diesem Hahn abermals einen Besuch, fand ihn aber – wegen des plötzlich eingetretenen Wettersturzes – nicht zu Hause. Merkwürdig, daß die Hähne im Gegensatz zu uns Menschen die Eigenschaft haben, bei schlechtem Wetter auf Reisen zu gehen.

Der kleine Hahn

Er ist der ausgesprochene Liebling aller Jäger, sei es im Wald der deutschen Mittelgebirge, im Moorland der Ebene oder in den Latschendickungen des Hochgebirges. Aber nicht nur die Jäger haben dem kleinen »schnakelfidelen« Birkhahn ihr Herz geschenkt; er ist auch besonders im Hochland die heiße Sehnsucht manch eines halbwüchsigen Burschen, und manch eines alten Hallodri, dem schon das erste »Schneeberl« aufs Haar gefallen ist. Der Wunsch, das selbsterbeutete »krummbe Federl« aufs Hütlein stecken zu können, hat schon manch einem, der um keinen Hirsch oder Gemsbock zum Wilddieb geworden wäre, die Büchse zu einer heimlichen Pirsch in die Faust gedrückt.

Tausend »Schnaderhüpfeln« und »G'stanzeln« wurden schon dem lustigen Spielhahn gesungen, diesem kampflustigen Don Juan, in dem der junge, rauflustige und leichtlebige Bergler gleichsam ein Ebenbild seiner selbst erblickt. Und der Tanz, den er am meisten liebt, der Schuhplattler – er ist nichts anderes, als eine Nachahmung der Spielhahnfalz und ihres drollig fidelen Minnewerbens.

»Der draht si' und plattelt,
Wie's koaner net ko',
Und rodelt und grugelt
Und blast wiera Hoh'!«

Was Wunder, daß zu solchem Tanz auch das »krummbe Federl« aufs Hütl gehört – und wär's nur deshalb, daß der Tänzer, wenn er zum letzten Geigenton sein Dirndl hochauf »geschwungen« hat, im Vollgefühl seiner Kraft das Hütlein drehen und rauflustig die gebogene Feder nach vorn stellen kann, wie einen zum »Hackln« gekrümmten Finger!

»Von Königssee bis Garmisch 'nauf
Js' grad a so a Trumm,
Und hon i a krummbs Federl auf,
So stößt ma's koaner um!«

Aquarell von L. Ganghofer aus dem Jagdbuch

Die Strapazen, die in den Bergen mit der Spielhahnjagd verbunden sind, schrecken einen federsüchtigen Burschen nicht ab, und im übrigen wird ihm die Sache manchmal gar leicht gemacht, besonders in den Revieren bequemer Jagdherren, die sich mit dem Abschuß der Auerhähne begnügen und den schwer zu jagenden Spielhahn ihrem Personal überlassen. Da bleiben in der ersten Maienwoche, wenn der Auerhahn schon seine letzten Lieder schnackelt und der Spielhahn seinen Liebesreigen just beginnt, die Falzplätze des kleinen Hahnes oft tagelang ohne Aufsicht; denn ein verspäteter »Gawlier« ist in die Jagdhütte eingerückt und nimmt das Personal in Anspruch.

Wenn dann der Jäger eines Morgens, früh um vier Uhr, seinen Herrn hinauflotst durch den Bergwald, lauscht er wohl in Sorg' und Freude dem Grugeln eines Spielhahns, welcher hoch auf einem fernen Schneegrat falzt, und klopfenden Herzens genießt er die Weidmannslust voraus, die ihm nach wenigen Tagen dort oben blühen wird. Es dämmert kaum – da rollt von jenem fernen Grat der verschwommene Hall eines Schusses über die Berge hin, und der Spielhahn schweigt. Dem Jäger gibt's »an' völligen Riß«.

»Himmelkreuzteufi no' amal! Jetz hat ma richti oaner den Hoh' davo', so a Lump, so a gottvermaledeiter!«

Wenn er dann am nächsten Sonntag beim Kirchengang unter den hundert Bauernhüten den einen entdeckt, der mit der frischen »Schaar« geschmückt ist, dann blitzen seine Augen bei dem stillen Gelöbnis: »Wart', Brüderl! Wir zwoa wachsen z'samm'! Für alles kummt a zahlende Zeit!«

Für gewöhnlich liebt das Birkwild selten von einem Menschenfuß betretene Grate, auf denen Mitte Mai die Latschen noch unter metertiefem Schnee versunken liegen. Keine Almhütte weit und breit, kein Jagdhaus in der Nähe. Da heißt es lange vor Mitternacht aufbrechen zu einem durch wachsenden Schnee mühseligen Anstieg, auf den das variierte Wort der Bibel anzuwenden wäre: »Im Schweiße deines Angesichtes sollst du deinen Hahn verdienen!« Nach solchem Schneemarsch steckt der Körper in den Kleidern, als wäre er just aus einem Dampfbad gekommen. So kauert man hinter einem Felsblock, in einem spärlich deckenden Latschenbusch oder gar nur in einem Schneeloch, wehrlos angeblasen vom schneidenden Morgenwind. Da hilft kein Aufstülpen des Rockkragens, kein »Halstüechl« und Wettermantel. Kaum daß ein ausgiebiger Schluck doppeltgebrannten Enzians, der »ghöri einhoazt wia Buech'nscheiter«, die Unbehaglichkeit dieses ersten »dämpfigen Viertlstündl's« mildert. Schauer um Schauer rüttelt den Leib, und schon nach wenigen Minuten eröffnet ein erster »Niasez'r« das obligate »Falzkatharl«. Aber da klingt von irgendwo die schüchterne Stimmprobe eines erwachenden Hahnes – dem Jäger wird heiß, und Mühsal und Kälte sind vergessen.

Der Himmel lichtet sich, zwischen ziehenden Wolken leuchten in weiter Ferne gelbe Streifen auf, blaugrauer Schimmer zittert über allem Schnee, ein Teil der Wände liegt noch im Schatten der Nacht, mit pechschwarzen Wäldern, doch auf einzelnen Gipfeln, welche gegen Osten blicken, beginnen schon die Ferner ihr reines Weiß aus der weichenden Dämmerung hervorzulösen.

Ein leises Sausen huscht durch die graue Luft – und plötzlich gewahrt der Jäger, etwa hundert Schritte unterhalb seines Schlupfwinkels, auf dem weißen Schnee einen schwarzen Fleck. Es ist der Hahn, der auf dem Falzplatz eingefallen ist. Kaum noch erkenntlich, steht der Vogel eine Weile regungslos; dann streckt er den Hals und äugt mit scheuer Vorsicht nach allen Seiten. Sobald er sich sicher glaubt, beginnt er sein Minnelied mit dem »Blasen«: Tschju huischschd – tschju huischschd! Erst klingt es nur halblaut und schüchtern, als wäre sein Mißtrauen noch nicht völlig beschwichtigt, oder als wollte er vorerst nur seine Stimme probieren. Nach einigen Minuten erst beginnt er hitziger zu werden; er bläst und bläst und führt dabei absonderliche Tänze auf – bald streckt er den Schnabel starr auf den Schnee und steht ein paar Sekunden wie hypnotisiert, bald wieder springt er mit schlagenden Schwingen hoch empor oder flattert unter rüttelndem Zischen mehrere Schritte weit bergan. Es ist Rasse und Leidenschaft in diesem Spiel – aber Leidenschaft, die nicht blind macht. Auch der hitzigste Hahn verliert nicht seine vorsichtige Scheu, immer wieder sichert und äugt er während des Blasens nach allen Seiten, und es währt geraume Weile, bis er, völlig sorglos, den eigentlichen Minnesang beginnt, das »Rodeln« oder »Grugeln«.

Das ist ein Lied, das sich mit sprachlichen Lauten nicht wiedergeben läßt – es erinnert in manchen Tönen an das Rucksen und Gurren eines Taubers, doch klingt es lauter, mannigfacher und energischer, wohl auch melodiöser. Daß der falzende Spielhahn einen veritablen Walzer sänge, wie ein begeisterter Jagdschriftsteller behauptete, ist freilich poetische Übertreibung. Aber ein bißchen Wahrheit steckt dennoch in dieser Behauptung. Ich konnte im Grugeln einzelner Spielhähne – besonders wenn sie auf Bäumen sangen, und häufiger noch bei der ruhigen Herbstbalz – immerhin einen gleichmäßig wiederkehrenden Rhythmus unterscheiden.

Doch bei der Bodenbalz im Frühling, in der ersten Hitze seines Minneliedes, ist der Hahn zu toll und ungestüm in seinem Sangeseifer, um sich an strenge Kunstform zu halten. Da hat jede Strophe seines Liedes anderen Laut und andere Melodie. Dazu schreitet er und dreht sich im Kreis, flattert und springt, unterbricht sein Rodeln und Blasen mit so drollig wirkenden Tönen und führt dabei Bewegungen von so drastischer Komik aus, daß es den Jäger in seinem Versteck oft Mühe kostet, ein lautes Auflachen zu unterdrücken.

Das sind köstliche Minuten für den echten Weidmann, der seine beste Freude an der Beobachtung des sangberauschten Hahnes findet und durch kein »Hahnenfieber« sich verleiten läßt, einen voreiligen Schuß zu tun. Noch ist es auch nicht licht genug, um sicher zu zielen, und noch steht der Hahn zu weit. Doch er nähert sich mit jedem Blasen und Grugeln, Schritt um Schritt – und bald wird es Zeit sein, die Büchse zu heben.

Da saust es wieder in der Luft, und jählings, ohne daß man ihn kommen sah, steht ein zweiter Hahn auf dem Schnee. Einige Sekunden betrachten sich die beiden Rivalen so erstaunt, als hätte noch keiner von ihnen seinesgleichen gesehen. Dann aber heben sie ein Blasen und Springen an, ein Tanzen und Gaukeln, immer heißer und erregter – und plötzlich fahren sie mit gesträubtem Gefieder aufeinander los. Ein Kampf beginnt, daß die Federn umherfliegen. In der Hitze des Gefechtes überkollern sich die beiden Streiter und springen wieder auf, Flügelschläge und Schnabelhiebe werden ausgeteilt, sie schnellen sich Brust an Brust in die Höhe wie ein einziger Knäul, der Stärkere bekommt seinen Gegner mit dem Schnabel zu fassen, zerrt ihn im Kreis und drückt ihn nieder auf den Schnee – und das ist ein so ergötzlicher Anblick, daß der Jäger völlig seine Büchse vergißt. Kommt es ihm endlich zum Bewußtsein, daß sich hier mit einem Schuß zwei Hähne erbeuten ließen – so ist es bereits zu spät. Der schwächere Hahn ist abgekämpft und hat mit sausendem Flug das Weite gesucht.

Stolz und befriedigt puddelt der Platzhahn das zerzauste Gefieder und beginnt mit lang gestrecktem Hals eine Siegeshymne zu blasen. Da hört er Antwort und äugt betroffen umher. Ist der Besiegte zurückgekehrt, um einen neuen Kampf zu versuchen?

»Tschju – huischschd!« So zischt es aus dem Versteck des Jägers, welcher, das Blasen des schwächeren Hahnes nachahmend, den vom Gefecht noch erregten Sieger in neue Hitze bringen und näherlocken will.

»Tschju – huischschd!« Laut blasend springt der getäuschte Hahn hochauf, und getrieben von Siegeszorn und Eifersucht

flattert er gleich um ein Dutzend Schritte näher. Da kracht der Schuß – und während das Echo hinrollt über die vom ersten Sonnenstrahl vergoldeten Ferner, hebt auf gerötetem Schnee der verstummte Sänger noch ein letztes Mal die Schwingen. Sie sind gebrochen und tragen nicht mehr! –

Doch nicht immer liegt der Hahn, wenn der Schuß gefallen – und streicht er mit dem Aufgebot seiner letzten Kräfte krank davon, so ist er gewöhnlich verloren und deckt für Fuchs und Marder die Tafel. Auch gelingt es nicht immer, den Falzplatz so glücklich zu erraten, wie es hier geschildert wurde. Der lebhafte Spielhahn hat unstetes Blut in seinen Adern, und wenn er auch zu Beginn seiner Sangeszeit den einmal gewählten Falzplatz leidlich einhält, so wird er doch unpünktlicher mit jedem neuen Morgen. Und diese »leichtsinnige Schlamperei«

kostet so manch einen nutzlosen Anstieg durch Schnee und Latschen. So erinnere ich mich eines alten Hahnes, der vor Jahren auf einem steilen Latschengrat des Kleinen Watzmann falzte. Es war ein Prachtkerl von seltener Größe und Schönheit, dessen weitausgelegte »Schaar«, als ich sie erst einmal durch das Glas gesehen hatte, mich ganz versessen machte auf ihren Gewinn. Den Hahn, den *mußte* ich haben! Doch saß ich hoch oben auf dem Grat, wo der Hahn am verwichenen Morgen gesungen hatte, so falzte er ein paar hundert Schritte tiefer, ohne sich »anblasen« und locken zu lassen – und saß ich am nächsten Morgen herunten, so sang er droben. Siebzehnmal, einen Tag um den anderen, bin ich ihm zuliebe gegangen. Bekommen hab' ich ihn nicht – statt des Hahnes aber bekam ich ein »Reißen«, das bis in den heißen Sommer hinein nicht mehr aus meinen Knochen weichen wollte.

Hat man den Falzplatz nicht auf Schußweite erraten, so bietet ein Versuch, den rodelnden Spielhahn anzubirschen, nur schwache Hoffnung auf Erfolg. Der »kleine Hahn« ist auch im tollsten Liebesreigen noch vorsichtig und aufmerksam und falzt zumeist auf kahlem Schneefleck, der dem anschleichenden Jäger nicht die geringste Deckung bietet. Sind aber einzelne Deckungen vorhanden, so ist das Schleichen durch die wirr verwachsenen Latschenbüsche, das »Bauchschlangeln« durch den aufgeweichten Maienschnee und das lautlose Kriechen über Geröll und kleine, überhängende Wände gar »a hoaklige Sach'«. Eher noch gelingt es bei der »Sonnenbalze«, einen Hahn, der den Falzplatz schon verlassen hat und lustig im Wipfel einer Zirbe rodelt, bis auf einen ungewissen Kugelschuß anzubirschen. Da wird dann lang und haargenau gezielt. Der Schuß kracht, der Spielhahn purzelt, doch während der Jäger jauchzend sein Hütlein schwingt, breitet der Hahn mitten im Sturz die Flügel und segelt flink und gesund davon auf Nimmerwiedersehen – die zu kurz gegangene Kugel hat den Wipfelzweig getroffen und der so jählings seines gemütlichen Sitzes beraubte Hahn hat nur für einen Augenblick das Gleichgewicht verloren. Unter der Zirbe findet der Jäger den abgeschossenen Zweig, betrachtet ihn kopfschüttelnd und brummt mit langem Gesicht: »Auf dem is er g'sessen!«

Leichter als in den Bergen macht sich die Pirsch auf den falzenden Spielhahn im Mittelgebirge und in der Ebene. Natürlich denke ich dabei nicht an das Moos- und Moorland, dessen Tümpel, Pfützen und Schlammbecken dem Jäger die Jagd ebenso gründlich verleiden, wie die Latschen und Wände im Hochgebirge. Aber in Birkenschlägen mit trockenem Boden, oder in reich mit kleinen Blößen durchsetzten Föhrenbeständen ist die Pirsch auf den rodelnden Spielhahn manchmal eine nicht allzu schwere Mühe – aber nicht, weil der Hahn der Ebene etwa weniger scheu und vorsichtig, oder mit minder scharfen Organen ausgestattet wäre als der Berghahn, sondern nur, weil das Angehen eben durch das minder beschwerliche Terrain erleichtert wird und weil in der Ebene ein Waldgebiet vom Umkreis einer Stunde oft reicher mit falzenden Hähnen besetzt ist, als ein zehn Meilen langer Bergzug im Hochgebirg.

Ich hatte an der böhmischen Grenze durch einige Jahre ein Hahnenrevier in Pacht, wo in dem verwahrlosten Kiefernwald einer einzigen Gemeinde zur guten Balzzeit gegen zweihundert Hähne sangen. Da saß ich eines schönen Aprilmorgens schon eine Stunde vor Anbruch der Dämmerung in dem auf freiem Felde errichteten Schirm. Von all den zerstreuten Feldgehölzen kamen die Hähne herbeigestrichen und begannen, noch in halber Finsternis, rings um den Schirm her ihren fröhlichen Falzgesang. Ehe der Tag noch recht zu grauen anfing, konnte ich nach dem Gehör, etwa fünfzehn balzende Hähne zählen. Doch immer neue Sänger versammelten sich auf dem Falzplatz, und schließlich tönte um den Schirm her ein so wirres Konzert von Blasen und Gerodel, daß ich nicht mehr wußte, wohin ich horchen sollte. Zuerst, als es matt zu dämmern begann, konnte ich durch den Ausguck meines Schirmes nur ein undeutliches Durcheinanderhuschen grauer und schwarzer Schatten gewahren. Doch als es heller wurde – welch ein köstlicher Anblick war das! In Schußnähe vor mir, auf einem kaum zwanzig Schritte breiten Acker, zählte ich siebzehn Hähne, ungerechnet die Sänger, welche hinter meinem Rücken ihren munteren Spektakel trieben. Die einen falzten phlegmatisch und unter gemütlichem Schreiten, andere wieder kollerten wie toll, rauften und sprangen meterhoch von den Schollen auf – es war ein so lustiges Schauspiel, daß ich mit dem Schuß von Minute zu Minute zögerte. Während des Falzens rückte die ganze Gesellschaft immer näher gegen den Schirm – und plötzlich stand ein Hahn, der von der Seite gekommen, dicht vor meinen Füßen. Ich muß wohl bei seinem Anblick eine unvorsichtige Bewegung gemacht haben, denn mit zischendem Laut streckte er den Kragen und äugte starr in das Gezweig des Schirmes, im gleichen Moment verstummten all die anderen Hähne und standen regungslos, überall sah ich hochgestreckte Köpfe mit rotflammenden Rosen über den kleinen, funkelnden Augen – und ich selbst war durch die Erstarrung, welche die ganze Sängerschar befallen hatte, einige Sekunden wie hypnotisiert. Als ich endlich, tief aufatmend, einen Versuch machte, das Gewehr zu heben, kam plötzlich Leben in diese Versteinerung, mit Rauschen und Sausen stoben alle auf einen Schlag davon, und lautloses Schweigen lag um den verödeten Schirm. Aber diese Stille währte nicht lang. Schon nach wenigen Minuten kam wieder ein Hahn dem Falzplatz zugestrichen, um diesen Fürwitz mit dem Leben zu büßen, und ein Viertelstündlein später leisteten ihm zwei Kameraden Gesellschaft bei seinem stillen, schmerzlosen Schlaf. Dann ging es einem nahen Gehölze zu, wo mich der Jäger erwartete, und nun begann die Pirsch im Wald, auf dessen Blößen die zerstreuten Hähne ihren Huldinnen das Morgenständchen sangen. Nach einer Stunde hatte ich zwei weitere Hähne erbeutet.

Gegen acht Uhr, als es im Walde still geworden war und die Sonne über die Wipfel stieg, kehrten wir auf die Felder zurück, zu einer Art von Jagd, auf welche mich die Beobachtung der Hähne und ihrer Gewohnheiten gebracht hatte. Vielleicht ist in ähnlichen Revieren diese Erfindung auch schon von anderen Jägern gemacht worden – sollte dies aber nicht der Fall sein, so stelle ich meine Erfindung, ohne dafür ein Patent zu nehmen, hiermit der gesamten Jägerei zur Verfügung. Doch will ich bekennen, daß ich selbst diese Art der Jagd nicht als völlig weidmännisch betrachte, denn streng genommen sollte der Schuß nur auf den *balzenden* Spielhahn abgegeben werden. Aber in einem so reich besetzten Revier ist der im Interesse eines geregelten Bestandes nötige Hahnenabschuß auf der Balze allein unmöglich.

Ich hatte beobachtet, daß die Hähne, welche im Lauf des Vormittages auf den sonnbeschienenen Saatfeldern einfielen, stets die gleiche Flugrichtung gegen den zunächstliegenden Waldsaum nahmen, wenn sie von den arbeitenden Bauern aufgesprengt wurden, und sich mit Vorliebe auf bestimmten, besonders hohen Bäumen einschwangen. Diese Beobachtung nützte ich auf folgende Weise. An einer Waldecke, von der sich ein weiter Ausblick über die Felder bot, legte ich mich mit dem Jäger auf den Ausguck. Gewahrten wir Hähne auf den Feldern, so ließen wir Gewehre und Stöcke zurück, machten einen weiten Umweg, und unauffällig über die Äcker hin und her bummelnd, gingen wir die Hähne langsam an. Näher als auf dreihundert Schritte ließen sie uns selten kommen; dann strichen sie dem Walde zu. Ich merkte mir so gut wie möglich die Bäume, in deren frei ragende Gipfel sie sich eingeschwungen hatten; langsam traten wir wieder den Rückweg an, und während sich der Jäger in den Feldstauden oder in einer Wegschlucht verbarg, kehrte ich auf großem Umweg zu der Waldecke zurück und wartete, bis die Hähne wieder auf die Felder strichen. Das geschah oft schon nach einer halben Stunde –

manchmal hat es aber auch eine lange Geduldprobe gekostet. Fühlten sich die Hähne auf dem Felde sicher und begannen wieder zu äsen, so holte ich das Gewehr aus dem Versteck und eilte durch den Wald, um die Stelle zu suchen, die ich mir gemerkt hatte. Immer fand ich sie nicht, denn von innen sieht sich der Wald ganz anders an, als von draußen. Fand ich mich aber zurecht, dann kam ich fast immer zu Schuß, sobald der Jäger auf dem Feld die Hähne wieder anging. Wenn die Sache möglichst unauffällig gemacht wurde, schwangen sich die Hähne regelmäßig auf die gleichen Wipfel ein, und häufig hatte ich schon beim Einfall einen freistehenden Hahn in Schußnähe vor dem Lauf. War mir aber der Wipfel mit dem Hahn durch anderes Gezweig verdeckt oder außer Schußbereich, so galt es, lautlos Schrittlein um Schrittlein seitwärts oder näher zu rükken, wobei mich zuweilen der versteckte Hahn durch einen Laut, den ich bei Gebirgshähnen niemals gehört habe – durch ein leises »öhg« – zur rechten Stelle leitete. Wurde ich des Hahnes ansichtig, so konnte ich beobachten, daß er diesen Laut nur hören ließ, wenn er mit gestrecktem Kragen eifrig nach dem auf den Feldern umherbummelnden Jäger äugte. Sollte die Pirsch gelingen, dann durfte der Jäger dieses Wandern über die von den Hähnen bevorzugten Felder auch nicht einstellen, bevor der Schuß nicht gefallen war. Heikel gestaltete sich die Sache immer, wenn sich mehrere Hähne in meiner Nähe eingeschwungen hatten. Da setzte es qualvolle Minuten mit Herzklopfen und schwerem Atem, bis ein unbeachteter Hahn, den ich vertreten hatte, all die anderen mit sich fortnahm. Hatt' ich es aber nur mit einem einzigen Hahn zu tun, und machte der Jäger draußen auf dem Feld seine Sache gut, so war ich regelmäßig des Erfolges sicher.

An dem Tag, dessen Morgen ich eben geschildert habe, holte ich mir auf der Feldpirsch noch vier Hähne, so daß wir am Abend mit neun Hähnen im Jagdhaus einrückten. So reiche Ernte hab' ich freilich nur ein einziges Mal gehalten, aber an guten Balztagen brachte ich doch in der Regel meine drei oder vier Hähne heim. In der ersten Zeit hatte ich meine helle Freude an diesem üppigen Jagderfolg. Nach zwei Jahren aber gab ich das Revier wieder auf – der leichte Gewinn minderte für mich den Reiz der Jagd, und reumütig kehrte ich, um der drohenden Blasiertheit zu entrinnen, zu meinem einsiedlerischen Berghahn zurück, welcher hart verdient sein will, dafür aber auch dem Jäger größere Freude bereitet, als ein Dutzend Flachlandshähne. Es ist ja die Jagd an sich nur immer halbe Freude – sie wird erst ganz durch den Mitgenuß der Natur, in deren Rahmen sie sich abspielt.

Vignetten aus dem Jagdbuch von L. Ganghofer

Ein Morgen im Moorland, mit den dunstig zerfließenden Farben, mit der blutrot auftauchenden Sonne, mit dem Rauch der Heide, mit dem bald verschleierten, bald wieder grell aufblitzenden Spiegellicht der hundert Tümpel, mit dem schwermütigen Unkenruf und dem Kreischen der ziehenden Wasservögel – oder ein Morgen im freundlichen Hügelwald, mit seinem sanften Tageserwachen beim Gezwitscher der Meisen, beim Gurren der wilden Tauben und bei fernem Glockengeläut, mit seinem goldigen Frühlicht und all den Stimmen des auf den Feldern beginnenden Tagewerks – solch ein Bild hat auch seinen Reiz. Aber gut ist gut, und besser ist besser – ich ziehe den Morgen in den Bergen vor, mit der stillen, wundersamen Größe seines Bildes, mit dem keuschen, ungetrübten Schimmer seiner Farben bei klarem Himmel, oder mit dem Kampf seiner ziehenden Nebel, durch deren Lücken ein siegender Strahl der Sonne bricht und hellen Goldglanz hinwirft über die düster versunkenen Wälder.

A Spielhoh' is a waxer Bua,
Der steht scho' auf in aller Fruah,
Kaam daß si' d' Nacht a weng verziacht,
Da singt er aa scho 's erste Liad,
Ob 's Wetter guat, ob schlecht,
Dös is eahm alles recht!

Da streicht er hin, da streicht er her,
Akrat wie wenn er b'sessen wär,
Und springt grad wia 'r a Narr in d' Höh
Und radelt schön sein' Stoß,
Und 's Raaf'n hat er los!

Da gruagelt er und blast und singt,
Daß 's glei a Stund weit aussi klingt,
Und mit die Henna treibt er 's Spiel,
A dutzend san eahm aa net z'viel –
Wie den dös G'spusi freut,
Da kriegst d'r grad an Neid!

I hab mir oft scho' denkt, auf Ehr':
»Ja wann nur i a Spielhoh' wär!«,
Hat's aber kracht und hat's ihn g'schlenkt,
So hab i ma do' wieder denkt:
»Na, liaber bin i scho'
Da Jaaga als da Hoh'!«

Eine feine Jägerprimeur

Eine kleine Jagdgeschichte aus dem stillen, schönen Sommer 1881 zu Fall im Isarwinkel ist mir lebhaft in Erinnerung geblieben und erscheint mir charakteristisch für die freundlichen Gewogenheiten des Lebens.

Da stieg ich an einem wundervollen Morgen mit dem Jagdgehilfen Eberl zum Luderer Gewänd hinauf. Wald und Berge funkelten in der reinen Sonne. Und überall das schöne, ruhige Rauschen der Wildbäche.

An der Baumgrenze führte der Steig quer über einen steilen, von Heidelbeerbüschen überwachsenen Hang, der überhaucht war vom schweren Duft des verblühenden Seidelbastes. Der Jagdgehilfe, der durch das Fernrohr eine Sennerin auf dem gegenüberliegenden Berggehänge beobachtete, war zurückgeblieben. Ich schlenderte gemütlich den Steig hinan, halb schauend, halb träumend. Und plötzlich sah ich, daß sich hundert Schritt unter mir, in dem dichten Heidelbeergestrüpp, etwas Schwarzbraunes bewegte. Es huschelte und hüpfte, tauchte aus dem Grün heraus und verschwand wieder. Ich riß die Büchse von der Schulter und machte mich schußfertig. Jetzt erschien da drunten zwischen den Stauden ein langgestreckter Vogelkopf. Mein erster, fieberheißer Gedanke jubelte: ›Ein Adler!‹ Was sonst? Solch ein ›Endstrumm Vogel‹ konnte doch nur ein Adler sein! Ich hob die Büchse zur Wange. Der Vogel gewahrte diese Bewegung und schwang sich mit schwer wuchtenden Flügelschlägen aus den Stauden. Mein Schuß krachte, und der Vogel stürzte leblos, schwer wie ein großer Stein, in das Gebüsch zurück.

Jetzt, nach dem glücklichen Schuß, befiel mich das ›Adlerfieber‹. Ich mußte die Augen schließen, und meine Hände zitterten. Wie ein Narr kam der Jagdgehilf Eberl über den Steig heraufgerannt und brüllte: »Was is denn? Was is denn?«

Erst mußte ich einen Jauchzer in die Sonne hinausschreien. Dann konnte ich reden. »Einen Adler hab ich.«

»Was? An Adler? Liegt er?«

Ja, da drunten.«

Herrgottsakra! Haben Sie aber a Sauglück!«

Wir rannten lachend über den Hang hinunter. Doch als wir zu der schwarzbraunen Sache kamen, sah ich es selber gleich: Das war kein Adler.

»Mar und Josef!« stammelte der Jäger und wurde kreideblaß vor Schreck. »Das is ja an Auerhahn!«

Na also! Kein Adler! Nur ein Auerhahn! Aber doch eine

feine Jägerprimeur! Ich hatte noch nie einen Auerhahn geschossen, noch nie einen gesehen. Und nun den ersten gleich im Flug mit der Kugel! Das war doch Ursache, um vergnügt zu lachen. Warum erschrak der Jäger? Warum guckte er mich mit mauerbleichem Gesicht so entgeistert an?

»Eberl? Was haben Sie denn?«

»Angst hab i.«

»Angst? Warum denn?«

»Weil i net woaß, ob Schußzeit is. Bei uns weard der Auerhahn bloß allweil auf'm Falz im Frujahr gschossen. Himisakra! Bal mer jetzt da an Hahn in der Schonzeit umbracht haben, da kriegen ma an noblen Putzer vom Förster!« Der Jäger wollte den schönen Vogel gar nicht anrühren.

Auch mir fuhr der kalte Schreck in die Eingeweide. Ich! Der Sohn eines Forstrates! Und ein Frevler wider das Jagdgesetz! In einem königlichen Forstbezirk!

Alle Lust für eine weitere Pirsch war uns beiden vergangen. Und das wurde ein unbehaglicher Heimweg. Ich selber trug den Auerhahn im Rucksack. Der Jäger fluchte alle fünf Minuten eine fürchterliche Litanei herunter. Und daheim verschwand er gleich in seiner Stube und ließ sich nimmer blicken. Während ich im Flur des Forsthauses den Rucksack an einen dunklen Nagel hängte, vernahm ich aus der Stube die Stimme des Försters. Das schlechte Jägergewissen drückte mich, daß ich kaum reden konnte, als ich in die Stube trat. Nach allerlei Umschweifen brachte ich das Gespräch auf die Auerhahnjagd.

Auch der Förster sagte: »Den Auerhahn schießt man bloß allweil im Falz.«

»Aber ich glaube mich dunkel zu erinnern, daß auch im Sommer Schußzeit ist. Oder im Herbst.«

»Da woaß i nix davon. Aber im Jagdkalender müaßt's ja drinstehn.« Der Förster holte den Jagdkalender aus dem Wandkastl und blätterte. Dann lachte er. »Recht haben S'', Herr Doktor! Und das is gspaßig! So a Zufall! Grad heut is der erste Tag von der Schußzeit.«

Wie ein Verrückter sprang ich auf. Die Freude war gleich einem heißen Schwips in mir.

»Jesses! Herr Doktor! Was haben S'denn?«

»Warten S' ein bisserl!« Ich rannte in den Flur hinaus und brachte lachend meine Beute. »Na also! Dann hab ich heut einen Auerhahn geschossen.«

Das wurde ein lustiger Tag. Und der Jagdgehilf Eberl, als er sich von seiner ›Angst‹ erlöst fühlte, soff sich auf meine Kosten einen Rausch an, der sich sogar bei einer Kirchweih mit Ehren hätte sehen lassen können.

Adlerjagd

Mein erster Adler! Bei diesem Worte macht mir die Erinnerung das Blut wieder heiß. Und wieviel harte Mühsal mußte ich überstehen, wie viele Jahre mußte ich geduldig warten, bis das grüne Glück mir diesen heiß ersehnten Schuß bescherte.

Wohl hatte mir die Huld Dianas bereits vor vielen Jahren diese seltene Jägerfreude zugedacht. Aber der erste Vorgeschmack jener fast unbeschreiblichen Strapazen, die der Adlerjäger zu überwinden hat, machte mich ungeduldig und betrog mich um den Erfolg.

Es war im Sommer 1887, zu Anfang August. Ich jagte damals im Gebiet der Zugspitze auf Hirsche und Gemsen. Eines Abends hatte ich auf dem freien Grat einer Waldkappe meinen Ansitz genommen, um den Auszug des Zwölfenders abzuwarten. Es war Jagdwetter, wie es sich schöner nicht denken läßt. Alle Felszinnen vom Glanz des Abends übergossen, die Baumwipfel umzittert von goldigen Lichtern, der Himmel klar und in allen Farben leuchtend und die linde Luft erfüllt vom würzigen Geruch der Blumen. Die gespannte Büchse über dem Knie, saß ich regungslos und ließ die spähenden Blicke in die Runde gehen. Da gewahrte ich, daß sich – etwa zweihundert Schritte auf dem Hang unter mir – in den hohen und dichten Heidelbeerbüschen etwas bewegte. Ein Fuchs? Aber nein! Jetzt erkannte ich deutlich einen schwärzlichen Vogelkopf, der sich aus den Büschen hob und wieder untertauchte. Vielleicht ein Auerhahn, der die reifen Beeren äst? Ich nahm das Fernrohr auf, hatte aber mit dem Glas ein hartes Sehen, denn am Himmel erloschen schon die Farben, und es begann zu dämmern. Undeutlich, wie durch trüben Nebel, sah ich einen großen Vogel, der sich mit schwerfälligem Hüpfen durch die wirren Büsche schob. Ein Auerhahn? Nein! Denn der Auerhahn hüpft nicht wie ein Raubvogel, sondern schreitet. Wieder spähte ich durch das Glas, als mich der Jäger, der hinter mir in einem Felsloch kauerte, mit zischelnder Stimme anrief:

»Aber Herr Dokter! Sakradi! Wo schauen S' denn umeinander? Da drüben steht ja der Hirsch! Wannenbreit! So schießen S' doch! Er äugt schon rüber.«

In Erregung sah ich auf – und richtig, kaum hundert Schritte vor mir, klar abgehoben vom rötlichen Himmel, stand der Zwölfender frei auf dem Grat. Jetzt war der komische Vogel dort unten im Nu vergessen. Mein Schuß krachte. Mit einer hohen Flucht zeichnete der Hirsch den Blattschuß und brach

nach wenigen Sätzen verendet zusammen. Mit fröhlichem Jauchzer sprang ich auf. Aber da hörte ich einen schwer klatschenden Flügelschlag. Und als ich über den Hang hinunterblickte, sah ich meinen ›Auerhahn‹, in einen ausgewachsenen Adler verwandelt, über die Büsche gegen den Waldsaum streichen. Wohl riß ich die Büchse an die Wange. Aber wo war der Adler? Mir standen Herz und Atem still, und der Jäger lachte über mein verdutztes Gesicht. Die Freude an dem erbeuteten Hirsch war mir gründlich verdorben. Ich fluchte in meinem Ärger.

»Gengen S', Herr Dokter«, tröstete mich der Jäger, »so ein Zufallsschuß hätt Ihnen gar net die richtige Freud gmacht! Ein Adler muß hart verdient sein, nacher erst freut er ein'!«

Während der Jäger noch sprach, sah ich den Adler außer Schußweite über die Baumwipfel emporsteigen, und ruhigen Fluges schwebte der königliche Vogel über ein tiefes Waldtal hinweg und den kahlen Felsen zu. Trotz der sinkenden Dämmerung konnten wir noch gewahren, daß sich der Adler über der ›Aschenwand‹ auf eine dürre Zirbe niederließ. Und der Jäger sprach die Vermutung aus, daß der Adler dort oben wohl ein Stück Beute liegen hätte. Da war auch mein Entschluß gefaßt: Jetzt haben die Gemsen und Hirsche Ruhe vor mir, jetzt gilt es dem Adler!

Aquarell von L. Ganghofer aus dem Jagdbuch

Die Nacht verging mir in schlafloser Ungeduld. Früh am Morgen, ehe der Tag noch graute, stiegen wir von der Jagdhütte zur Aschenwand hinauf, und nach vierstündigem Suchen und Umherklettern fanden wir auf einem Vorsprung der Felswand ein abgestürztes Schaf, das der Adler schon zur Hälfte verspeist hatte. Die Stelle war für den Ansitz so ungünstig wie nur möglich – auf sichere Schußweite weder ein bequemer Ruheplatz, noch eine Deckung. Mühsam schleppten wir ein paar buschige Latschenzweige in die Wand hinauf, klemmten sie in die Steinschrunden, und während mir der Jäger »Weidmannsheil!« wünschte und den Heimweg antrat, ließ ich mich, gedeckt von den Zweigen, auf einem Felsband nieder, so schmal und unbequem, daß mir das regungslose Sitzen schon nach der ersten Stunde zur Qual wurde. Der Himmel hatte sich bewölkt, ein nasser Guß um den andern ging über mich nieder. Dann wieder stach die Sonne wie mit Nadeln. Dazu dieses martervolle Sitzen mit baumelnden Füßen, der unbehagliche Blick in die Tiefe und der abscheuliche Geruch des verwesenden Schafes! Trotz dieser üblen Pein harrte ich in brennendem Jagdeifer bis zum Abend aus. Alle Glieder waren mir mürbe geworden, und auf dem langsamen Heimweg schmerzte mich jeder Schritt.

Ein Schlaf von wenigen Stunden, dann ging's wieder hinauf in die Aschenwand. Erfolglos vergingen mir so zwei weitere Tage. Ein paarmal sah ich wohl den Adler gemächlichen Fluges über die Felswand hinstreichen, doch außer Schußweite. Hatte mich sein Falkenauge in meinem Schlupf entdeckt? Oder hatte er an anderem Ort frische Beute gefunden, die ihm besser mundete als dieses übelduftende Schäflein? Meine Ausdauer ermüdete mit jeder Stunde, und ich begann am Erfolg zu zweifeln. Der vierte Morgen brachte wieder klares Wetter. Doch als ich bei erlöschendem Sternenschein mühselig zu meinem Versteck hinaufkrabbelte, wußte ich schon im voraus, daß ich bei der Erschöpfung meiner Knochen diesen vierten Tag nicht mehr überstehen würde. Solange der kühle Morgen währte und der Schatten über der Felswand lag, ging es noch leidlich an. Als aber die Sonne zu brennen begann, kamen Stunden, deren Folter ich nicht zu schildern vermag. Wie kribbelnde Ameisen lief es mir durch die toten Glieder, und die Düfte des nahen Kadavers wurden unerträglich. Schließlich stumpfte wohl die Erschlaffung meine Geruchsnerven ab. Aber da begann nun der Kampf gegen den Schlaf. An solcher Stelle einzunicken, das ist eine bedenkliche Sache. Um mich wach zu halten, malte ich mir immer wieder mit allem Aufgebot meiner Phantasie das herrliche Bild aus, wie der Adler einherschwebt über die Felswand, wie er einen Augenblick mit ausgebreiteten Schwingen über seiner Beute verharrt, wie mein Schuß kracht und der mächtige Vogel mit gebrochenen Flügeln rauschend in die Tiefe stürzt! Diese Vorstellung brachte immer wieder mein Blut in Fluß, doch auf die Dauer konnte sie mir nicht helfen. Immer schwerer wurden meine Lider, und von der sengenden Hitze schwollen mir die Hände an wie gebratene Äpfel. Noch dazu mußte ich unter mir im Latschental bei jedem Blick den kleinen ›Stuibensee‹ gewahren, dessen kühle, kristallene Flut so verlockend winkte, daß mir vor Sehnsucht nach einem erfrischenden Bad das Wasser im Munde zusammenlief. Bis elf Uhr mittags hielt ich noch aus. Dann mußte ich hinunter, wenn ich nicht einschlafen und purzeln wollte.

Als ich am Fuß der Felswand anlangte, vermochte ich nicht mehr aufrecht zu gehen und konnte es kaum erwarten, bis ich den See erreichte. Am Ufer legte ich die Büchse nieder, schälte mich mit zitternden Händen aus meinen Kleidern und watete in das kalte Wasser. Wie das wohl tat! Diese erquickende Frische! Neues Leben rieselte mir durch die lahmgewordenen Glieder. Ich konnte das Plätschern und Tauchen gar nicht satt bekommen. Da – als ich wieder einmal mit triefendem Kopf aus dem Wasser tauchte – vernahm ich über mir einen wehenden Flügelschlag. Erschrocken blickte ich auf. So nahe, daß ein Steinwurf ihn hätte erreichen können, sah ich den Adler über meine felsige Badewanne hinweg gegen die Aschenwand hinstreichen. Durch das aufspritzende Wasser sprang ich zu meiner Büchse – und schoß ein Loch ins Blaue. Pfeilschnell, mit einer eleganten Wendung, sauste der Adler über das Latschental hinunter, hob sich außer Schußweite wieder in die Lüfte, zog immer höhere Kreise und verschwand im sonnigen Blau auf Nimmerwiedersehen. Wie ich dastand, ein triefender Adam, mit der rauchenden Büchse in den Händen, und wie ich ratlos und trauernd dem verschwindenden Vogel nachblickte – das sollte man auf eine Scheibe malen! Ich müßte wohl selbst darüber lachen.

Aber allem Mißerfolg zum Trotz habe ich von jener viertägigen Adlerjagd doch eines mit nach Hause getragen, einen heiligen Respekt vor der zähen Ausdauer, dem tollkühnen Mut und der eisernen, alle Strapazen überwindenden Gesundheit jener Hochgebirgsschützen, die sich den Ehrennamen ›Adlerjäger‹ erwarben. Es gibt nicht viele, die diesen Namen mit Recht verdienen. Wem ein glücklicher Zufall bei der Gemspirsch den Schuß auf einen Adler bescherte oder wer ein paar Adler im Eisen fing, der ist noch lange kein Adlerjäger. In früheren Jahren verdiente man sich diesen Namen leichter als heutzutage, wo diese gefiederten Räuber zum Glück für den aufblühenden Wildstand in unsern deutschen Bergen eine große Seltenheit geworden sind. Wenn man die Wirtschaftsrechnungen der Klöster Berchtesgaden, Tegernsee, Benediktbeuren und Ettal nachliest, findet man in den Schußlisten des 17. und 18. Jahrhunderts mehr Gemsgeier und Steinadler verzeichnet als Gemsen und Hirsche. Hans Duxner, von 1640 bis 1670 Klosterjäger in St. Bartholomä am Königssee, erlegte 127 Gemsgeier und eine noch größere Zahl von Steinadlern. Sein Nachfolger Urban Fürstmüller brachte neben 25 Bären in Gemeinschaft mit seinen beiden Söhnen 74 Geier zur Strecke.

Während der Gems- oder Lämmergeier, *Gypaëtos barbatus*, aus unseren Bergen vollständig verschwunden ist – der letzte wurde 1855 zu Königssee geschossen –, ist der Steinadler, *Aquila chrysaëtos*, im ganzen bayerischen Alpenzug ein jährlich wiederkehrender Gast, wenn er auch nur ausnahmsweise noch in unseren Bergen horstet. Bei der Seltenheit dieses geflügelten Raubwildes muß der Jagderfolg, den der berühmteste Adlerjäger des bayerischen Hochlandes, Leo Dorn von Hindelang, mit unermüdlicher Ausdauer errang, als ein ganz beispielloser bezeichnet werden. Er hat schon vor vielen Jahren das Jubiläum seines fünfzigsten Adlers gefeiert.

Um als Adlerjäger solchen Erfolg zu erzielen, dazu gehört aber auch eine so glühende Liebe zum Weidwerk, eine so reiche Erfahrung als Jäger und eine so eiserne, allem Sturm und Wetter trotzende Gesundheit, wie sie Leo Dorn besitzt, der als Oberjäger das Allgäuer Jagdrevier des Prinzregenten von Bayern verwaltete. Dorn ist ein Mustertypus des prächtigen Menschenschlages unserer Berge: eine hohe, breitschultrige Gestalt, Glieder wie aus Stein geschnitten, sonnverbrannte Fäuste, die beim Handschlag die Finger des Grüßenden wie mit stählernen Schrauben umspannen, ein in gesunder Röte lachendes Gesicht mit schneeweißem Vollbart, mit scharf gekrümmter Hakennase und blitzenden Augen, deren jugendhellem Blick man die 70 Jahre nicht anmerkt, die Leo Dorn auf seinem Rücken trägt. Keck sitzt ihm auf dem weißen Zaushaar der kleine, verwitterte Filzhut, dessen aufgebogene Krempe von einer langen Adlerfeder durchstochen ist. Jahraus und jahrein, bei Schnee oder Hitze geht Leo Dorn in der gleichen leichten Lodenjoppe, in der kurzen Lederhose mit entblößten Knien. Und die Füße stecken nackt in den schweren Nagelschuhen. »Denn weißt, i bin so viel zartli an die Füß«, versicherte er mir, »wollene Söckeln vertrag i nit, die beißen mi allweil gar so viel!« Wenn Leo Dorn von seinen Adlerjagden und ihren Strapazen erzählt – die meisten Adler erlegte er im strengen Winter, wenn

Adlerjäger Leo Dorn von C. W. Allers

metertiefer Schnee die Berge deckte –, dann mischt sich in sein Geplauder kein einziges Wort, das nach Latein und Übertreibung klingt. Knapp und ehrlich bleibt er bei der Wahrheit und lächelt vergnügt zu dem Bericht der überstandenen Beschwerden, die auch in so schlichter, schmuckloser Schilderung dem Hörer ein kaltes Gruseln über den Rücken jagen. Man schaudert, aber man lacht auch oft und herzlich. Denn der Allgäuer Dialekt, der die Diminutivform liebt, verleiht den Schilderungen Dorns zuweilen einen originellen Gegensatz zwischen Form und Inhalt. Es hört sich drollig an, wenn er die Erzählungen einer seiner gefährlichsten Adlerjagden mit den Worten beginnt: »Woltern o fests Schneele hat's gschniebe ghatt im selle Winter, und bis ans Brüstle rauf bin i allweil drin umeinandergstapfet. Aber wie i den Adler amal hon gsehe ghatt, hon i nimmer auslasse. Fleißi hon i umeinandergucket mit'm Spektivle, und wie i seine Weg amal hon ausspekuliert ghatt, hon i a Lämmle aufs Wändle naufgschleppet, und da hon i mir denkt: ›Wart, du Luedersvögele, jetz hock i mi aber eini in Schnee und bleib sitze, wenn mir au glei alle Knöchele wegfriere von die Händ!‹«

Ein Adler mit fingerlangen, dolchscharfen Waffen und mit dritthalb Meter Spannweite in den Flügeln, deren Schlag einen Menschenarm zerbricht wie Glas – das heißt bei Leo Dorn ein ›Vögele‹. Da soll man nicht lachen.

Aber nicht nur heiteren Gewinn, auch weidmännischen Nutzen brachten mir die Plauderstunden mit dem Adlerjäger von Hindelang. Seine Erfahrung und der Bericht seiner Erlebnisse wurden mir eine nützliche Schule für jenen Tag, an dem ich mir selber den ersten Adler holte.

Als ich eines Tages auf dem Südhang des Wettersteins mit einem Arbeiter durch die Latschen kroch, um einen neu zu bebauenden Jagdsteig auszustecken, hört ich es plötzlich rauschen über mir, und als ich aufblickte, sah ich aus einer schattigen Kluft einen mächtigen Adler steigen und majestätisch hinsegeln über das Almfeld. Noch eh' ich nach der Büchse greifen konnte, war er längst schon außer Schußweite. Ich konnte nur mit dem Fernrohr noch erkennen, daß der Adler ein Männchen war, braunschwarz mit silberweißer Haube.

Von dieser Stunde an waren alle anderen jagdlichen Sorgen und Wünsche in mir erloschen, und nur diesem Adler galt mein ganzes Jägerdenken. Jeden Morgen, vor dem Grauen des Tages, stieg ich zu den Wänden des Wettersteins hinauf und setzte mich in guter Deckung bis zum Abend auf die Lauer. Manchmal wurde mir das Ausharren bitterschwer. Es war im

Mai, und Sonnenschein wechselte mit Sturm und grimmiger Kälte, klarer Himmel mit Regenschauer und Schneefall. Eine Woche hindurch sah ich täglich, bald in den Vormittagsstunden und bald gegen Abend, den Adler aus der Ferne einherschweben, über die Wände streichen und in der Ferne wieder verschwinden. Manchmal stieß er auf ein Rudel Gemsen nieder, die in scheuer Flucht auseinanderstoben, ein andermal holte er sich ein Schneehuhn oder ein Häslein aus den Latschen. Er jagte wie im Spiel. Aber ich wollte ihm die Sache noch leichter machen. Die Methode Leo Dorns befolgend, ließ ich dem Adler auf der Höhe eines Joches ein ›Lämmle‹ als Köder auslegen. Ein paarmal sah ich den Adler hoch über der Kirrung in den Lüften kreisen, doch bevor er vertraut wurde, hatten die Kolkraben das Lamm bis auf die Knochen verspeist.

Eines Tages hatte der Adler Gesellschaft gefunden – ein Weibchen, wie mir mein Fernrohr zeigte. In zärtlichem Getändel kreisend, stiegen sie auf und nieder im Blau, bis sie in ziehenden Wolken meinem Blick entschwanden.

›Sie horsten!‹ Das war mein erster hoffnungsfreudiger Gedanke. Während der folgenden Tage sah ich das Männchen immer allein – also hatte das Weibchen, das schon beim Brutgeschäft war, nur einen Erholungsflug gemacht!

Nun wurde mit zähem Eifer die Suche nach dem Horst begonnen. Während ich bei diesem rastlosen Wandern und Spähen eines Nachmittags mit dem Fernrohr eine steile Felswand absuchte, hörte ich das erregte Gekrächz einer Rabenschar, welche die noch vom Schnee bedeckte Höhe eines Almbuckels umflatterte. Als ich mein Glas nach der Stelle richtete, sah ich das Adlermännchen auf dem Schnee sitzen. Ohne sich viel um das Gezänk der Raben zu kümmern, putzte der Adler gemächlich seine Schwingen. Jetzt flog er auf, stieß in eine Grube nieder und versuchte eine Last zu heben. Aber das gelang ihm nicht. Immer von neuem wiederholte er den Versuch und schleifte seine Beute, die ich mit dem Fernrohr als ein totes Gemskitz erkannt hatte, auf die Kuppe eines kleinen Hügels. Nun ein zorniger Griff, ein gewaltsamer Flügelschlag – und mit dem Kitz in den Fängen, ruderte der Adler senkrecht in die Lüfte. Turmhoch war er schon emporgestiegen, als er die Beute wieder fallen ließ. Es hatte den ganzen Vormittag schwer geregnet, und die durchnäßten Schwingen hatten wohl nicht die Kraft, eine Last zu bewältigen, die sie sonst ohne Mühe tragen. Während die Raben dem fallenden Kitz bis auf die Erde nachsausten, ließ sich der Adler, ohne sich weiter um die entronnene Beute zu kümmern, zur Rast auf eine dürre Zirbe nieder und begann wieder sein Federkleid zu putzen. Wenige Minuten später fing es dick zu regnen an.

›Jetzt hält er aus! Im Regen streicht er nicht ab!‹ Mit diesem Gedanken machte ich mich flink auf die Beine, um durch die triefenden Latschen gegen die Höhe des Joches hinaufzuklettern. Der Weg nahm eine halbe Stunde in Anspruch. Es war ein abscheuliches Gekraxel. Und dazu immer die bange Sorge: ›Wird er aushalten?‹ So war ich dem Adler auf etwa dreihundert Schritte nahegekommen, als der Regen versiegte und roter Sonnenschein durch die Wolken brach. Da begann ich zu klettern, daß mir der Atem ausging. Denn ich wußte, ein paar Minuten Sonne, und der Adler streicht davon. Nur hundert Schritte noch, nur fünfzig – dann erreicht ihn die Kugel!

Da steht vor mir ein Spielhahn aus den Latschen auf. Durch das wirre Netzwerk der Zweige seh ich, wie der Adler sausend von der Zirbe wegstreicht und im Flug den Spielhahn greift. Atemlos und erschöpft, von den dichten Latschen gefesselt, kann ich die Büchse nicht heben und muß es mit ohnmächtigem Grimm mit ansehen, wie der Adler mit der Beute, die ich ihm zugetrieben, über das Tal hinwegschwebt und hinter dem Grat der jenseitigen Felswände verschwindet.

Als ich bei sinkender Nacht todmüde und naß bis auf die Haut in das Jagdhaus zurückkehrte, erwartete mich die tröstende Botschaft eines Jägers: Der Horst ist gefunden! Meine erste Freude wurde aber bald wieder gedämpft. Denn der Horst lag in einer überhängenden Felswand, die ein Beikommen auf Schußweite nicht gestattete. Da blieb nur eines übrig: Die beiden Jungen, die aus dem weißen Flaum schon das braune Gefieder zu schieben begannen, mußten delogiert werden!

Das war eine harte Arbeit, aber sie gelang. An einem starken Glockenseil ging's vom Kamm der Felswand hinunter zum Horst, die beiden Jungen wurden ausgehoben und dann in der Nähe einer Stelle, zu der ein Zugang möglich war, in einem Felsloch untergebracht und mit guten Stricken angebunden, so daß sie bis zum Rand des Felsloches vorhüpfen, aber nicht über die Wand abstürzen konnten.

Während der Horst ausgenommen wurde, hatte sich keiner der alten Adler blicken lassen. Erst gegen Abend, als alle Arbeit schon getan und auf einer vorspringenden Felsplatte das dichte Versteck, das mich aufnehmen sollte, aus Latschenzweigen schon geflochten war, kam das Weibchen durch das Tal einhergeflogen. Als die Jungen beim Anblick der Mutter in ihrem neuen Quartier zu rufen begannen, machte der Adler im Flug eine jähe Schwenkung, stand ein paar Sekunden regungslos in der Luft, und dann strich er hastig davon.

Am nächsten Tag wurde die Horstwand vom gegenüberliegenden Berg aus beobachtet. Zweimal kam das alte Weibchen über die Wand entlanggestrichen, doch ohne sich dem geleerten Horst oder der neuen Behausung der schreienden Jungen zu nähern. Aber schon am folgenden Morgen ließen sich die beiden Alten gleichzeitig vor dem Felsloch auf eine Steinkante nieder, und am Abend brachte das Weibchen frischen Fraß für die Brut – einen jungen Dachs. Jetzt war es Zeit für die Jagd!

In der Nacht um zwei Uhr brach ich auf. Heller Sternenschein beleuchtete zur Genüge meinen Weg, und als der schöne Junimorgen zu grauen begann, lag ich schon in meinem Versteck, dessen kleiner Ausguck nach dem Felsloch gerichtet war. Einen sonderlich bequemen Aufenthalt bot das winzige Hüttlein auf der schmalen Felsplatte freilich nicht. Man konnte nur auf allen vieren kriechend zu dem Versteck gelangen, das ein aufrechtes Sitzen nicht erlaubte, nur ein ausgestrecktes Liegen auf dem Bauche. Von der unbequemen, durch keinen Wechsel gemilderten Lage wurden mir schon nach einer Stunde alle Knochen lahm. Dazu marterte mich, als die Sonne aufging, eine bratende Hitze, und Hunderte von Ameisen krochen ›emsig‹ über meinen Körper auf und nieder, um sich in alle Schlupfwinkel meines Gewandes zu verirren. Trotz dieser fast unerträglichen Pein hielt ich geduldig und erwartungsheiß sechs volle Stunden aus, immer mit dem schußbereiten Gewehr im Anschlag.

Schon wollten meine schwachgewordenen Kräfte zu Ende gehen, als plötzlich, ein Viertel nach zehn Uhr, die angebundenen Jungen zu rufen begannen, die Ankunft eines Alten verkündend. Wie elektrisiert hob ich die Büchse an die Wange. Der Schatten des Adlers huschte über die Felswand, und ich hörte den Vogel über meinem Versteck auf einem Baum aufhacken. Qualvolle Minuten vergingen, infolge der ausgestandenen Marter und der beginnenden Erschöpfung befiel ein heftiges Zittern meinen ganzen Körper, und ich glaubte schon, nicht länger mehr aushalten zu können. Aber da hörte ich das Rauschen der mächtigen Fittiche, abermals glitt der Schatten des gewaltigen Vogels über die Wand, und einige Sekunden später erschien der Adler, fast bewegungslos in der Luft schwebend, vor meinem Ausguck. Es war ein herrlicher Anblick, wie er die Schwingen hochstreckte und die Fänge vorschob, um sich lautlos auf die Steinkante vor dem Felsloch niederzulassen. In dem Augenblick, in dem er die Schwingen schloß und auch schon einen scharfen, mißtrauischen Blick gegen mein Versteck sandte, krachte mein Schuß. Und der Adler rollte von der Felskante in die Wand hinunter.

Man konnte nur angeseilt zu der Stelle gelangen, wo der Adler zwischen Gestein und Latschen in eine Scharte gefallen war. Die linke Schwinge war ihm zerschmettert, doch er lebte noch und mußte einen Fangschuß erhalten. Es war das Weibchen – ein Adler von seltener Stärke und Größe, mit Schwingen, deren Spannung weit über zwei Meter maß.

Selten hab ich mir einen grünen Bruch mit solcher Weidmannsfreude auf den Hut gesteckt wie den Latschenbruch für diesen meinen ersten Adler.

Eintrag in das Jagdbuch vom 21. Mai 1903

Am 21. Mai, nachdem ich auf Hochfeldern einen Spielhahn gefehlt hatte, begegnete mir auf dem Heimweg ein merkwürdiges Erlebnis. Es war schon morgens 8 Uhr, als ich durch das ebene Tal heimritt. Hinter meinem Rößerl schreitet Augustin, der brave Knabe, einher, dann folgen die beiden Jäger Ragg und Schweitgen. Man plaudert und lacht. Plötzlich rauscht etwas hinter mir, lautlose Stille, dann ein Gezischel:

»Pst! Pst! Herr Doktor! Ein Auerhahn!«

Ich gucke mich um – und da stolziert auf dem Weg, mitten zwischen uns, ein Auerhahn mit gefächertem Stoß auf und ab, fängt gemütlich zu schnackeln an, wartet ruhig bis ich aus dem Sattel gesprungen bin und geladen habe – und läßt sich naufschießen. Der Hahn war nur geflügelt, wird lebendig gefangen und hält sich beim Fotografieren mäuserlstill auf meinem Arm. Eine Stunde später segnet er das Zeitliche.

Pirsch auf den Feisthirsch

Der Juli geht seinem Ende zu, und mit feurigem Rot verblüht auf den Bergen der Almrausch.

Das Hochwild trägt seit Wochen schon sein lichtbraunes Sommerkleid, die Geweihbildung ist der Vollendung nahe, und allabendlich halten die guten Hirsche mit Einbruch der Dämmerung ihren regelmäßigen Auszug auf die weiten, lichten Schläge, um durch die reiche, kräftige Äsung, die sie hier finden, tüchtig ›Feist‹ unter die ›Decke‹ zu bringen. Ein paar Wochen noch, dann sind die Enden des Geweihes ausgeschoben, und stattlich prangt die zackige Krone. Aber je mehr das Geweih sich verhärtet und der die Stangen umkleidende ›Bast‹ ins Trocknen und Welken gerät, desto scheuer und vorsichtiger werden die Hirsche, desto mehr verspätet sich mit jedem Abend ihr Auszug, desto früher ziehen sie bei grauendem Morgen wieder zu Holz – als wüßten sie, daß die Vollendung ihres Hauptschmuckes den Beginn der ihnen drohenden Gefahr bezeichnet.

Wenn dann der Jäger am frühen Morgen sein Revier begeht, findet er nur noch die frischen, alle Wege kreuzenden Fährten. Lauschend und spähend zieht er weiter; da gerät es ihm wohl manchmal, daß er aus dem nahen Dickicht ein gedämpftes Rascheln und Klappern vernimmt, das er leicht zu deuten weiß, und einmal steht er plötzlich stille, ein vergnügliches Schmunzeln auf dem sonngebräunten Gesicht. Er steht vor dem ersten, frischen ›Bschlachter‹, vor einem jungen Fichten- oder Lärchenstämmchen, an dem in der Nacht ein Hirsch ›geschlagen‹ – und dazu noch ›a ganz a guter‹ – das deuten die hochgebrochenen Zweige an, das verrät an dem Stämmchen die Höhe und Länge der Stelle, von der in Fetzen die zerfegte Rinde niederhängt, während Schweiß und Basthaar an dem kahlen Holze kleben.

Die Fegezeit ist im Gange – mit dieser Meldung steigt der Jäger ins Tal. Und nun beginnt die Jagd auf den Sommerhirsch, auf den richtigen Feisthirsch.

Diese Jagd wird selten mit Treibern geübt, da der Hirsch in der Feistzeit leicht ›vergrämt‹ ist und durch jede allzu laute Beunruhigung veranlaßt wird, seinen Standort zu verlassen und auf lange Wochen zu verschwinden, der Kuckuck weiß, wohin. Nur ausnahmsweise, wenn etwa der Jagdherr selbst oder ein hoher, mit besonderen Privilegien ausgestatteter Jagdgast im Bezirke weilt, werden kleine, isoliert liegende Bestände ›geriegelt‹. Während der Jäger zumeist allein oder in Begleitung

nur weniger Treiber, mit schlechtem Winde, d. h. bei solchem Winde, der vom Jäger gegen den Stand des Wildes zieht, den ›Bogen‹ unter Vermeidung jedes lauten Geräusches ›angeht‹, indem er langsam den ihm wohlbekannten Wildwegen folgt, die in der Jägersprache ›Riegel‹ oder ›Wechsel‹ heißen – währenddessen hat der Schütze seinen Stand in der Nähe der Stelle, an welcher der unter bestem Winde liegende ›Hauptwechsel‹ aus der Dickung mündet. Da mag es dann wohl geschehen, daß der im Bogen ›bestätigte‹ Hirsch, nachdem er vor dem nahenden Jäger munter geworden, ziemlich vertraut dem Schützen vor die Büchse trollt, um den Schuß zu empfangen. Aber nur selten ist der Erfolg ein so günstiger wie bequemer. Gar häufig schlägt solch ein gewitzter Recke dem Schützen ein Schnippchen, indem er hart am Saume des Dickichts ›umschlägt‹ oder gleich von Anfang an den Jäger unbekümmert an sich vorüberläßt, um lautlos auf den Rückwechsel auszukneifen. Oder es ist der Hirsch vor dem Jäger allzu ›munter‹ geworden; dann geht's mit Brechen und Rauschen fort durch die Büsche. Doch wenn auch der Erfolg ein günstiger ist, so mag bei solcher Jagd doch nie die rechte Weidmannsfreude sein.

Die weidgerechteste Jagdart zur Feistzeit ist jene, die den ruhigsten, sichersten Schuß ermöglicht: der Ansitz vor dem abendlichen Auszug, der Ansitz und die Pirsch vor dem Einzug bei grauendem Morgen und die ›Trapfpirsch‹ nach einem starken Gewitterregen, nach dem sich alles Haarwild von den ›trapfenden‹ Büschen und Bäumen aus dem Dickicht auf die Schläge treiben läßt, um sich draußen ›abzubeuteln‹ und in der Sonne das nasse Fell zu trocknen.

Der ruhigste, sicherste Schuß – das war vorerst nur vom Standpunkt des praktischen Jägers gesprochen. Aber auch der Naturfreund findet bei dieser Jagdart seine beste Rechnung. Ein solcher steckt ja schließlich in jedem richtigen Jäger, und so kommt es – man mag die Grammatik der Jägerei von Anfang bis zu Ende durchblättern –, daß jedem edleren Wilde gegenüber jene Jagdart als die weidgerechteste gilt, die mit der sichersten Erlegung den reichsten Genuß der Natur und ihres Tierlebens vereinigt.

Und welch ein Hochgenuß, so hinauszuziehen in Berg und Wald, wenn nach Sturm und Wetter sich der Himmel klärt, wenn in der Ferne dumpf die Donner verrollen, wenn ein kräftiger Erdgeruch, vermischt mit süßem Blumenduft, die Lüfte füllt und die ganze Natur so recht von Herzen aufzuatmen scheint in Erquickung und Frische! Oder vor Anbruch des Tages die gemütliche Hütte zu verlassen und hineinzuschreiten in die stille Dämmerung, wenn fern über den westlichen Bergen die letzten Sterne erlöschen, wenn im Osten das wachsende Frühlicht in farbigen Bändern emporschwimmt über den Himmel, wenn der Tau wie ein grauer, seidenartig schimmernder Schleier über allem Grunde liegt, wenn die steigende Helle in den zahllosen Tropfen, unter denen sich die Gräser tief zur Erde neigen, ein buntes Glühen und Blitzen weckt, wenn aus Bäumen und Büschen sich die ersten schüchternen Vogelstimmen hören lassen und wenn der volle Tag erwacht in seiner leuchtenden Glorie! Und welchen Reichtum an stillen Reizen bietet am Abend das stundenlange Verweilen an einer Stelle, wo dem Jäger zu Häupten sich die wild

Bleistiftzeichnungen von L. Ganghofer aus dem Jagdbuch

zerrissenen Felsen über den Bergwald türmen, während ihm zu Füßen das tiefe Tal gebettet liegt in sanfter Schönheit! Dieser Reichtum erschöpft sich nicht und wird nicht ausgenossen, da er mit jedem Abend sich neu erzeugt in neuer Form. Jeder einzelne Abend hat seinen eigenen Reiz, jeder andere ein anderes Gesicht.

Da wär' es auch ein vergebliches Unterfangen, den wechselnden Reiz solcher Abende in ein typisches Gemälde fassen zu wollen. Ich muß an einen bestimmten Abend denken, den ich droben in den Bergen verbrachte.

Ich weilte damals seit einer Woche auf der Herrenrointhütte, die auf einem weit in das Königsseer Tal hinausgebauten Vorberg des Watzmann gelegen ist. Abend für Abend hatte ich vergeblich des guten Hirsches gewartet, der über dem Kaltenkellerschlag in einer steilen Dickung seinen Standort hatte. Nun war's am zehnten August. Während des Vormittags war ein Gewitter über die Berge hingegangen, ohne recht zum Ausbruch zu kommen. Aus den im Kreise treibenden Wolken rieselte den ganzen Tag hindurch ein dünner Regen nieder. Schon gab ich den Abend verloren; doch unerwartet, gegen sechs Uhr, ließ der Regen nach, die Wolken klüfteten sich, und die sinkende Sonne spielte über den Berghang. In rosigster Laune und in der sicheren Erwartung, daß solch ein Abend den Hirsch zu zeitlicherem Auszug veranlassen würde, suchte ich gegen sieben Uhr auf dem nur wenige Minuten von der Jagdhütte entfernten Schlag mein altes Plätzchen auf. Das lag auf dem Abhang eines kleinen, den weiten Schlag beherrschenden Hügels. Eine weiche Moosplatte diente mir zum Sitz, während ein schräger Felsblock eine bequeme Lehne bot. Hoch emporgeschossene Gräser, ein junges Fichtenbüschlein und niedere, schwach belaubte Ahornstämmchen, die mir zu Füßen aus dem steinigen Grund stiegen, gaben mir gute Deckung, ohne den Ausblick zu hemmen. Auch der Wind ließ nichts zu wünschen übrig; scharf zog er über die steile Dickung nieder. Mit sachten Bewegungen richtete ich mich in jägermäßigem Sinne häuslich ein. Ich zog das Fernrohr auf und lehnte es an den Felsblock; den Bergstock schob ich senkrecht vor mir in die Steine, um ihn als Stütze des Fernrohrs gleich parat zu haben; das kleine Doppelglas, das in der Dämmerung, wenn dem Fernrohr das Licht schon ausgegangen, noch gute Dienste tut, steckte ich lose in die rechte Joppentasche und legte die Büchse in Bereitschaft über das Knie. Dann kreuzte ich die Arme und schickte die Augen auf die Reise.

Tiefer Schatten lag schon auf dem weiten Schlag und der steilen Dickung, über deren höchste Wipfel der schroffe Riesenzacken des Watzmann, noch sonnbeschienen, majestätisch herunterblickte. Graue, vielgestaltige Schattenbilder überhuschten seine Wände, wenn die leichten Nebel oder die schweren, von goldenen Tönen behauchten Wolken im Winde über seine Zinne trieben. In jagender Eile überflog das zerrissene Gewölk den mir zur Linken in unsichtbarer Tiefe liegenden Königssee und mischte sich in die wogenden Nebelmassen, die alle Kuppen der jenseitigen Berge noch verschleiert hielten. Aber mehr und mehr mit jeder Sekunde hob sich da drüben der Nebel, weiter und weiter wuchs am Himmel das Blau, und bald lag wolkenlos und in sonniger Pracht die ganze herrliche Felsenkette vor meinen Augen gebreitet, von dem gezahnten Grat des Hohen Göll bis zu den plumpen Felskolossen der Fundenseetauern, hinter denen in hoher Ferne die scharfen Spitzen der Teufelshörner aufwärts stachen über das blendend weiße Schneemeer der Übergossenen Alm.

Nur ungern trennte sich mein Blick von dem leuchtenden Bilde, um zurückzukehren auf den schattendunklen Grund zu meinen Füßen. Und da bekam ich gleich eine Mahnung, daß es an der Zeit wäre, die Augen bei der Sache zu halten. Kaum hundert Schritte unter mir war eine Rehgeiß mit ihrem Kitz auf den schmalen Wiesenfleck getreten, mit dem sich der Schlag zu meiner Rechten in die Dickung spitzte. Fleißig äsend zog das Kitzlein über das Gras; die Geiß aber hielt die großen dunklen Lichter auf mich gerichtet. Halb die Augen schließend, saß ich regungslos – und da schüttelte sie endlich die ›Lauscher‹ und begann zu äsen. Die Sache mochte ihr aber doch nicht ganz geheuer dünken, denn wieder ›sicherte‹ sie windend, um dann plötzlich mit kurzen Fluchten in das Dickicht zu verschwinden, wohin ihr das Kitzlein nach einigem Zögern in sichtlicher Verwunderung folgte.

Lächelnd atmete ich auf und ließ die Blicke nach allen Winkeln des weiten Schlages streifen, über dessen üppigen Kräuterwuchs in wirrem Wechsel die braunen Baumstöcke und Wurzelknorren, die moosigen Felsblöcke und die weißen Steine ragten. Weit drüben senkte sich der Schlag über einen langgezogenen Rücken einem Dickicht zu, von dem ich nur die höchsten Gipfel gewahren konnte. Kleine Fichtengebüsche hielten diesen Rücken besetzt, und zuoberst auf ihm erhob sich ein riesiger Felsblock, auf dessen Platte einzelne halbwüchsige, meist dürre Bäumchen durcheinanderhingen. In der Mulde, welche die Höhe da drüben von meinem Sitze trennte, rann mit Murmeln und Gurgeln ein unter Kräutern und Farnen verstecktes Bächlein. Zu dem melancholischen Geplauder dieses Wassers gesellten sich die pipsenden Stimmen der Meisen, die zwischen Büschen und Steinen so eilfertig hin- und herflatterten, als hätten sie allerlei wichtige Dinge noch schnell zu besorgen, bevor der Tag zu Ende ging. Aus dem höheren Dickicht ließ sich der weiche Schlag einer Bergamsel hören, während vom tieferen Gehänge herauf der krächzende Schrei eines Tannenhähers und ab und zu das hastige Pochen eines Spechtes klangen. Weit über den See einher scholl manchmal, durch die Ferne gedämpft, das Brüllen der auf den Almen weidenden Rinder und das matt vernehmbare Läuten ihrer tieftönenden Glocken.

Einmal auch hörte ich fauchende Flügelschläge über mir, und als ich zur Höhe blickte, gewahrte ich einen der großen Bergraben, der seinem Horst entgegenstrich. Während ich dem Zug des Raben folgte, trafen meine Augen auf den steilen Lahnstreif, der hoch über mir das Dickicht auseinanderteilte. Da meinte ich ›Rot‹ zu sehen. Langsam richtete ich das Fernrohr. Ein Gabelhirsch und zwei ›Kälberstücke‹ mit ihren Kälbern erschienen mir im Glase. Befriedigt legte ich das Fernrohr beiseite; der frühe Auszug dieses Rudels weckte gute Hoffnung in mir.

Rasch warf ich noch einen Blick auf die Uhr. Ein Viertel vor acht, der Beginn der ›besten‹ Zeit. Dann ließ ich meine Augen rastlos über den Saum der Dickung auf- und niedergleiten. Im scharfen Spähen mußte ich schon die Brauen furchen, denn die Schatten begannen sich bereits zu vertiefen, und allmählich dämpfte sich der helle Schein des Himmels. Es wurde stiller und stiller um mich her, in der Ferne verstummte das Brüllen und Läuten der Rinder, die Vogelstimmen klangen sanfter und seltener, und bald vernahm ich nur noch das Murmeln des kleinen Baches. Aber auch das Wasser schien mit jeder Sekunde leiser und leiser zu werden. Einmal noch, kurz vor Einbruch der eigentlichen Dämmerung, ließen sich mehrere Vogelstimmen zugleich vernehmen. Dann schien der Bergwald wie ausgestorben. Und nun begann es in meinen Ohren allmählich anzuklingen, jenes seltsame, unbeschreibliche Geräusch, das jeder Weidmann kennen wird, der zur Sommerszeit auf dem abendlichen Ansitz auch noch auf andere Dinge merkt als nur auf das Brechen des Wildes im Dickicht. Das ist wie ein Singen und Zirpen zahlloser Tierchen, wie ein Zwitschern von vielen Vögelchen, wie ein Brummen und Summen von Hummeln und Bienen, aber ganz leise, nur eben noch vernehmbar. Bald scheint es in der Luft zu liegen, bald wieder aus der Erde zu quellen – und man fragt sich, ob man es wirklich hört oder ob es nur eine akustische Täuschung ist, eine Folge des stundenlangen angestrengten Lauschens.

Ein Gast im Jagdhaus Hubertus, Aquarell aus dem Jagdbuch ▷

Wieder einmal, wie schon so häufig, legte ich mir im stillen diese Frage vor, als mich ein Laut aus meinem Sinnen weckte. Tief aus dem Dickicht scholl das ›Blatten‹ einer Rehgeiß. Kaum hatte ich es vernommen, da hörte ich vom Schlag herüber das Brechen dürrer Zweige, und als ich hastig die Augen wandte, sah ich ein Reh mit rasender Flucht im Dickicht verschwinden. Das mußte ein Rehbock gewesen sein, der in brünstigem Eifer den lockenden Liebeslauten folgte. Woher war er gekommen? Hatte er auf dem Schlag gestanden, ohne daß ich ihn bemerkt hatte?

Unter der ärgerlichen Befürchtung, daß mir der liebestolle Bursch durch seinen lauten Eifer den Hirsch vergrämt haben könnte, der, wenn er überhaupt ans Kommen dachte, schon im Auszug begriffen war – unter solcher Befürchtung blickte ich unwillkürlich nach den tieferen Gehängen des Schlages, von denen der Störenfried gekommen sein mußte. Doch unerwartet zog ein wundervolles Schauspiel meine Augen über das Seetal nach den fernen Bergen. Dort waren die grauen Schatten schon emporgestiegen über Wald und Almen bis zu den kahlen Felsen; doch über diesen Schatten glühten alle Wände und Schrofen in dunkelrotem Feuer, und gleich den erstarrten Flammen einer riesigen Lohe hoben sich die Zacken und Spitzen von dem tiefblauen Himmel ab, über den die nahende Nacht schon ihre ersten Schleier spann.

Selten hatte ich dieses Schauspiel in solcher Schönheit genossen, und immer hingen meine Augen an dem herrlichen Bilde, bis plötzlich der Jäger wieder in mir rege wurde, so daß ich fast erschrocken die vergessene Nähe suchte. Doch bei dem raschen Wechsel zwischen Licht und Schatten erschien mir alles schwarz vor dem Blick. Um die Augen zu beruhigen, schloß ich für einige Sekunden die Lider. Und als ich sie wieder öffnete, schoß mir das Blut zum Herzen. Mitten auf dem Schlage stand der sehnsüchtig Erwartete. Ich hatte sein Kommen überhört, seinen Auszug übersehen. In stolzer Schönheit stand er da drüben und warf wie spielend mit dem ›Äser‹ ein großes Lattichblatt in die Höhe. Trotz der Dämmerung gewahrte ich deutlich das schwankende Geweih und meinte sogar die weißen Spitzen der dreizackigen Krone zu erkennen. Ein Zittern befiel meine Hände, während ich das Doppelglas an die Augen hob, um meiner Sache noch sicherer zu werden. Das Unerwartete des Anblicks hatte mich um meine Jägerruhe gebracht. In Unruh und Sorge begann ich die Entfernung zu schätzen. Zweihundert Schritt! Zu weit – nicht für die Kugel –, aber zu weit für einen guten, sicheren Schuß! Mich überkam eine fiebernde Spannung. Wird er näher ziehen? Während der

◁ *Sechsundsechzigender, das Geweih ist im Besitz des Schlosses Erbach*

wenigen Minuten, solang noch Büchsenlicht herrscht? Oder wird er aufwärts ziehen gegen den Rücken des Schlages? Da schwellt mir ein erleichternder Seufzer die Brust. Ich sehe den Hirsch mit vertrauten Schritten talwärts trollen. Er kommt mir näher, immer näher, wenn auch langsam. Und nun verhält er sich äsend vor einem Fichtenbusch, und da steht er mir auf etwa hundertvierzig Schritt. Tiefer und tiefer sinkt die Dämmerung, schon verschwindet mir das Geweih. Aber noch immer warte ich. Nur zwanzig Schritt noch, denke ich, dann – –

Doch während ich denke, seh ich, daß der Hirsch das Haupt erhebt, wie überlegend aufwärts windend gegen den Waldrükken, und während ich mir diese Bewegung noch zu deuten suche, zieht er bereits äsend der Höhe zu. Nun ist's aber höchste Zeit! Ein Schauer rinnt mir über die Schultern. Kaum aber halt ich die Büchse an die Wange, da hab ich meine Ruhe wieder gefunden, und fest wie Schrauben schließen sich meine Hände um Schaft und Rohr. Ein paar Sekunden brauche ich, um vor einem weiß durch die Dämmerung leuchtenden Steine die richtige Stellung des Visiers zu fassen. Dann fahr ich langsam auf. Nun sitz ich mittendrin im roten ›Blatt‹ des Hirsches, der wannenbreit vor der Büchse steht. Und da bricht der Schuß.

Dumpfhallend rollt das Echo über den Bergwald, während ich durch den verwehenden Pulverdampf den Hirsch mit langen, prächtig anzuschauenden Fluchten die Höhe gewinnen sah. Dort oben hielt er plötzlich inne, drehte das Haupt nach allen Seiten und verschwand dann langsam hinter dem Hügel. Was war das nun für ein ›Zeichen‹? Es konnte das beste sein, aber auch das schlimmste. Entweder saß ihm die Kugel in der ›Kammer‹ – oder der Hirsch war ›wurzweg‹ gefehlt. Das letztere konnt ich nicht glauben. Der Schuß hätte mir besser und ruhiger nicht brechen können. Das sagte ich mir ein um das andere Mal vor, und dennoch stieg mir die Erregung heiß unter die Haare, während ich mein Zeug von der Erde raffte. Ein paar Minuten – und ich hatte mich durch den Storren- und Kräuterwust bis zum Schußplatz durchgekämpft.

Der tiefe ›Fluchtriß‹ in dem moosigen Grund bezeichnete die Stelle. Nach Schnitthaaren zu suchen, wäre bei der herrschenden Dämmerung vergebliche Mühe gewesen. Doch wenige Schritte nur brauchte ich der Fährte zu folgen, da fand ich schon den ersten Schweiß. Wie auf dem Präsentierteller bot er sich meinen suchenden Blicken, lag in großen Flocken auf einer weißen Felsplatte. Ich bückte mich und fand ihn durchsetzt mit schaumigen Bläschen. Ein Lungenschuß also, ein Schuß, mit dem der Hirsch gewiß keine hundert Gänge weit gekommen war. In Hast überstieg ich den Rücken des Hügels – und da flog mein Hut in die Höhe, während ich einen Jubelschrei in die dämmerigen Lüfte schickte. Kaum zwanzig Schritte vor meinen Füßen lag der kapitale Herr verendet im dunklen Kraut. Und welch ein Geweih! Die Zwölferstangen weit gespannt, von lichtem Braun und übersät mit dicken Perlen.

Während ich vor dem Hirsch kniete, um die ›Granen‹ aus seinem Äser zu schneiden, kam der Jagdgehilfe, den mein Schuß aus der Hütte gerufen. Und an mein Weidwerk schloß sich nun das Handwerk des Jägers. Bis der Hirsch aufgebrochen, ins nahe Dickicht geschleift und mit Fichtenzweigen überdeckt war, hatte sich die Dämmerung zur Nacht gewandelt.

Eintrag ins Jagdbuch vom 19. September 1897

Heute auf der Morgenpirsche
Sah ich vier geweihte Hirsche:
Einen Sechser, einen Zehner
Und zwei Spießer, einer schöner
Als der andre! Sieben Tiere
Waren auch noch im Reviere,
Fünfe an der Zahl die Kälber –
(Doch das fünfte war ich selber!)
Denn bei schlechtem Wind, vernehmt! –
Hab den Zehner ich vergrämt!

Auf zwölf Gemsen in den Schroffen
Bin verkehrt ich angeloffen.
Als ich dann in schweren Nöten
Hab' den Heimweg angetreten,
Sprang mir, nach dem Kathbachsteg
Noch ein Gemsbock übern Weg.

Meine Kugel ist geflogen,
Doch der Bock ist fortgezogen,
Und zum Abschied, von den Riffen,
Hat er mir noch was gepfiffen.

Hundemüd nach all dem G'frett
Kam ich heim und stieg ins Bett,
Wo ich allen Gram und Kummer
Bald vergaß in sanftem Schlummer.

Hirschbrunft

Er war kein Jäger, mein Freund, aber was ich ihm so ab und zu von dem schönen Leben zwischen Wald und Felsen erzählte, machte ihn lüstern, und da war es einer seiner Lieblingswünsche, einmal einen Hirsch im Bergwald ›schreien‹ zu hören. Nun traf es sich gut, daß er mich gerade während der ersten Oktoberwoche in meinem stillen Bergsitz besuchte. Seit acht Tagen schon war droben die Brunft im Gang, und die Hirsche schrien allnächtlich mit orgelnden Stimmen. Es war einer der klaren, lauen, leuchtenden, von bläulichem Duft erfüllten Oktobertage, wie sie der Herbst nur in den Bergen spendet. Einige Stunden nach Mittag schickten wir uns zum Aufstieg an; den Träger mit Zeug und Proviant hatten wir bereits am Morgen vorausgeschickt zur Hütte, damit wir uns bei ungestörtem Plaudern und Schauen des herrlichen Weges freuen konnten. Auf schmalem Pfad ging es empor durch steilen Laubwald, der vielfach mit Fichten und Lärchen untermischt und an manchen Stellen von schroffen, moosbehangenen Felswänden durchrissen war. Auf halbem Wege, unter einer mächtigen Buche, streckten wir uns zu kurzer Ruhe in das raschelnde Laub, das handhoch schon die Erde bedeckte.

Unter uns in dem von duftübersponnenen Bergen umschlossenen Tal lag schon der Schatten; hier oben aber schien noch die Nachmittagssonne warm und golden durch das Laubwerk, in dem der sachte Wind sein Flüstern und Wispern trieb. Zu keiner Zeit, vielleicht nur eine mondhelle Winternacht ausgenommen, ist der Bergwald so zaubervoll schön wie im Herbst. Da gibt es in der Welt keine Farbe, die er nicht zeigt, sei es an seinen hundertfältigen Moosen und Flechten oder an seinen hundertfarbigen Steinen, sei es an seinen welkenden Blumen oder an seinen gereiften und reifenden Beeren, sei es an den knorrigen Rinden und immergrünen Nadeln seiner Fichten und Föhren oder sei es an den weiß und grau erglänzenden Stämmen seiner Buchen und Ahorne, deren Blätterfarbe von dem lang bewahrten Grün hinüberspielt in brennendes Gelb und in das tiefste Rot. Und mit der einzigen Farbe, die dem Bergwald mangelt, mit dem lichten, lachenden Blau, überdacht der klare, wolkenreine Himmel das zahllose Volk seiner Bäume und Steine. Freilich ist das eine Herrlichkeit, die auf zitternden Füßen steht. Eine einzige Nacht – und dichte Wolken wallen um alle Gipfel und greifen mit ihren gaukelnden Nebelarmen nieder über Wald und Wände. Schwere Regenschauer verfinstern die Luft und zeugen rauschende Wasser-

stürze in jeder Schlucht und Rinne. Mit gigantischer Wildheit braust der kalte Herbststurm über die Berge, in gelben Wolken wirbeln die welken Blätter durch die Lüfte, von den Dächern der verlassenen Sennhütten fliegen die grauen Schindeln, mit Krachen stürzen die Fichten, und durch den weiten Bergwald geht ein dumpfes Stöhnen, als seufze die sterbende Natur aus dem Ächzen der geschüttelten Bäume.

Wir aber saßen noch in goldigem Sonnenschein und lugten mit nimmersatten Augen in die noch währende Pracht.

»Wie schön, wie wunderschön!« staunte mein Freund und dehnte sich behaglich in der lauen Sonne.

»Ja, warte nur, morgen um Tagesgrauen wirst du zittern und schnattern vor Kälte und wirst vielleicht sagen: ›Pfui, wie ungemütlich!‹ Wir steigen nicht nur der Höhe, wir steigen auch dem Winter entgegen.«

Als der vom Tal emporschleichende Schatten uns überholen wollte, machten wir uns wieder auf die Füße. Kaum waren wir eine Strecke weit gegangen, da hob mein Freund mit Lauschen den Kopf – er hatte ein durch die Ferne gedämpftes, langgezogenes Brüllen vernommen.

Aquarell von L. Ganghofer aus dem Jagdbuch

»War das ein Hirsch?«

»Ein Hirsch?« Ich lachte. »Wenn du nichts dagegen hast, so war das eine Kuh, die irgendwo auf dem jenseitigen Berghang weidet. Und wenn du die Ohren ein wenig spitzen willst, so kannst du auch ganz leise noch ihre Glocke hören.«

Er stellte sich etwas beschämt, wollte aber nun wissen, wie denn der Schrei eines Hirsches eigentlich klänge. Ich schaute zur Seite, damit mein Schmunzeln mich nicht verriete, ahmte das Meckern eines an Heiserkeit leidenden Ziegenbocks nach und erklärte, so ähnlich, nur ein bißchen anders wäre der Schrei eines Brunfthirsches wohl anzuhören.

»Merkwürdig!« meinte er. »Und da scheint mir, daß Hieronymus Lorm auch niemals einen Hirsch hat schreien hören, sonst hätte er dieses nicht sehr poetische Gekrächze schwerlich zum Vergleich für die lechzende Sehnsucht genommen:

›Ich rufe wie die Wachtel im Getreid,
Ich schreie, wie der Hirsch nach Wasser schreit.‹«

»Da magst du wohl recht haben. Übrigens, der Vergleich hinkt auch noch auf einem anderen Fuße. Die Hirsche schreien nicht nach Wasser. Es läßt der Hirsch seine Stimme alljährlich nur durch einige Tage hören, nur in der Brunftzeit, wenn ihm ›das Herz in Liebe schlägt‹. Nach Wasser braucht er nicht zu schreien, denn wenn er auch weder Teich noch Quelle findet, er löscht seinen Durst beim Äsen des taunassen Grases.«

So plauderten wir im Steigen weiter, wobei uns allmählich die Dämmerung des kühlen Abends überfiel. Nahe der Jagdhütte hatten wir die Höhe einer sanft abfallenden Lichtung zu passieren. Ein geringer Sechserhirsch, der aus dem Dickicht getreten sein mußte, an dem wir vorüber sollten, zog vertraut über den mit dürren Storren und welkendem Kräuterwerk bedeckten Schlag dem tieferen Grunde zu. Um den harmlosen Schneider nicht zu vergrämen, drückten wir uns am Saum der Dickung hinter ein Fichtenbüschlein. Da plötzlich tönte kaum zwanzig Schritte hinter uns der tiefe, rauhe, weithin hallende Brunftschrei eines starken Hirsches. Mir schlug das Herz; aber trotz aller Jagdlust, die mich packte, schielte ich nach dem Gesicht meines Freundes, der erblaßte und erschrocken aufgesprungen war, als hätte er dicht hinter seinem Nacken das Gebrüll eines hungrigen Löwen vernommen. Aber auch noch ein anderer war erschrocken, der Schneider auf der Lichtung drunten. Der mochte wohl mit dem bösen Herrn im Dickicht schon unbehagliche Bekanntschaft gemacht haben, denn in scheuer Flucht, daß unter ihm die dürren Äste krachten, segelte er dem dunklen Walde zu. Der andere im Dickicht schien das Brechen der Äste richtig zu deuten; es rauschten hinter uns die Büsche, und da stand er nun, kaum einige Bergstocklängen vor uns, frei auf dem Steige – ein prachtvoller Anblick. Fast schwarz erschien im bereits vollendeten Winterkleide der mächtige Körper mit dem dicken, zottig behaarten Brunfthals. Weiße Schaumflocken am Äser, das Haupt mit den vor Leidenschaft funkelnden Lichtern windend vorgestreckt und das Geweih, dessen gefegte Enden trotz der Dämmerung gleich weißem Silber blinkten, gegen den Nacken drückend, so stand er vor uns in seinem Stolze, in seiner Kraft und Wildheit. Allerdings genossen wir diesen Anblick nur wenige Sekunden; auf eine unvorsichtige Bewegung meines Begleiters stutzte der Hirsch, und da schlug er auch schon um wie der Wind und verschwand im schützenden Dickicht, ohne daß es mir gelang, einen Schuß anzubringen.

Mit großen Augen schaute mein Freund mich an und meinte kleinlaut: »Du, mir scheint, du hast mich aufsitzen lassen? Mit deinem Gemecker?«

»Ja, scheint mir auch!« brummte ich ärgerlich. »Aber derjenige, der am meisten dabei aufgesessen ist, bin ich. Hätt' ich dich richtig vorbereitet, so wärst du ruhig an meiner Seite geblieben, wärst nicht erschrocken aufgesprungen und hättest dich nicht als wackelnde Kugelwehr zwischen den Hirsch und meine Büchse gestellt. So geht's mit der Bosheit. Ich habe den Schaden davon und du den Schrecken.«

»Schrecken? Das heißt . . .«

»Laß nur gut sein, du brauchst dich nicht zu schämen, denn vor dem ›Hirschfieber‹ ist der älteste Jäger nicht sicher.«

»In der Tat, so ein schwarzer Bursch hat etwas an sich, was einem das Herz klopfen macht. Wenn den die Lust angewandelt hätte, mit seinem Geweih ein klein wenig nach uns zu stochern . . .«

»So gefährlich ist die Sache nicht. Die Berghirsche sind scheu, auch in der Brunftzeit, und ich weiß mich keines Falles zu erinnern, daß ein gesunder Berghirsch, wie es von brunftigen Parkhirschen häufig erzählt wird, einen Menschen ›angenommen‹ hätte. Etwas anderes ist es mit einem angeschossenen oder mit einem bei der Treibjagd in die Enge getriebenen Hirsch. Von solch einem verzweifelten oder vor Schmerz rasenden Tier ist manch ein Treiber und Jäger schon übel zugerichtet oder gar zu Tod ›geforkelt‹ worden.«

»Und das soll ein Vergnügen sein? Ich danke für solche Jagd.«

Ich lachte. »Spür' es nur einmal selbst, wie dir in Freude das

Herz schlägt, wenn der geweihte Recke im Feuer stürzt und wenn du mitten im Zauber der Natur als Herr und Meister stehst! Dann wirst du anders reden.«

Wir hatten die Jagdhütte erreicht und streckten uns nach einem bescheidenen Abendbrot und einer behaglich verplauderten Stunde aufs duftende Heu zur Ruhe – allerdings zu einer recht zweifelhaften Ruhe. Meinen Freund ließen das ungewohnte Lager und die herbstliche Kälte der Nacht nicht schlafen. Mich aber hielten die Hirsche wach, die es toll trieben die ganze Nacht und bald das träge ›Grohnen‹ und ›Trenzen‹, bald den vollen, gedehnten Orgelton, bald wieder den kurzen, rauh tönenden Kampfschrei vernehmen ließen. Immer wieder erhob ich mich, lauschte und spähte hinaus in das Dunkel, und wenn ich einen Hirsch ganz in der Nähe der Hütte schreien hörte oder im matten Sternschein einen Schatten huschen sah, dachte ich mit stillem Neide jener Glückspilze, die schon manch einen schreienden Hirsch bei hellem Mondschein vom Hüttenfenster aus geschossen. Daneben quälte mich die Sorge, daß die Hirsche, da sie fast die ganze Nacht hindurch munter waren, am Morgen desto schlechter ›melden‹ würden. Diese Ahnung bestätigte sich leider. Als wir um die fünfte Morgenstunde aus der Hütte traten, war weit und breit nicht der leiseste Grohner zu vernehmen. Verwundert schüttelte der Jäger den Kopf: »Was sagst jetzt da dazu? Heut nacht wie narrisch! Und jetzt kein Laut! Wann die Teufeln mit eim solchenen Morgen nimmer z'frieden sind, nacher weiß ich bald nimmer was!«

Das war auch wirklich ein Brunftmorgen, wie ihn die Hirsche und auch die Jäger schöner nicht hätten wünschen können. Kein Wölklein am Himmel, an dem die Sterne noch glänzten mit falbem Schein, indessen die östliche Ferne sich schon zu lichten begann. Auf Gras und Büschen der weiße Reif. Eine Kälte, daß der Atem gerann, und dazu ein Wind, der schnurgerad von den mattschimmernden Felswänden niederzog über den Wald. Und dennoch kein Laut in der weiten Runde.

So alt und erfahren die Jägerei auch ist, so hat sie hinter manche Dinge doch nur ein Fragezeichen zu machen. Zahllose Hypothesen sind schon über die Ursachen aufgestellt worden, die eine mehr oder minder lebhafte Brunft veranlassen. Aber jede dieser Hypothesen paßt nur immer für gewisse Verhältnisse, keine klappt für alle Fälle. Natürlich ist es, daß die Brunft um so lebhafter sein wird, je größer der Stand an Hirschen ist. Da gibt ihnen schon die Eifersucht eine fleißige Kehle. Auch trifft es allgemein zu, daß die Brunft sich besonders lustig und energisch in jenen Gegenden gestaltet, in denen die Hirsche stärkere Geweihe tragen und ein milder Winter und schönes Frühjahr mit reichlicher Äsung eine kräftige Entwicklung des Wildes begünstigten. Weshalb aber bei gleichem Wildstand und gleichen klimatischen Voraussetzungen der eine Herbst eine frische Brunft, der andere eine träge bringt? Weshalb die Hirsche oft durch mehrere Tage unermüdlich orgeln, um dann plötzlich zu verstummen? Weshalb sie das eine Mal lieber bei Nacht, das andere Mal lieber am hellen Tag, das eine Mal lieber bei lauer Witterung, das andere Mal lieber bei scharfem Frost und frühem Schneefall schreien? Darüber sind die Gelehrten unter den Jägern noch immer nicht einig. Die Liebe bleibt eben unter allen Umständen eine wunderliche Sache, und auch das Herz der Tiere ist ein kapriziöses Ding.

Das alles plauderte ich mit leisen Worten meinem Freunde vor, während wir achtsam dem talwärts führenden Steige folgten. Gleich vor der Jagdhütte hatte der Jäger sich von uns getrennt, um bergwärts zu steigen und den Einzug des Wildbrets auf einer großen, steilen Almlichtung zu beobachten. Mich aber reizte der Versuch, ob es mir nicht gelingen möchte, noch einmal mit jenem schwarzen Herrn aus dem Dickicht aneinander zu geraten. In weitem Bogen umgingen wir den Schlag, und ungefähr an jener Stelle, an der das Sechserhirschlein im tieferen Gehölz verschwunden war, kamen wir aus dem Wald. Über dem Schlage lag das schwache Grauen des nahenden Morgens, und schon auf den ersten Blick gewahrte ich inmitten der Rodung den Hirsch, freilich nur als schwarzen Schatten mit trüben Umrissen. Er hatte drei Stück Wildbret bei sich, die er langsam umkreiste und immer mehr gegen die Dickung emportrieb. Er schien die Gefahr zu ahnen, die ihm mit dem steigenden Lichte drohte, und suchte seinen Harem und sich selbst in Sicherheit zu bringen. Ich schaute mir fast die Augen aus dem Kopf, aber bei der tiefen Dämmerung war es unmöglich, richtig und sicher zu visieren. Ich mußte zu meinem Ärger den Hirsch ziehen lassen ohne Schuß.

Zwischen moosigen Steinblöcken richteten wir uns häuslich ein. Das Verschwinden des Hirsches nahm mir noch immer nicht alle Hoffnung. Trotz ihres zottigen Winterkleides spüren auch die Hirsche die Kälte der Nacht, und da ziehen sie nicht ungern ein zweites Mal aus, wenn die warme Morgensonne den Reif von den Kräutern schmilzt. Es konnte ja auch sonst der Zufall einen ›suchenden‹ Hirsch des Weges führen. Auch der König der Bergwälder folgt nach Schillerschem Rezepte ›ihren Spuren‹, wenn auch nicht ›errötend‹. Von Beginn der Brunftzeit ist das ›ein ewiges Suchen und Wandern‹ bei allen schwä-

cheren Hirschen, besonders bei denen, die der tyrannische ›Platzhirsch‹ vom Rudel abgekämpft hat. Dieses Wandern der Hirsche beginnt in den Bergen gegen Ende September. ›Um Ägidi‹, 1. September, sagt wohl ein alter Jägerspruch, ›tritt der edle Hirsch in die Brunft‹, und die sittsam erzogenen Parkhirsche mögen auch diesem Spruch folgen; der freie Berghirsch hört aber mehr auf die Stimme der Natur als auf die Mahnung des alten Jägerkalenders. Dann aber sind sie unermüdlich, die verliebten Herren, dann wandern sie bergaus und bergein, am gleichen Tag oft zwei und drei aneinanderstoßende Reviere kreuzend, bis sie finden, ›was ihr Herz begehrt‹.

Geduldig saßen wir. Es kam der Morgen mit seinem fahlen Himmel und seinen aus dem schmelzenden Reif erdampfenden Nebeln, die sich langsam aufwärts kräuselten in die Luft und wieder in nichts zerrannen. Es stieg das leuchtende Gestirn empor über die Berge und goß ein lauteres Gold über Wald und Rodung. Die wenigen Vögel, die mit dem Herbst in dieser Höhe noch ausgeharrt hatten, wurden munter, flatterten pfeifend über die kahlen Steine und sträubten das Gefieder. Ich hatte fleißig zu tun mit Augen und Ohren, und der Jagdeifer hielt mich warm. Mein Freund aber, der meiner Prophezeiung gemäß die Sache längst schon ›ungemütlich‹ fand, klapperte in dem frostigen Schatten, darin wir saßen, zu seiner einzigen Unterhaltung leise mit den Zähnen. Stunde um Stunde verrann, keiner der ersehnten Wanderer ließ sich blicken, und auch der ›schwarze Bursche‹ erschien nicht wieder. Der hatte sich irgendwo im Dickicht zur Ruhe getan und ließ nur ab und zu ein schläfriges Trenzen hören, bis er endlich ganz verstummte. Gegen elf Uhr – sechs Stunden hatten wir ausgehalten – erlöste ich meinen Freund aus seinem Klappern und Frösteln, um ihn der geheizten Jagdstube und der warmen Suppe zuzuführen. Bei der Ankunft in der Jagdhütte erhielt ich für meine schöne Geduldprobe einen bitteren Lohn, denn der Jäger empfing mich mit den Worten: »Aber na! Grad heut müssen S' da nunter tappen! Bei mir wann S' gewesen wären, da hätten S' an Prügelhirsch derschossen! Am hellen Morgen is er noch draußen gstanden mitten auf den Almlichten! Und a Zwölfergweih hat er droben ghabt, grad a Staat und a Pracht!«

Natürlich! Ein lyrischer Pessimist der Weidmannsgilde könnte singen: ›Dort, wo du nicht bist, dort ist der Hirsch!‹ Aber die Worte des Jägers gaben mir doch gute Hoffnung für die Abendpirsch.

Um drei Uhr machten wir uns auf den Weg, da wir anderthalb Stunden zu steigen hatten, um die Alm zu erreichen. Die hohen, von gelbem Sonnenlicht umflammten Felsenhäupter warfen bereits ihre Schatten über den Bergwald, und es frischte schon in der Luft, so daß ein kalter Wind zu erwarten war. Auf einem kleinen Wiesenflecke stand ein Schmalreh sorglos und vertraut, wie wenn es wüßte, daß es von uns keine Gefahr zu fürchten hatte. Durch das braune Heidelbeerfeld, an dem wir vorüberkamen, glitt unsichtbar eine Auerhenne mit näselndem ›Gnäk, gnäk‹, und hoch über den Almen, auf einem leicht beschneiten Grate, rodelte und grugelte ein Spielhahn so lustig, als wäre Mai und Balzzeit in den Bergen.

Und jetzt – dieser Ton, der für einen Augenblick die Hände zittern und das Blut in den Adern sieden machte! Das war der Hirsch. Wir hörten ihn schon und waren noch über eine halbe Stunde von der Alm entfernt. Der Kerl hatte eine ›Lauten‹, so dumpf und grollend, als käme sie aus einem Kanonenrohr. Vom linksseitigen Berghang antwortete ihm mit schwächerer Stimme ein zweiter Hirsch, der aber bald wieder verstummte. Nach einem beschleunigten Marsche, währenddessen das Kanonenrohr dort oben immer fleißig weiterbrummte, erreichten wir den unteren Saum der großen Almlichtung. Mitten in dem steilen Grasgehänge stand auf einem kleinen vorspringenden Plateau die schon seit Wochen verlassene Sennhütte, die uns einen guten Stand geboten hätte, da von ihr aus das ganze Almfeld zu beschießen war. Doch es schien nicht mehr rätlich, über den ungedeckten Hang zur Hütte emporzusteigen, da der Hirsch in dem schütteren Lärchenwalde schrie, der die Höhe des Almfeldes begrenzte. Auch war der Wind noch nicht besonders gut; er zog wohl schon im Schatten abwärts, schlug aber doch manchmal noch in rechts und links ausweichenden Halbwind um. So setzten wir uns, um nichts zu verderben, am Waldsaum einer breitästigen Fichte zu Füßen und deckten uns mit vorgesteckten Zweigen.

Der tiefe Baß, der da droben fleißig übte, hatte auch meinen Freund in Aufregung gebracht, und nach seiner Meinung hätte ich stracks die Büchse spannen und kerzengerade dem orgelnden Herrn entgegensteigen müssen. Er wollte nicht glauben, daß der Hirsch so unliebenswürdig wäre, nicht so lange standzuhalten, bis ich ihm aus aller Nähe die Kugel aufs Blatt gebrannt. Es mag wohl häufig und ohne besondere Mühe gelingen, einen schreienden Hirsch, der des Morgens einsam zu Holze zieht, bei gutem Wind auf Schußweite anzupirschen. Hat aber der Hirsch ein paar Stück Wildbret in seinem Gefolge, so ist er sicher vor dem Nahen des Jägers. Die braunen Damen sind zu aller Zeit gar fleißig mit ›Äugen‹ und ›Winden‹, besonders aber während der Brunft; da steigert sich ihre Wachsamkeit auf das doppelte Maß, und sie scheinen genau zu wissen, daß nur in ihrer Hut das Heil und Leben ihres Herrn und Gatten steht, den Leidenschaft und Eifersucht trunken und sorglos machen, blind und taub für alle Gefahr. Es stimmt schon, wenn die Leute in den Bergen singen:

›Bei die Buben, bei die Madln,
Bei die Viecherln im Wald –
Die Lieb, die hat allweil
Den nämlichen Gwalt.‹

Eine Stunde verfloß. Die Strahlenkronen, welche die sinkende Sonne um die Gipfel der Berge spann, erloschen allmählich. Ein grauer, kalter Schatten deckte alles Gehänge, immer schärfer und frostiger wurde der Wind, und aus den feuchten Schluchten stiegen dünne Nebel, die sich in langen Streifen schlangenartig durch die Wipfel der Bäume wanden. Überall herrschte lautlose Stille, die nur manchmal durch den grellen Ruf des Baumläufers unterbrochen wurde.

Gegen sechs Uhr hatte der Hirsch sein Schreien eingestellt. Mein Freund hatte dazu ein langes Gesicht geschnitten. Ich und der Jäger aber, wir hatten uns schmunzelnd angeblickt. Wir kannten dies Verstummen als ein Zeichen, daß nun das Wildbret schon im Auszug begriffen wäre. Es dauerte auch kaum eine Viertelstunde, bis in der Höhe zwischen den Lärchenbüschen der sichernde Kopf eines Tieres erschien. Zwei Kälberstücke mit ihren Sprößlingen traten aus dem Holz, und während die beiden Mütter sich voreinander hinpflanzten, als hätten sie geheimen Klatsch zu halten, trollten die Kälber mit lustigen Sprüngen auf und nieder über den steilen Hang und rings um die Sennhütte, mit ein paar gesunden Kindern vergleichbar, die den ganzen Tag in der Stube gefangen waren und nun am Abend für ein Erholungsstündlein ausgelassen wurden. Zwei Schmaltiere folgten, zu denen sich ein harmloser Spießer gesellte. Wieder kam eine kleine Familie, dann machten ein paar einzelne Stücke den Schluß. Langsam äsend zerstreute sich das Rudel über den Almhang.

In Erregung spähten wir zur Höhe hinauf. Ruhig schlossen sich meine Hände um die Büchse, an den Schläfen aber hämmerte mir das Blut. Und da kam er nun – durch einen tiefen Grohner meldete er sich an, kreisend schwirrte ein Tannenhäher aus den Lärchenwipfeln, Äste knackten – jetzt sahen wir ihn zwischen den untersten Bäumen stehen, vom dunklen Abendschatten des Waldes überschleiert. Eine kurze Weile zögerte er noch, dann zog er majestätischen Ganges einem vorspringenden Grashügel zu. In scharfen Umrissen hob sich sein wuchtiger Körper mit dem herrlichen Kronengeweih vom fahlgelben Himmel ab. Langsam streckte er das Haupt, daß der zottige Hals sich blähte. Und während ihm der heiße Atem vom Äser rauchte, hallte sein dumpfer, langgezogener Orgelton in die Lüfte.

War das ein Echo? Nein! Uns zur Linken, tief im Walde, meldet jener Hirsch, dessen Stimme wir schon einmal vernommen. Stutzend hebt der Platzhirsch das Haupt, antwortet mit zornigem Schrei, und zwischen ihm und jenem anderen entwickelt sich nun Ruf und Antwort ohne Ende. Dabei umkreist der Platzhirsch unablässig sein Rudel, immer enger treibt er es auf einen Knäuel zusammen, und wenn ein Stücklein ausbricht, holt er es mit wilden Sprüngen ein. Bei dieser Unruh aber, bei diesem Hin und Her bleibt er zu meinem Kummer immer weit außer Schußbereich.

»Halten S' Ihnen nur stad«, tröstet der Jäger, »bald der ander Hirsch auf d' Almlichten einischreit, nacher macht der Zwölfer schon amal an Rumpler gegen uns.«

In heißer Erregung lauschte ich nun dem Walde zu, und immer höher schlägt mir das Herz, je näher der Brunftschrei des ziehenden Hirsches tönt. Jetzt sehen wir ihn aus dem Walde treten, etwa dreihundert Schritte von uns entfernt; es ist ein starker Achterhirsch, und er scheint ein mutiger Bursch zu sein; heiß mag die Liebessehnsucht in seinem Blute brennen, denn Schritt um Schritt steigt er der Höhe zu, und Schrei um Schrei schickt er in die sinkende Dämmerung. Eines der Schmaltiere zieht ihm neugierig entgegen. Die Flatterhaftigkeit dieser jungen Schönen scheint den Platzhirsch in wilden Grimm zu bringen. Er läßt einen kurzen, heiser brüllenden Schrei vernehmen. Dann senkt er das Haupt, bohrt die Enden seines Geweihes in die Erde, reißt den Rasen auf und schleudert ihn in Stücken auseinander. Ein doppelter Schrei, und zornmutig stürzen die beiden Kämpen einander entgegen. Regungslos steht ihnen das Rudel zur Seite. Stücke und Kälber halten die Lauscher erhoben, halten die Lichter nach den Kämpfern gerichtet, deren Geweihe im Streite klirren wie helle Schwertschläge.

Es wird in solchen Oktobertagen zwischen Wald und Felsen manch ein heißer Kampf in Nacht und Dämmerung ausgefochten. Zuweilen geschieht es, daß die wilden Streiter im Kampfe die Geweihe unlösbar ineinander verflechten und in solcher Umkettung einem elenden Tode sich entgegenquälen. Häufig erliegt ein schwächerer Hirsch den tödlichen Forkelstößen des stärkeren Gegners. Und machmal entspinnt sich der Kampf an abschüssigen Stellen. Dann weicht unter einem der Kämpfer jäh die Erde und das Gestein, in einer Staub- und Sandlawine rollt der Stürzende über das steile Gefäll, liegt zerschmettert in der Tiefe, und wenn nicht das nachsinkende Erdreich über ihn einen schützenden Grabhügel deckt, so umschleichen ihn zur Nacht die hungernden Füchse, und am Tage kehren die scharfgeschnäbelten Bergraben und der schwingstarke Adler auf seiner Leiche zu Gast.

So tragisch sollte nun allerdings der Kampf nicht enden, dessen Zeugen wir waren. Der Achter schien beizeiten die Übermacht seines Gegners zu spüren, und so spielte er den Klügeren, der bekanntlich nachgibt. Mit jähem Ruck befreite er sein Geweih, fuhr zur Seite, kam wie der ›leibhaftige Teufel‹ über die Almlichtung niedergeflogen und prasselte kaum zwanzig Schritte neben uns ins Tannendickicht. Der siegreiche Platzhirsch schlug mit den Läufen die Erde, schüttelte das Geweih und orgelte dem Fliehenden zornig nach.

»Gut, gut!« flüsterte der Jäger an meiner Seite. »Jetzt is er fest in der Hitz. Passen S' auf, jetzt kriegt er den Schnecken! Und richten S' Ihnen nur gleich zamm mit der Büchs, jetzt

kann's pressieren, und über a paar Minuten wird's aus sein mit der Schußlichten.«

Hastig zog er aus seinem Rucksack den ›Schnecken‹ hervor, jene große, auch unter dem Namen Kinkhorn bekannte Seemuschel, schielte flüchtig noch zu mir herüber, ob ich fertig wäre, und ahmte dann, in die hohle Muschel rufend, täuschend den Brunftschrei des schwächeren Hirsches nach. Der Platzhirsch, der schon als stolzer Sieger zum Rudel zurückkehren wollte, hob zornig das Haupt und ließ einen dumpfen Grohner hören. Der Jäger antwortete. Und da stürzte der eifersüchtige Recke in langen Sätzen niederwärts, um den vermeintlichen Gegner vollends aus dem Feld zu schlagen. Auf etwa achtzig Schritt vor meiner Büchse stutzte er plötzlich. Seit einer halben Stunde hatte sich der Himmel mit Nebeln zu überziehen begonnen, und schon seit einigen Minuten fackelte der Wind hin und her – da mochte der zornmütige Herr trotz aller Streitlust und Eifersucht von unserer gefährlichen Nähe einen ›Schmecker‹ bekommen haben. Ich aber ließ ihm nicht Zeit, über diese verfängliche Entdeckung länger nachzudenken. Eine leichte Wendung nur wartete ich ab, bis er mir die Breitseite bot. Dann krachte mein Schuß. In wilden Fluchten sah ich den Hirsch schräg abwärts in die Büsche stieben, droben auf dem Almfeld fuhr das Rudel nach allen Seiten auseinander, wie leichter Donner rollte noch das Echo meines Schusses über die dunklen Felswände hin – und lautlose Stille lag über dem weiten Bergwald.

Als ich mich erhob, überfiel mich, glücklicherweise nach dem Schusse, das richtige Hirschfieber, und meine Hände zitterten, daß ich kaum die Patrone zu wechseln vermochte.

»Gut oder schlecht? Jetzt kann's sein, wie's mag!« brummte der Jäger. »Wie sind S' denn abkommen?«

»Nicht übel, schön kurz am Blatt.«

»Na also, wenn er an guten Schuß hat, kann's so weit net fehlen. Ob er auf'n Schuß a Zeichen gmacht hat, hab ich net sehen können, weil mir der Wind den Pulverdampf in d' Augen trieben hat. Aber jetzt is allweil nix mehr z'machen, jetzt müssen wir ihm schon a Ruh lassen und müssen uns vertrösten bis auf morgen in der Fruh. A paar Vaterunser lang, und d' Nacht is da.«

Gegen diese richtige Meinung war nichts einzuwenden. Lautlos pirschte ich am Waldrand entlang und ›verbrach‹ an einem niederen Fichtenstämmchen die Stelle, wo der Hirsch das Dickicht gewonnen hatte. Dann traten wir den Heimweg an. Langsam stiegen wir talabwärts durch den finsteren Wald, und als ich meinen Freund, der schweigend an meiner Seite ging, nach einer Weile fragte, wie denn der verflossene Abend mit seinen Ereignissen auf ihn gewirkt hätte, atmete er tief auf und sagte, daß er durch das herrliche, spannungsvolle Schauspiel dieses Abends zu einem verständnisvollen Freunde der Jagd bekehrt wäre, der wohl mit der Zeit ein tüchtiger Jäger werden möchte.

Dieses Geständnis machte mir Freude; trotz dieser Freude aber wurde mir, je näher wir der Hütte kamen, immer beklommener ums Jägerherz. Immer dichter überzog sich der Himmel mit Wolken, und ich fürchtete, daß die Nacht nicht ohne Regen vorübergehen würde. Die Regennässe mußte Fährte und Schweiß verwischen, und dann war es, wenn der Hirsch nicht schon nach kurzer Flucht zusammengebrochen, um die Nachsuche übel bestellt. Und meine Befürchtung wurde zu trüber Wahrheit. Während wir noch beim Nachtmahl um den kleinen Tisch saßen, klatschte schon der Regen über das Schindeldach der Hütte. In Bangen und Sorgen verbrachte ich die schlaflose Nacht, und es vermochte mich wenig zu trösten, als gegen die zweite Morgenstunde der Regen zu versiegen schien. Unruhig wälzte ich mich hin und her, während mein Freund zu meiner Rechten den bleiernen Schlaf des Müden schlief und mir zur Linken der im Heu vergrabene Jäger schnarchte wie ein Murmeltier.

Als wir bei grauendem Morgen aus der Hütte traten, machten wir große Augen. Weiß, alles weiß, die Berge, der Wald und die Almen, weiß von frischgefallenem Schnee. Und noch immer wirbelten die Flocken aus der grauen Höhe. Meinem Freunde gefiel das weiße Schimmerkleid, in das sich die Berge über Nacht gehüllt hatten; mir aber wollte diese frische Unschuld durchaus nicht behagen, ich dachte an meinen Hirsch und schaute fragend den Jäger an.

Der zuckte die Achseln: »Au weh zwick! Jetzt kann's aber spucken.« Und dabei blickte er sorglich auf den braunen Schweißhund nieder, der uns in großen Sätzen umsprang, als wüßte er schon, daß es an die Arbeit ginge.

Wir brauchten in dem zähen klebrigen Schnee zwei volle Stunden, bis wir die Alm erreichten. Auf dem hoch überschneiten Schußplatz nach Schweiß oder Schnitthaaren zu suchen, wäre vergebene Mühe gewesen. So eilte ich in brennender Ungeduld meinen zwei Begleitern weit voraus, jenem Fichtenbäumchen zu, an dem ich die Fluchtfährte verbrochen hatte. Da lachte mir das Herz vor Freude – mochte nun meinethalben die Fährte verregnet und hoch überschneit sein – der Hirsch hatte einen verläßlichen Schuß. Das sagte mir der helle Schweiß, mit dem die übereinanderhängenden Zweige

Aus dem Jagdbuch; gemalt von L. Ganghofer

bespritzt waren, und zwar so reichlich, daß ihn alle Nässe nicht hatte verlöschen können. Ich winkte meinen Freund und den Jäger herbei und ließ den Hund an die Leine, der den Schweiß begierig anfiel, und ließ mich von ihm ins Dickicht ziehen. In einem Bogen ging es talabwärts, wohl hundertundfünfzig Schritte durch den dichten Bestand und noch dreihundert Schritte durch den Hochwald. Dann lag er vor uns, der Herrliche, zu Füßen einer riesigen Fichte, nicht wie verendet, sondern wie in sorgloser Ruhe. Nur die Läufe waren ein wenig überschneit. Und leicht zur Seite lag das braune, reichgeperlte Prachtgeweih. Er hatte die Kugel mitten auf dem Blatt sitzen, ein Schuß, mit dem er zu anderer Zeit keine fünfzig Gänge weit gekommen wäre. Nur die zähe, gesteigerte Lebenskraft, die den Hirsch während der Brunftzeit erfüllt, hatte ihn nach einem solchen Schusse so weit noch führen können.

Nun ließ ich einen frohen, festen Juhschrei hinausklingen in die weißdurchwirbelte Luft und steckte mir den grünen Bruch aufs Hütl. Dem Hirsche schnitt ich die schön gefärbten ›Granln‹ aus dem Äser und reichte sie meinem Freund als Erinnerung an die Hirschbrunft in den Bergen.

Gegen Mittag stiegen wir talwärts, der Jäger, um den Schlitten für den Hirsch zu holen, wir beide, um der Stadt entgegen zu reisen.

Zweimal während des Niederstieges überholten wir den Schnee, doch immer wieder rückte er uns nach. Es schien, als wäre die weiße Decke ein Leichentuch, das von unsichtbaren Händen über die Berge gezogen wurde, tiefer und tiefer mit jeder Stunde.

»Aus und gar is!« sagte der Jäger. »Aber Frühling wird's allweil wieder. Gott sei Lob und Dank! So schiech kann's nie net wettern, daß ma kein Glauben an d'Sunn nimmer haben könnt.«

Das ist von allem Volksglauben der schönste, dieser frohe, wissende Glaube an die ewige Erneuerung des Lebens.

Eintrag ins Jagdbuch vom 17. Juli 1898

Abends Pirsche auf den Roßgipf um einen Schadhirsch abzuschießen. Um 7 Uhr zog der Hirsch mit einem zweiten, einem Achter, in den Latschen aus. Beim Anpirschen traf ich mit dem Hirschen auf 5 Schritte zusammen, gab auf den Reißausnehmer einen Schuß ab, der ihn um eine Locke seines schönen Goldhaares brachte. Die konnt ich mir auf den Hut stecken, sonst aber nichts! – Auf Wiedersehen!

◁ *Aquarell von Hugo Engl*

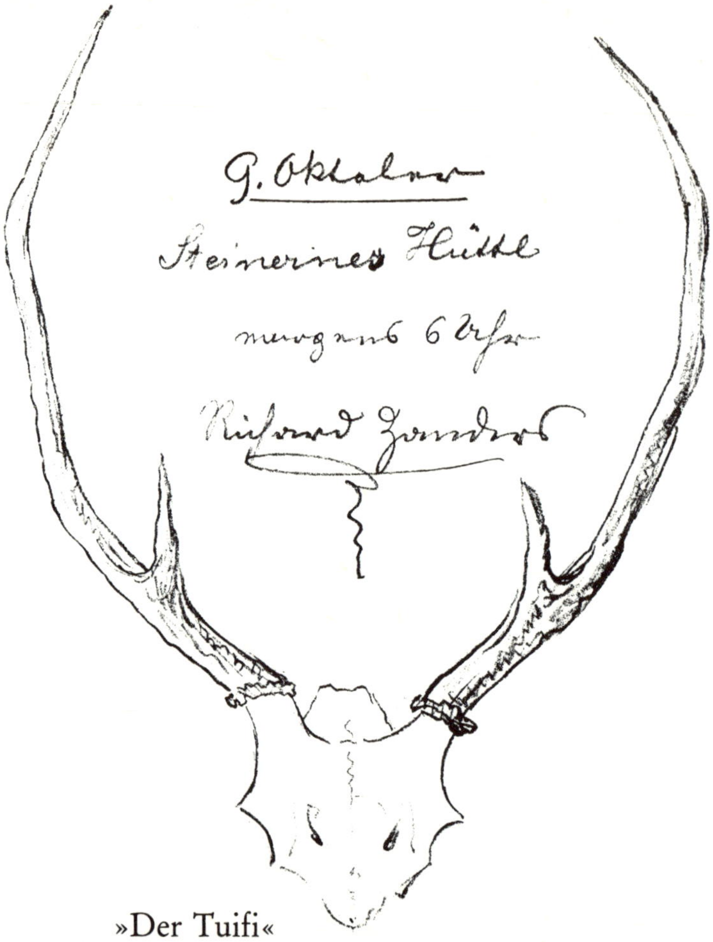

»Der Tuifi«

Seht hier diesen Gabelhirsch!
's war ein wahrer Fabelhirsch,
So ein sunderbares Pfui-Vieh,
Darum hieß er auch der »Tuifi«.
Sein Charakter war verdächtig,
Mit den Stangen, spitz und mächtig,
Trieb er weg vom Futterstadl
Jedes schwache Hirschenmadl,
Und derweil die Tiere angstvoll
Flohen, fraß er sich den Wanst voll,
Mais und Heu ein ganzes Fuder
Fraß er täglich auf – das Luder!
Doch nun fand der Hölle Sohn
Seinen wohlverdienten Lohn:
Richard Zanders unverdrossen
Hat ihn sauber 'naufgeschossen,
Und erlöst ist das Revier
Von dem Fabel-Gabel-Tier!

Eintrag in das Jagdbuch Anfang Oktober 1889

Blutauffrischung

Wir Menschen lieben das Korrigieren, wenn wir's an unserem unvollkommenen Nächsten besorgen können. Und was ein richtiger Jäger sein will, hat immer das Bestreben, seinen Wildstand zu verbessern. Ich lebe nun in der Einbildung, ein richtiger Jäger zu sein. Und ein bißchen Mensch bin ich schließlich doch *auch*! Also war es ganz natürlich, daß ich eines Tages auf den schönen Einfall geriet, die von mir gepachtete »Kreatur« zu vervollkommnen – oder, um mich weidmännisch auszudrücken: dem seit Jahrzehnten degenerierten Hochwildstande meiner Gebirgsjagd im Gaistal etwas frisches Blut in die Adern zu gießen.

Ich setzte mich also mit einem Wildexporteur in Verbindung. Und in der gläubigen Zuversicht, einen ausgewachsenen und zu dem geheimnisvollen Verjüngungswerk völlig geeigneten Hirsch zu bekommen, kaufte ich den mir von der Wildexportfirma angebotenen Blutauffrischungshelden ungesehen zum Preise von siebenhundert Mark. Eine teure Sache! Für ein bräutliches Kind aus der edlen Gattung *homo sapiens* ist unter Umständen ein Bräutigam wesentlich billiger zu erwischen.

Anfangs Juli traf der mit Spannung erwartete Renaissancehirsch im Jagdhaus Hubertus ein, und beim Verlassen des Transportkastens entpuppte er sich als fünfjähriger Jüngling, dessen Achtergeweih im Baste schon völlig ausgeschoben war, aber noch stumpfe Enden hatte.

Ich, in meinen Blutauffrischungsträumen, hatte natürlich einen »König der Wälder« erwartet, stolz, mit prangendem Hauptschmuck, vor dem das echte Weib in Angst und Seligkeit erzittert.

Im Zustand der ersten Enttäuschung war ich natürlich auf die merkantile Spezies der Wildexporteure nicht gut zu sprechen. Aber dann dachte ich: Das frischeste von allem frischen Blute steckt doch schließlich in der Jugend. Und so war ich wieder in zuversichtlicher Stimmung, als wir den teuer erworbenen Hirsch in den umgatterten Einfang springen ließen, den wir liebevoll für ihn bereitet und mit auserwählten Leckerbissen bestellt hatten.

Wir tauften den Blutauffrischungshelden auf den gut deutschen Namen »Michele«, obwohl er aus den böhmischen Wäldern stammte, also ein naher Vetter des zwiegeschwänzten Löwen war.

Michele fühlte sich in der ihm bereiteten Heimat gleich sehr wohl, schmauste Hafer, Heu, türkischen Weizen und Brot in ungeheuren Quantitäten – und erwies sich als vollständig zahm! Aber ich setzte da wieder meine Zuversicht auf die Mysterien der Natur und auf die Eigenschaft der Liebe: auch die zahmsten Geschöpfe in mutige Wildlinge zu verwandeln.

Der Begriff »Zahmheit« schloß aber bei Michele den Begriff der Gutmütigkeit vollständig aus. Er war – mit einer einzigen Ausnahme – kein Freund der Menschen. Und eines Tages, als ich einen Kunstmaler, der den Michele »studieren« wollte, in den Gatter begleitete, erwies sich dieser böhmische Jüngling auch als Widersacher jeder deutschen Kunstbestrebung und attackierte den erschrockenen Künstler in unsanfter Weise. Als Hausherr fühlte ich mich verpflichtet, dem Bedrohten hilfreich beizuspringen und packte den Michele an beiden Geweihstangen.

Da diese Kampfszene außer dem Künstler keinen weiteren Zeugen hatte, könnte ich jetzt gefahrlos erzählen, daß ich den bösartigen Hirsch mit kräftigem Ruck zu Boden schleuderte. Es war aber *nicht* so. Denn Michele, den ich als »Schwächling« taxiert hatte, brachte mir sehr flink die gymnastische Fähigkeit bei, innerhalb einer Sekunde drei Purzelbäume zu schlagen. Und als ich auf dem Boden lag, bearbeitete das Untier mich derart mit kommentwidrigen Laufhieben, daß ich dicke Beulen am Kopf und blaue Flecken am ganzen Leibe bekam.

Der Kunstmaler war immerhin »gerettet«. Er vermißte nur seinen Radiergummi – den der Michele gefressen hatte.

Ende Juli verfegte Michele innerhalb weniger Minuten das fertig ausgewachsene Geweih, und während der beiden folgenden Monate entwickelte er einen derart gesegneten Appetit, daß er sichtlich an Umfang und Stärke wuchs. Während der gleichen Zeit reduzierte sich der Barbestand der Jagdkasse um einige hundert Mark. Ich tröstete hiewegen die Mitglieder der Jagdgesellschaft durch die Verheißung, daß sich jede vom Michele aufgefressene Banknote in kapitale Zukunftshirsche verwandeln würde.

Die Resultate von Michels Stoffwechsel lagen in erschrekkenden Massen umher. Doch wenn die Jäger im Vertrauen auf das alte Sprichwort »Wer frißt, vergißt« die Türe des Gatters öffneten, dann zogen sie flink die vorwitzigen Köpfe wieder zurück. Denn während Michele mit der vorderen Hälfte seines Leibes fraß, schien er irgendwo nach hinten hinaus ein unsichtbares Auge zu besitzen. Und kaum öffnete man die Tür um einen kleinen Spalt, so verzichtete Michele auf jeden weiteren Genuß von Hafer, Heu oder Hirschbrot, und ging mit gesenktem Geweih zum Angriff über.

Und man brauchte gar nicht die Gattertür zu öffnen. Wenn

sich irgend ein Mensch nur dem Zaun des Einfanges näherte, fuhr Michele mit dem Geweih auf das Gatter los, daß die Stangen krachten und splitterten.

Bei seiner Menschenfeindschaft machte Michele eine einzige, wunderliche Ausnahme. Wir hatten im Jagdhaus Hubertus eine Küchenmagd, ein junges, keckes, schwarzhaariges Mädel mit dem lyrischen Namen Ida. Diese Ida schleppte täglich in ihrer blauen Schürze dem Michele alle Gemüseabfälle der Küche zu. Ob nun diese unterschiedlichen Leckerbissen Micheles cholerische Natur beschwichtigten, oder ob diese Ida irgendwelche persönliche Vorzüge besaß, die von einem Sprößling der böhmischen Wälder hoch eingeschätzt werden – das weiß ich nicht. Ich kann nur die Tatsache registrieren, daß sich Michele gegen diese Ida wie ein zärtliches Lämmchen benahm. Kaum nahte sie mit der blauen Schürze, so stand er schon in harrender Sehnsucht am Gatter, knusperte fromm die Salatblätter und Kartoffelschalen aus ihrer Hand und ließ sich von ihr in sichtlichem Wohlbehagen den Nacken und die Luser kraulen. Ida tat sich auf diesen Erfolg als Bändigerin des Michele viel zugute und spottete über die vorsichtigen Jäger: »D' Mannsbilder haben halt koa Schneid!«

Die letzten Septembertage brachten noch ein romantisches Intermezzo. Ein Münchener Maler, ein berühmter Sezessionist, kam damals als Gast nach Hubertus, besah sich den Michele und sagte nachdenklich: »Herrgott, *das* wär' aber fein –«

Ich fragte: »Was denn?«

Und er sagte, mit einer weit ausholenden künstlerischen Handbewegung: »Wenn man dem Hirsch das Geweih vergolden würde! Das wär' auf dem grünen Hintergrund doch rasend dekorativ!«

Auf solch eine eminent künstlerische Idee geht man doch schleunig ein! Noch am gleichen Tage bestellte ich in Innsbruck telegraphisch eine große Büchse mit Goldbronze. Als sie eintraf, wurde Michele ein bißchen geneckt – hurtig stieß er das Geweih durch die Lücken des Zaunes heraus – mit zwei Seilschlingen wurde sein Hauptschmuck eingefangen – und nach fünf Minuten war das Geweih des böhmischen Michele wunderschön vergoldet.

Und wahrhaftig – es war ein prachtvoller Anblick, wie der goldgehürnte Michele vor dem saftig grünen Hintergrunde mit den gravitätischen Bewegungen eines lebendigen Wappentieres hin und her stolzierte und dabei in gereizter Neugier immer die Augen nach aufwärts drehte. Er war jetzt *wirklich* ein Renaissancehirsch!

Aber leider hatte diese höchst dekorative Sache keinen langen Bestand. Schon am folgenden Morgen war das Geweih des Michele wieder ganz naturgemäß kastanienbraun. Doch alle Zaunlatten seines Gatters hatten vergoldete Kanten.

So standen die Dinge, als der von der Natur festgesetzte Termin der Blutauffrischung heranzurücken begann.

Zwischen Mensch und Hirsch besteht ein wesentlicher Unterschied. Den Menschen macht das Anfangsstadium der Liebe zurückhaltend und schweigsam – wenn's nicht gerade ein lyrischer Dichter ist. Den Hirsch aber veranlaßt die Liebe, jedes Aufblühen zarter Empfindungen durch dröhnende Orgeltöne kundzutun, die halb an das Kampfgebrüll eines Stieres, halb an den Hungerschrei eines Löwen in der Wüste erinnern.

Im Hochgebirge fallen diese lärmvollen Flitterwochen des Edelwildes in den Anfang des Oktobers. Doch schon am 10. September fing Michele, einsam und ruhelos hinter dem Gatter schreitend, mit kräftiger Stimme zu orgeln an und schien von ungemein leidenschaftlichen Sensationen befallen zu werden, so oft sich die besagte Küchenmagd mit dem lyrischen Namen Ida und mit der blauen Schürze seinem Gatter näherte.

Das sonst so tapfere Mädel erschrak eines Tages sehr heftig über diese stürmischen Gefühlsäußerungen ihres vierbeinigen Verehrers, und in der Folge verzichtete sie auf das Vergnügen, den Michele mit Kartoffelschalen und Salatblättern zu füttern.

Jetzt wurden die *Jäger* ein bißchen spöttisch – und fragten: »No? Wie schaut's denn nacher jetzt aus mit der *Weibsbilderschneid*?«

In die Nähe des Gatters wagte sich das Mädel nimmer. Wenn aber Michele die blaue Schürze nur von ferne sah, begann er eine Orgelsonate, daß die Berge und der Wald ringsum böllerten.

Am 3. Oktober fingen nahe beim Jagdhaus ein paar gute Hirsche der freien Wildbahn zu röhren an.

Nun schien es mir an der Zeit, den Blutauffrischungshelden aus dem Einfang heraus zu lassen, damit er sein segensreiches Werk beginnen möchte.

Am Abend des unheilvollen 5. Oktobers, als in der Nähe des Gatters ein Rudel Hochwild auf dem Almfeld äste, öffnete ich den Einfang, um dem sehnsuchtsvollen Michele den Weg in die Freiheit zu erschließen. Er brüllte wie ein böser Gemeindestier. Und wir Zweibeinigen nahmen alle Reißaus, um aus sicherer Entfernung zu erspähen, was Michele nun wohl beginnen würde?

Das erste Werk seiner Freiheit bestand darin, daß er einen Leiterwagen umzuwerfen versuchte. Trotz aller Mühe und

Kraftvergeudung mißlang die Sache. Und da wandte Michele sich gegen einen schwächeren Gegner, spießte mit dem Geweih einen Mistkarren auf und zertrümmerte ihn zu Fetzen und Scherben.

Nachdem er sich auf solche Weise gründlich ausgetobt hatte, schien er in eine friedlichere Stimmung zu geraten und machte schon Miene, sich über das Almfeld zu entfernen, auf dem es von frischen Hochwildfährten wimmelte. Ich triumphierte. Und sagte zu meiner etwas besorgten Frau: »Na also! Die Natur weiß immer, was sie will!« Michele streckt auch richtig die Nase zu Boden, und auf der scharfsinnig ausgespürten Fährte der Küchenmagd saust er schnurgerade zum Jagdhaus herauf. Ich riegle flink das Zauntor zu, meine Frau und die Köchin verschwinden wie der Blitz, die Jäger eilen mit langen Sprüngen zu ihren Hütten – und irgendwo, hinter einer Ecke des Jagdhauses, läßt sich der schrille Angstschrei einer Mädchenstimme vernehmen. Eine Tür wird zugeschlagen, ein Eisenriegel klappert – und in der Stille des Herbstabends antwortet nur noch das Echo des Bergwaldes auf die dröhnenden Sehnsuchtsklagen des Michele.

Eine Weile gucke ich, die Sache noch immer heiter nehmend, dem gröhlenden Hirschenjüngling zu, bis mich in der sinkenden Dämmerung eine etwas zaghaft klingende Stimme zum Abendessen ruft.

Meine Frau und ich, wir speisen in gemütlicher Stube. Drunten vor dem Hofzaun brüllt der Michele. Unentwegt. Ich schwatze vergnügt. Meine Frau ist schweigsam und hat erweiterte Augen. Und die Ida, die bei der Mahlzeit serviert, hat ein kreideblasses Gesicht. Und während sie das Obst auf die Tafel stellt, erklärt sie mit großer Schnelligkeit: »Die Köchin sagt, sie bleibt nimmer allein in der Kuchl drunt.« Und dann huscht sie flink zur Türe hinaus.

Ich lache.

Meine Frau legt wortlos die Serviette fort und geht zum Fenster. Ich gehe mit. Wir gucken hinunter. Im farbigen Dämmerschein umschreitet Michele den glücklicherweise sehr hohen Zaun von Hubertus und versucht mit klirrenden Geweihstößen den Eingang in den Hof zu erzwingen.

»Du!« sagt meine Frau. »Die Sache wird ungemütlich.«

Ich versuche zu trösten und spreche von allerlei Notwendigkeiten der Jagdführung.

Aber meine Frau schüttelt den Kopf. »Erlaube mir – Jagd, na ja, in Gottesnamen! Aber solche Experimente? Nein! In deinem Alter sollte eine Mensch wirklich vernünftiger sein.« Nach Ausspruch dieser unanzweifelbaren Wahrheit verläßt sie das Zimmer, um drunten in der Küche die zwei zitternden Mädchenseelen zu beruhigen.

Ich sehe ein: meine Frau hat recht, wie immer! Man muß da ein Ende machen.Ich setze den Hut auf, verfüge mich in den Hof und sage: »Paß auf, Michele, jetzt komm ich dir!«

Der Michele brüllt und malträtiert das Zauntor.

Ich requiriere eine Fuhrmannspeitsche, und im Schutze der Umzäunung versuche ich pädagogisch auf den Michele einzuwirken.

Mein Arm wurde müd; der Michele nicht.

Schließlich fiel mir ein Gewaltmittel ein. Kaltes Wasser ist doch immer ein sicheres Remedium gegen heiße Liebe. Also setzte ich unsere mit Hochdruck arbeitende Feuerspritze in Tätigkeit. Doch Michele schien sich unter dem Wasserstrahl sehr wohl zu fühlen, beutelte nur manchmal das eiskalte Naß aus dem Fell, behauptete in nun gewaschenem Zustand den Plan und brüllte in die sinkende Dunkelheit hinaus.

Ich spritzte und spritzte – bis meine Frau aus einem hochgelegenen Fenster herunterrief: »Ludwig! Jetzt *laß* doch das einmal! Du wirst dich noch krank machen! – Wegen so einem gottverlorenen Vieh!«

Die Feuerspritze hörte zu spielen auf. Nun setzten wir alle Hoffnung auf die Finsternis und auf das Hochwild, das in jeder Nacht bis zum Zaun des Jagdhauses heranzukommen pflegte.

Da waren sicher schon bräutliche Tiere im Rudel. Und die Liebe wird siegen.

Aber das gab eine Schreckensnacht!

Ich versuchte zu arbeiten, meine Frau begab sich »zur Ruhe« und die zitternde Köchin sperrte sich mit der blassen Ida in ihre, zu ebener Erde gelegene Schlafkammer ein.

Je dunkler es wurde, um so aufgeregter hörte man den Michele schreien. – Schreien? Nein! Das ist ein unzureichender Ausdruck. Es war ein ruheloses Geheul in den schauervollsten Tönen. Das Hochwild auf dem Almfeld ignorierte der Michele vollständig. Seine an Irrsinn grenzende Sehnsucht strebte *nur* nach dem mit festen Läden versicherten Kammerfenster, hinter dem seine Dulcinea unter Stoßgebeten zitterte, und das er unter den zehn Parterrefenstern des Jagdhauses mit untrüglicher Sinnesschärfe herausgefunden hatte.

Dagegen mußte man einschreiten! Und bei finsterer Nacht nahm ich die Fehde gegen den Belagerer des Jagdhauses von neuem auf. Ich mobilisierte zuerst. Bei einem Fenster des ersten Stockes schleppte ich alle Holzscheite zusammen, die im Jagdhaus aufzutreiben waren. Es war ein hoher Stoß. Und mit hurtigem Bombardement eröffnete ich die Feindseligkeiten. Doch wie ein kunstgewandter Fechter fing Michele jedes auf ihn niedersausende Geschoß mit einer blitzschnellen Bewegung seines Geweihes ab, bevor es ihm an die Haare kam.

Als ich das letzte Holzscheit nutzlos verfeuert hatte, schloß ich verdrossen das Fenster. Michele war Sieger. Er blieb. Und brüllte. Und demolierte den Zaun.

Die zwei Mädchen, die ihre Ruhestätten wieder verlassen hatten – »notdürftig bekleidet«, wie man zu sagen pflegt – riefen die hilfreichsten Heiligen an und spielten vor Angst alle Farben. Und meine Frau versicherte des öfteren: »Dieses Vieh ist pathologisch!« Ich vermute, daß sie sagen wollte: pervers!

Um mich weiteren Debatten über dieses Sexualproblem zu entziehen, verschwand ich in mein Schlafzimmer, legte mich ins Bett und zog die Decke über die Ohren. Nun hörte ich den Michele nur noch ganz leise brummen. Und nach einer Weile schlief ich ein.

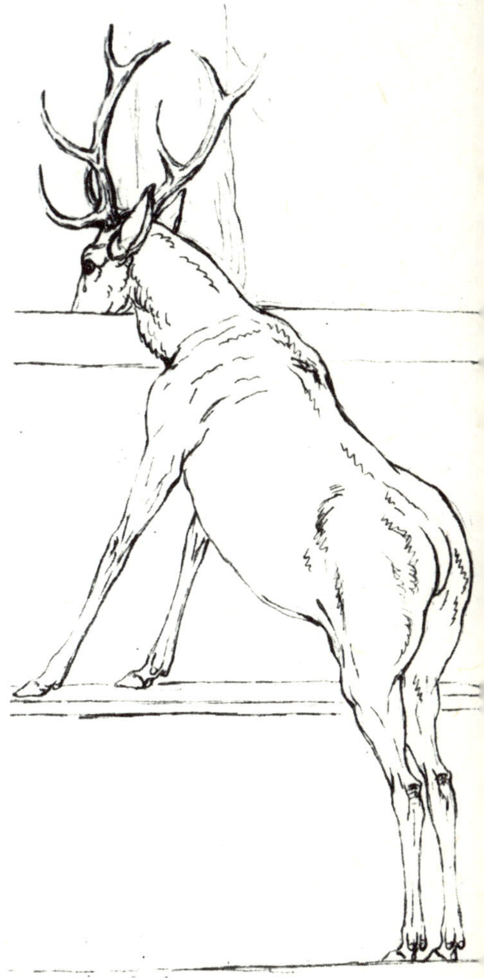

Gegen drei Uhr morgens fahr ich aus dem Schlummer auf, höre im Haus das Zetergeschrei der beiden Mädchen, und in der Nacht da draußen ist ein fürchterlicher Spektakel los. Michele hat die Zauntür zum Küchenhof eingedrückt und spielt Tennis mit unterschiedlichem Blechgeschirr. Und dann findet Michele das mit Läden verschlossene Fenster der Magdkammer und versucht mit dem Geweih die Läden aus der Mauer herauszustochern. Die Bretter krachen, ein Laden geht in Stücke – und die beiden, vor Angst beinah entseelten Bewohnerinnen der Mägdekammer müssen in den zweiten Stock des Jagdhauses gerettet werden, in das Schlafzimmer meiner Frau. Die Köchin bekommt einen Schüttelfrost und wird auf dem Sofa in fünf wollene Decken gewickelt. Und Ida betet mit gefalteten Händen den »christkatholischen Hilfeschrei in der Todesstunde«.

Ich nehme nun abermals den Kampf auf, mit Radfahrerbomben, mit der Gummischleuder, mit einem Indianerbogen, der aus der Bubenzeit meines Sohnes stammt. – *Alles* umsonst! Ich muß endlich einsehen, daß mit Gewalt da nichts zu machen ist. Aber wozu hat der Mensch seine berühmte Intelligenz? Mir kam ein siegreicher Einfall. Es gelang mir, Michele durch das Spiel mit einer elektrischen Blendlaterne aus dem Küchenhof hinauszulocken. Immer warf ich den grellen Schein ein paar Meter vor seiner Nase auf den Boden hin, und wenn Michele mit gesenktem Geweih gegen das verdächtige Lichtgezitter losfuhr, ließ ich den Schein um einige Meter weiterrücken. So bringe ich die Bestie glücklich hinüber bis zu den ersten Bäumen – und schließlich verschwindet Michele im Wald!

Alle Bewohner des Jagdhauses atmen auf, und die zwei Mädchen bekreuzen sich unter Gefühlen der Erlösung.

Doch eine Minute später gröhlt und heult das gottverfluchte Vieh schon wieder vor dem Fenster der Magdkammer, reißt den zweiten Laden herunter, schlägt die Glasscheiben in Trümmer und will partout durchs Fenster hinein – wie ein oberbayerischer Bauerbursch.

So geht der Höllenradau bis zum Erblassen der Sterne weiter. Die Jäger, die zum Dienst ausziehen, müssen sich vor dem liebestollen Michele mit hohen Heuschrecksprüngen in den Wald retten.

Es graut der Tag. Und aus dem Jagdhaus kann niemand mehr ins Freie. Michele fährt mit vorgelegtem Geweih auf mich los, so oft ich den Versuch mache, den Kopf durch die Haustür hinauszustrecken.

Und da schlägt die erst halb vom Schüttelfrost genesene Köchin die Hände über dem Kopf zusammen und jammert: »Mar' und Josef! Jetzt fallt's mir erst ein, um halber achte kommt a Leutascher Madl eini, mit Butter und Preiselbeer! Herr Doktor, jesses, jesses, da wird's an Unglück geben!«

Die Köchin hat recht. Der Michele wird das Mädel massakrieren. Bei diesem Gedanken greife ich nach der Büchse.

Aber die Blutauffrischung? Und das Heidengeld, das der Spaß da kostete?

Ich stelle die Büchse wieder beiseite und mache noch einen

letzten, verzweifelten Versuch, diesen rasenden Roland aus Böhmen in den nur zehn Schritte entfernten Wald zu treiben. Aus dem Fenster der Waschküche schlage ich mit der Reitpeitsche und schließlich mit einem Bügelbrett auf den Michele los. Aber das Vieh, das die Zähne knirschen läßt und blutunterlaufene Augen hat, stößt das Bügelbrett in Splitter, stößt die Mauer zur Hälfte durch und macht immer neue Anstrengungen, um Kopf und Geweih durchs Fenster hereinzubringen.

Ich greife wieder zur Büchse – es gibt kein anderes Mittel mehr.

Erst muß ich die Augen ein bißchen schließen, um ruhig zu werden – dann ziele ich – ein Schuß ins Herz.

Der Michele hat den Knall nicht mehr gehört.

Die Köchin schnauft erleichtert auf, Ida betet mit lauter Stimme den »Christendank nach Erlösung aus Todesgefahr«. Mir ist übel vor Wut und Mitleid. Und meine gute Frau hat Erbarmen – mit mir!

Blutauffrischung! – Tausend Mark!

So fiel es aus, als ich den Versuch machte, die Natur zu verbessern und ein Handlanger des lieben Gottes zu werden.

Das Fuchspassen

Das Fuchspassen im Winter, um Mitternacht, bei 20 Grad Kälte, ist ein Vergnügen, das nur selten von einem Jäger gepriesen wird. Einer aber lebt, dem das Fuchspassen über jedes andere Weidwerk geht. Dafür hat er seine guten Gründe.

Mit Vornamen heißt er Wastl. Und wer dazu erfährt, daß er auch noch »Eibl« heißt, wird nicht vermuten, daß Italien sein Vaterland war.

Und damals vor etwa dreißig Jahren, als die Geschichte passierte, war er noch ein junger Forstgehilf mit ein paar Jahren über die Zwanzig, ein musterhafter Jäger, der nur den einen Fehler hatte, daß er bis über die Ohren in die hübsche Tochter seines Försters verliebt war.

Nun soll zwar Liebe kein Verbrechen sein, aber für einen Jäger ist sie ein böses Ding. Liebe macht blind, und wer mit blinden Augen zielt, schießt manch eine Kugel daneben. Auch pflegt man nach schlummerlosen Sehnsuchtsnächten gerne die Morgenpirsch zu verschlafen.

Da fand denn der gestrenge Förster Ursach über Ursach, ein Donnerwetter um das andre auf den geduldig verliebten Sünder niederzuschmettern. Der Grimm des Alten machte den armen Burschen völlig verzagt. Dazu quälte ihn noch der Zweifel seines Herzens! Hätte er nur wenigstens sicher gewußt, wie es um Nannerls Herz bestellt war? Wohl war sie freundlich gegen ihn. Aber freundlich war sie auch gegen die andern Gehilfen, gegen alle Leute! Freilich, auch in Nannerls Laune war nicht immer Sonnenschein – sie wäre sonst nicht die Tochter ihres Vaters gewesen – und wenn er's genau erwog, so schien es ihm fast, als geriete sie über seine schüchternen Anspielungen viel mehr in Ärger und Schmollen, als über die derbsten Scherze seiner Kameraden.

Und da war's nun in einem Winter, grimmig und kalt. Ein rechter Unglückswinter für den Sebastian Eibl. Denn während die anderen Gehilfen schon ein Dutzend der schönsten Bälge geliefert hatten, war der Wastl noch immer auf der völlig aussichtslosen Jagd nach seinem ersten Fuchs. Dazu gesellte sich eine wahrhaft niederträchtige Katastrophe: einer der Füchse, die bei dem strengen Winter ihre Raubzüge bis in das Dorf ausdehnten, trug aus dem Hühnerhof des Försters in einer Nacht den Hahn mitsamt drei Hennen davon. Am Morgen, als das Unheil vom Nannerl mit hellem Jammer entdeckt wurde, bekam Wastl, der gerade den Dienst im »Herzbezirk« des Reviers zu versehen hatte, vom Förster eine Predigt zu

hören, daß ihm der Kopf brummte. An diese Predigt schloß sich die Drohung: wenn binnen drei Tagen der Fuchs nicht geliefert wäre, dann – – – und diese Drohung wirkte doppelt, weil sie dunkel blieb. Zerknirscht taumelte Wastl zur Türe hinaus und erhaschte draußen im Flur noch einen Blick aus Nannerls Augen.

Was wohl darin so feucht und seltsam schimmerte? War es Mitleid mit seinem Unglück? Oder war's nur der Kummer um den Hahn und die drei schönen Hennen? Wastl kam darüber nicht ins Klare. Nur *eines* wußte er: der Fuchs *mußte* her, um jeden Preis. In seiner Verzweiflung griff er zur »höheren Magie«, stahl dem Nachbar eine Katze, schmorte sie über gelindem Kohlenfeuer schön knusprig und benützte den Lekkerbraten als Lockspeise für den Hennenmörder.

Vor der Tür des Hühnerhofes, auf einer Bank, die im schwarzen Mondschatten des vorspringenden Hausdaches stand, setzte er sich auf die Lauer. Er paßte von sieben Uhr abends bis zum Morgengrauen. Aber der Fuchs erschien nicht. Natürlich: der Gauner war satt; ein Hahn und drei Hennen füllen auch einen Fuchsmagen. Am nächsten Abend wiederholte Wastl die kalte Sache und paßte abermals die ganze Nacht hindurch – mit dem gleichen, trübseligen Erfolg. Blau geschwollene Ohren und halb erfrorene Finger, das war sein ganzer Gewinn; dazu eine Kälte im Leib, die er den ganzen Tag nicht aus den Gliedern brachte.

Als er sich am dritten Abend wieder ›zur Paß‹ auf das schattenschwarze Bankl setzte, war er nach der ersten Stunde schon so krumm gefroren, daß er am ganzen Körper zitterte und mit allen Zähnen klapperte. Nur noch im Herzen war's ihm heiß – heißer, als ihm lieb war – und daran trug diese Bank die Schuld. Denn sie stand dicht unter einem kleinen Fenster, und drinnen in der Stube schlummert das runde, schmucke Nannerl behaglich im warmen Nest.

Da war es nun freilich kein Wunder, daß Wastl, während er mit den Augen an der mondbeschienenen Zaunlücke hing, durch die der Fuchs erscheinen mußte, mit Herz und Ohren immer wieder hinauflauschte gegen das kleine Fenster. Und da schien es ihm, als hätte das Nannerl in dieser Nacht keinen sonderlich ruhigen Schlaf. Deutlich konnte er vernehmen, wie sich die Schlummernde schwer von einer Seite auf die andre warf. Und manchmal hörte er einen brunnentiefen Seufzer.

Stunde um Stunde verging, noch immer wollte der Fuchs nicht kommen, und grimmiger wurde die Kälte. Wastl konnte vor Erstarrung kaum mehr einen Finger rühren.

Nun hatte die Kirchturmglocke die erste Morgenstunde

geschlagen. Da rührte sich etwas im Stübchen. Und ehe er sich dieses merkwürdige Geräusch noch deuten konnte, klirrte ganz leis das kleine Fenster.

»Wastl?« –

»Maria und Josef –« stammelte der Ausgefrorene heiß erschrocken und richtete sich mühsam auf. Kaum eine Armeslänge über ihm befand sich das Fenster.

»Nannerl? Du?«

Erst ein tiefer Seufzer und dann die geflüsterten Worte: »Geh, Wastl, sei gscheid und schau, daß d' heimkommst! Fünf Stunden lang hör i di scho umeinandwetzen auf dem Bankl'! In solcher Kälten die dritte Nacht! So was kann doch kein Mensch aushalten! Geh weiter, Wastl, geh heim!«

»Heimgehn, so? Du hast leicht reden!« stotterte Wastl mit klappernden Zähnen. »Frieren tut's mich zwar, daß ich mein, ich fall zu lauter Glasscherben auseinander. Aber was will ich denn machen? Der Fuchs muß gliefert werden. Hast es ja selber ghört, wie mir dein Vater aufgschpielt hat! Wenn ich den Fuchs net bring, bin ich meinen Dienst los.« Schauernd an allen Gliedern ließ er sich wieder auf die Bank fallen. – »Meinetwegen! So frier i halt zum Eiszapfen. Am Morge kann mi dei' Vater dann in Ruhe abschlagen!«

Aus Nannerls bedrückter Seele schwoll wieder ein tiefer Seufzer. »O mein Gott! Daß man sowas verlangt von einem Menschen!« Dann schloß sich lautlos das Fenster.

Hatte sie das Gespräch nur abgebrochen, weil sie weiter keinen Rat wußte? Oder war es ihr am offenen Fenster zu kalt geworden? Denn zu allem Frost der Nacht begann noch ein böser Wind über den Schnee einherzufahren und trieb die scharf stechenden Eisnadeln gegen das Haus und dem Wastl an die Nase.

Der schauerte und vergrub die frostglühenden Ohren unter dem aufgestülpten Joppenkragen. Doch plötzlich streckte er wieder den Hals und lauschte. »Was ist denn jetzt das? Es ist grad, als wär's Nannerl wieder aufgstanden und tät sich anziehen? Jetzt? Um zwei in der Früh?« – Er hörte aus dem Zimmer ein Geräusch wie von heimlichen Schritten, sah am Fenster einen dünnen Schein aufleuchten, als wäre ein Streichholz angezündet worden, und dann vernahm er ein schwaches Knistern. Das dauerte eine Weile. Und nun klirrte das Fenster wieder.

»Wastl . . .?«

So flink, als wäre jählings alle Erstarrung aus seinem Körper gewichen, schwang sich Wastl auf die Bank und faßte heftig die Hand des Mädels: »Nannerl, Nannerl . . .«

»Weißt, Wastl, ich denk mir nichts Schlechts dabei . . . aber ich kann dich halt nicht länger in dieser grausigen Kälte sitzen lassen.«

»Nannerl, Du guets Nannerl!«

»Ganz derbarmen tust mich! Schau, drum bin ich aufgstanden und hab Feuer gmacht in Ofen . . . in Gottsnamen, so steig halt rein ein bissel und wärm dich auf, daß du es nachher wieder ein paar Stunden in der Kälte aushalten kannst.«

»Nannerl! Mein liebs Nannerl! Tausendmal sag ich Vergeltsgott . . .« Unter diesen stammelnden Worten hatte Wastl schon sein Gewehr zum Fenster hineingeschoben. Als er glücklich auf den Dielen stand, wollte er seinen Dank von neuem beginnen. Aber das Nannerl schob ihn von sich, schloß das Fenster und zischte: »Um Gottswillen, sei still und red kein Wort! Wenn der Vater aufwacht . . . jesses Maria!«

Diesem drohenden Bilde gegenüber schien auch Wastl die Notwendigkeit des strengsten Schweigens zu begreifen. Aber da er seine Dankbarkeit und sein aufschwellendes Glück doch irgendwie äußern mußte, schlang er die Arme um Nannerls Hals und suchte ihren Mund. Doch sie entwand sich ihm und zischte schmollend: »Geh, Du Narr, was machst denn da? Dein ganzer Schnauzbart hängt ja voller Eis! Meinst vielleicht, so ein tropfender Kuß ist ein Vergnügen? Ah, da dank ich schön!« Bei diesen Worten schob sie ihn zur Bank, die neben dem glutspeienden Ofen stand, zog ihm die Fäustlinge von den Händen und die Pudelmütze vom Kopf, und zupfte das schmelzende Eis aus dem Schnurrbart.

Ganz leise knisterte das Feuer in dem kleinen eisernen Ofen, dessen Platte in matter Röte zu glühen begann. Und da kam nun für das junge, in leises Geflüster versunkene Paar eine warme Stunde, so warm, daß Nannerl, als die dritte Morgenstunde schlug, seufzend meinte:

»Wastl, mir scheint, jetz tut's dich aber gwiß nimmer frieren. Jetzt kannst es draußen schon wieder aushalten bis zum Morgen.«

Wastl aber schien anderer Meinung zu sein. »Nannerl! Geh, Nannerl, schau . . .« Er ergriff wieder heftig die Hand des Mädels.

»Nein, Bua, sei gscheid! Weißt, wenn du den Fuchs nicht bringst, wie willst dann mit dem Vater reden? Komm, sei gscheid, ich mach dir's Fenster auf und hilf dir raus.« Um diese harte Entscheidung einigermaßen zu mildern, drückte sie dem Grollenden noch einen letzten festen Kuß auf den Mund. – »So! Jetzt ist's aber genug!« Und Nannerl ging auf das Fenster zu, durch dessen klare Scheiben man den Schnee im

Mondschein glänzen sah. Eben wollte sie die Hand nach dem Riegel strecken, da stammelte sie erschrocken:

»Maria und Josef! Wastl! Der Fuchs!«

Wastl sprang auf und packte die Flinte. »Wo ist er?« Da sah er auch schon mit eigenen Augen den roten Schleicher, der, mit der geschmorten Katze zwischen den Zähnen, gegen die Hecke schnürte. »Manderl, wart, jetzt komm ich dir –«

Das Nannerl kreischte in hellem Entsetzen: »Jesses Maria! Wastl! Was tust denn da!«

Aber Wastl hörte nichts mehr. Er dachte nicht an das geschlossene Fenster, nicht an den Raum, in dem er sich befand. Er sah nur auf dreißig Schritte da draußen den flüchtenden Fuchs – und schon krachte der Schuß. Das böllerte, als wollte das ganze Haus in Trümmer fallen. »Hat'n scho! Gott sei Lob und Dank!« jubelte der Wastl, als der Fuchs sich überpurzelte und verendet liegen blieb.

Aber dieser Jubel blieb dem glücklichen Schützen zur Hälfte im Halse stecken. Denn als ihm der dicke, das ganze Stübchen füllende Pulverdampf in die Nase quoll, und als er das laute Schluchzen des Mädels hörte, begriff er jählings, was er angestellt hatte. Sprachlos und zitternd bemerkte er Gepolter, das sich im Hause hören ließ.

Jetzt wurde die Tür der Stube aufgerissen, und der Förster stand mit erhobener Kerze auf der Schwelle. Er sah das sprachlose Paar und wie sich der graue Pulverdampf schön langsam hinausschlängelte durch das tellergroße Loch, das der Schrotschuß in die Fensterscheibe geschlagen hatte.

»Ja Himmelkreizteifi! Was sind denn jetzt das für Sachen? Was machen denn *Sie* da herinnen?«

»Fu ... Fu ... fuchspassen tu ich!« stotterte Wastl. »Und ... und draußen liegt'r schon. Melde gehorsamst, Herr Förster: jetzt ham wir das Luder!«

Im gleichen Augenblick hatte Wastl aber auch eine Ohrfeige, die ihn taumeln machte. Doch es verdroß ihn nicht im geringsten, daß seine ›dienstliche Meldung‹ so ›schlagend‹ wirkte – ganz im Gegenteil, jetzt war er aus seinem ratlosen Schreck erwacht und hatte die verlorene Fassung wiedergefunden.

Er sagte lachend: »Kreizdonnerkeil, Herr Förster, das ist aber a G'sunde gewesen! Aber gell, jetz tun S' in Güt und Frieden mit Eahna reden lassen!«

Und als der kalte Wintermorgen hell erwachte, war der Friede geschlossen. Und das Nannerl, als es den steifgefrorenen Fuchs betrachtete, sagte lachend: »Mit dem sei'm Balg laß ich mir meinen Brautkragen besetzen.«

»Ex'lenz haben einen Bock geschossen!«

Der Bürodiener des Justizministers machte einen tiefen, sehr tiefen Bückling. »Wünsche Ex'lenz einen vergnügten Urlaub!« Der sonst so gestrenge Herr nickte gnädig, und lautlos schloß der Diener hinter ihm die Tür. Eine Weile noch lauschte er, bis die Schritte auf den Steinplatten des Korridors verhallt waren, dann nahm er mit vergnügtem Schmunzeln eine Prise aus der silbernen Dose und begann den Schreibtisch des Herrn Ministers in Ordnung zu bringen.

Hier lagen die Akten unterschiedlicher Gesetzentwürfe, und ganz zu oberst der umfangreiche Akt für die Revision des Jagdgesetzes. Die vielen Notizen und zahlreichen Fragezeichen, welche am Rande der Folioblätter angebracht waren, bewiesen, wie eingehend der Minister gerade mit diesem letzteren Akt sich beschäftigt hatte. Er machte dieser wichtigen Arbeit sogar seinen Urlaub dienstbar. Statt das gewohnte Bad zu besuchen, nahm er einen vierwöchentlichen Aufenthalt in der Waldeinsamkeit eines Forsthauses, in welchem seine Schwester, die Frau des Forstmeisters, als Hausfrau waltete.

Als er an einem herrlichen Sommerabend nach mehrstündiger Waldfahrt vor dem Forsthaus anlangte, winkten ihm Tannenkränze und Girlanden aus Eichenlaub entgegen, das Geläut der Jagdhunde begrüßte ihn, und zu echt weidmännischem Willkomm krachten die Büchsen der Forstgehilfen. In gehobener Stimmung betrat der Minister das Forsthaus. Es wurde getafelt, und als nach überstandenem Mahl die steinernen Krüge wieder gefüllt und die Pfeifen in Brand gesteckt waren, da war auch die Debatte über die Revision des Jagdgesetzes schon in vollem Gange. Der biedere Forstmeister hatte hundert Schmerzen auf der Seele, unermüdlich besprach und bewies er alle Forderungen, die ein braver Jäger an ein gutes Jagdgesetz zu stellen hat, und immer wieder fanden Seine Exzellenz Veranlassung, das Notizbuch hervorzuziehen und eine Bemerkung einzutragen. Mit besonders heißem Eifer kämpfte der Forstmeister gegen den Abschuß der Rehgeißen, den er vom weidmännischen Standpunkt als »unsühnbares Verbrechen«, aus nationalökonomischen Gründen als »greuliche Mißwirtschaft« bezeichnete. Mit allem, was er über diesen Punkt zu sagen hatte, brachte er es schließlich dahin, daß der Minister in das Notizbuch die dick unterstrichene Bemerkung schrieb: »Abschuß von Rehgeißen höchst verwerflich und schädlich, permanente Schonzeit dringend notwendig, Strafe nach Möglichkeit verschärfen!«

Für den nächsten Tag war eine Treibjagd angesagt, welche nach Ankunft der geladenen Schützen mit einem lustigen Frühstück eröffnet wurde. Der Minister nahm natürlich an der Treibjagd teil, »studienhalber« und der gesunden Bewegung zuliebe. Durch keine Zurede ließ er sich bewegen, als Schütze zu debütieren; er hatte noch nie in seinem Leben eine Flinte losgebrannt. Übrigens, er besaß ja auch keine Jagdkarte. Und ein Justizminister, der im Widerspruch zum Gesetz ohne Jagdkarte jagt . . . nein, das wäre denn doch eine gar zu bedenkliche Sache gewesen! Aber ein klein wenig nützlich wollte er sich bei der Jagd doch machen. So schloß er sich den Treibern an und kämpfte sich unverdrossen durch das dichteste Gebüsch. Die Sache machte ihm Spaß, der fröhliche Humor der Jäger wirkte ansteckend, und als am Abend die Strecke gelegt wurde und die Jäger ins Erzählen gerieten, da hatte auch er Abenteuer über Abenteuer zu berichten.

Der kommende Morgen sah ihn schon wieder im Forst. Auch die Jagd ist wie ein leckeres Mahl; wer einmal kostete, der möchte auch schon ausgiebig zugreifen.

Aber wer jagen will, muß schießen lernen. Diese Einsicht veranlaßte Seine Exzellenz, einen regelrechten Kursus in der Schießkunst zu nehmen. Der junge Forstwart Ostler fungierte als Lehrer, und der Herr Minister war ein so gelehriger Schüler, daß er nach Ablauf einer Woche schon den Raben im Flug aus den Lüften holte. Mit der Kunst kam der Ehrgeiz.

»Ostler? Was meinen Sie? Ich möchte meinen Schwager mit einem guten Rehbock überraschen!«

»Bravo, Ex'lenz, bravo! Draußen bei der Spindlerwiese steht ein Kapitalbock! Den holen wir morgen!«

In aller Stille und Geheim wurde die Jagdkarte gelöst, und das Wetter war mit im Bunde, denn es bescherte einen wundervollen Birschabend. Die Spindlerwiese lag mitten im Walde, zur Hälfte von herrlichem Hochholz, zur Hälfte von üppigem Dickicht umsäumt. Zu Füßen einer mächtigen Fichte wurde ein bequemer Sitz bereitet, und als die Sonne zur Neige ging, saßen beide an Ort und Stelle.

Die sinkende Sonne wob einen rot leuchtenden Schimmer um alle Baumwipfel und Zweigspitzen. Duft und Glanz erfüllte die Lüfte. Dann sank die Sonne; alle Farben des Waldes vertieften sich, über das dunkle Blau des Himmels spannten sich die zarten Schleier der Dämmerung, ein feines Silbergrau legte sich über das Gras der Wiese und die zwitschernden Vogelstimmen begannen zu verstummen.

»Ex'lenz!« klang eine flüsternde Stimme, und der Minister fuhr auf wie aus einem Traum. »Ex'lenz! Da steht schon die Geiß! Jetzt muß der Bock bald kommen!«

Friedlich äsend zog das schöne, zierliche Tier vom Rande der Dickung hinweg gegen die Mitte der Wiese. Plötzlich warf es auf und blickte sichernd zurück gegen das Gebüsch. Ein leises Brechen kleiner Zweige ließ sich vernehmen, und zwischen den dunklen Fichtenboschen erschien das gehörnte Haupt des Bockes. Ein paar energische Sprünge, und der alte Bursch stand mitten in der Wiese.

»Jetzt!« flüsterte der Forstwart.

Mit einem hastigen Ruck riß der Minister das Gewehr an die Wange.

»Schauen S' ihn nur sauber z'samm', Ex'lenz!« mahnte die leise Stimme des Jägers. »Und ziehen S' schön langsam ab, damit S' den Schuß net verreißen!«

Seine Exzellenz zielten und zielten . . . der Gewehrlauf kreiste wie eine Wetterfahne . . . ein tiefer, stockender Atemzug, die Büchse sank wieder, und man hörte ihn stammeln: »Ich kann nicht!« Den neugebackenen Jäger hatte das Jagdfieber befallen.

»Schauen S' ein bißl zum Himmel 'nauf, Ex'lenz, das macht ein' ruhiger!«

Der Minister folgte dieser Weisung und bohrte die starren Blicke in das dunkelnde Blau des Himmels.

»So! Und wann S' ein bißl ruhiger sind, nachher schießen S' flink! Sonst kommt 's Fieber wieder!«

Wohl eine Minute währte es noch, bis die fliegenden Atemzüge des angehenden Jägers sich zu beruhigen begannen. Dann wurde die Büchse rasch gehoben, und fast im gleichen Augenblick krachte der Schuß.

»Liegt er?«

»Er? Ja, schön! Kruzitürken noch amal! Ex'lenz! Was haben S' denn gemacht?«

»Was denn?« klang die kleinlaute Antwort.

»Die Geiß haben S' gschossen!«

»Aber das ist ja nicht möglich!« stammelte die Exzellenz, und eilte, das rauchende Gewehr in der Hand, der Wiese zu.

Da lag sie. Seine Exzellenz waren kreidebleich. »Ostler! Was machen wir jetzt?«

»Mein, was is da z'machen!« brummte der Jäger und kraulte sich hinter den Ohren. »Heimtragen müssen wir s' halt. No, der Herr Forstmeister wird Augen machen. Fix noch amal, das gibt ein' Putzer!«

Dem unglücklichen Schützen versagte die Sprache. Wie stand er nun da vor dem unerbittlichen Urteil seines Schwagers! Aber das war noch nicht das Schlimmste. Wenn die Sache ruchbar wurde und ins Gerede kam! Eine Geiß in der Schonzeit geschossen ... vom Herrn *Justiz*minister! Vom Schützer und Wahrer der Gesetze! Das gab einen Skandal, dessen Folgen nicht abzusehen waren!

Die Verzweiflung, welche ihn erfüllte, ergoß sich in jammernden Worten.

»Ostler! Ich gehe nicht mehr nach Hause, wenn Sie mir nicht helfen! Vergraben Sie meinetwegen das verwünschte Tier, machen Sie, was Sie wollen, aber helfen Sie!«

Der Jammer rührte den Jäger. »Tun S' Ihnen nur net so aufregen, Ex'lenz! Wir müssen halt schauen, wie wir die Gschicht ein bißl vermankeln!«

Der Einbruch der Nacht wurde abgewartet, ehe man den Heimweg antrat. Zu Hause verschwand der Forstwart mit dem »Bock« im Ökonomiegebäude, während der Minister ungesehen das Zimmer zu erreichen wußte. Er machte an diesem Abend sehr, sehr lange Toilette. Und durch die angelehnte Tür lauschte er immer wieder über die Treppe hinunter in den Hausflur. Da hörte er Schritte, und die Stimme seines Schwagers fragte:

»Was gibt's, Ostler?«

Und die Antwort lautete:

»Ex'lenz haben einen Bock geschossen!«

»Mein Schwager? Einen Bock! Ah! Bravo! Das freut mich! Wo denn? Wann denn? Kommen Sie doch herein und erzählen Sie ...!«

Als der Minister einige Minuten später in etwas unsicherer

Haltung das Speisezimmer betrat, empfing ihn heller Jubel. Er traute kaum seinen Augen: auf dem Tisch stand, mit Blumen bekränzt, ein frisch abgeschlagenes Gehörn! Die fröhlichen Komplimente des Schwagers, die lachende Freude der Schwester, die Gratulationen des Personals . . . das alles nahm er mit verlegenem Lächeln entgegen. Zuweilen aber glitt ein heimlich fragender Blick zum Forstwart Ostler hinüber, der sich vergnügt in die Ofenecke drückte. Die »Manklerei« war glänzend gelungen, begünstigt durch einen Zufall. Ostler selbst hatte am Morgen einen Bock geschossen, einen *wirklichen*, und das Geweih desselben, das der Forstmeister noch nicht gesehen hatte, galt nun als unanzweifelbarer Beweis für das Jagdglück seiner Exzellenz. Am anderen Tage war wieder Treibjagd. Unter den anwesenden Schützen verbreitete sich die Kunde vom ersten Jagderfolg des Ministers mit unglaublicher Schnelligkeit. Ein Schütze um den andern trat auf ihn zu und fragte mit komplimentierender Höflichkeit:

»Ex'lenz haben einen Bock geschossen?«

Je häufiger ihm diese Frage gestellt wurde, desto entschiedener und selbstbewußter klang das Ja. Und abends, als an lustiger Tafel die Rehleberknödel mit Sauerkraut verspeist wurden, erzählte er bereits unter lautlosem Schweigen der übrigen Gäste: »Und wie der Bock so dasteht, da leg' ich an, schau' ihn sauber zusammen, zieh' ab – und paff – im Schnall ist er dagelegen! Ein Prachtkerl!«

Das eine aber verschwieg er: Daß die für die Revision des Jagdgesetzes bestimmte Bemerkung im Notizbuch: »Abschuß von Rehgeißen höchst verwerflich und schädlich, permanente Schonzeit, Strafe nach Möglichkeit verschärfen« . . . einen Zusatz erhalten hatte: »Milderungsgründe nicht ausgeschlossen!«

Eine Sorrentiner Wachteljagd

Es war im Monat Mai, zu Sant Agnello bei Sorrent.

Alles gefiel mir da: die nette Pension, in der ich seit drei Monaten wohnte, der blaue Himmel, das noch bläuere Meer, die blühenden Orangengärten, das steile Ufer und sein flacher Sand, die Barken und Fischer, alles! Sogar die zahllosen Bettler begannen mir zu gefallen, seit ich herausgebracht hatte, daß man, um sie hurtig los zu werden, nur im Sorrentiner Dialekt zu sagen brauchte: »*Vávaten!*« (Fahr ab!)

Doch *eines* mißfiel mir: die radikale Wildarmut der italienischen Gefilde.

Ich hatte den Jäger, der mir unausrottbar im Blute sitzt, nicht völlig daheim in Deutschland gelassen. Und als es zu Sant Agnello in den Frühling ging, da wurde in mir die Sehnsucht, nur *einmal* wieder eine Flinte an der Wange zu haben, ein nervöser und gewalttätiger Durst.

Es war nicht mehr anders zu machen. Ich *mußte*! In wachsender Ungeduld begann ich Erkundigungen einzuziehen: ob es denn unter diesem ewig blauen Himmel *gar* nichts zu jagen gäbe?

Ach, die Menge! Stare, Lerchen, Drosseln, Amseln, Finken, Meisen, Zeisige, Schwalben! Heißt alles: *uccellini.* Und wird am Spieß gebraten. *Molto buono!*

Nein! Ich zitterte doch immer vor Wut, wenn ich diese ruhelose Vogelknallerei in den Vignen hörte oder bei den Netzen und Schlingen den klagenden Schlag der geblendeten Lockvögel vernahm.

Aber auch sonst noch – hieß es – hätte man die Wahl unter vielen Dingen, die das Herz eines Jägers hüpfen machen. Man kann mit einem Segelboot auf Delphine pirschen; aber erwischt man sie durch ein Wunder, so muß man dieses übelriechende Schwein des Meeres *gleich* wieder wegschmeißen.

Oder – man könnte in den Sümpfen von Pästum auf Wildenten jagen; doch mit absoluter Sicherheit dürfte man darauf rechnen, daß man in der Sumpfluft die Malaria bekäme. Nein! Die Jagd auf noch unerforschte Bazillen reizte mich nicht.

Oder – man könnte die etwas weite Reise in die römische Campagna riskieren. Da gibt es *einen* Hasen. Der darf aber nicht geschossen werden. Das ist der Hase, auf den die in Rom lebenden Engländer jährlich sechs Parforcejagden machen, drei im Frühjahr und drei im Herbst. Der Hase kennt die Sache bereits so genau, daß er jedem Halali zu entrinnen versteht. Schließlich wird er an Altersschwäche sterben. Dann ist Italien eine hasenlose Gegend.

Oder – man könnte nach Savoyen fahren und auf Steinböcke jagen. Wird man aber dabei erwischt, so bekommt man zehn Jahre Zuchthaus.

Oder – ich könnte vor Jägerfreude rasend werden, wenn ich mich nur noch die paar Tage gedulden möchte, bis *»le quaglie vengono«* – bis »die Wachteln kommen«.

Wachteljagd? Das ließ sich hören. Und meine lüstern gewordene Weidmannsseele schwoll bei diesen pompösen Schilderungen des Wachtelschwarmes, von dem es hieß: er käme im Frühlingszuge mit dem Schirocco von Afrika herüber und bestünde aus solch einer Masse von Wachteln, daß sie die Morgensonne verfinstern und beim Einfall das Ufer der Punta di Sorrento übersäen mit einem braunen Gewimmel fetter Rücken.

Wie viele Schüsse man da an einem Morgen wohl machen könnte?

Hundert, fünfhundert, tausend, ganz nach Belieben! Man schießt da so ununterbrochen, daß man zum Laden keine Zeit mehr hat.

Und ob da ein Verläßlicher und Jagdkundiger zu finden wäre, um mich zu führen?

Aber selbstverständlich! Da ist doch in Sant Agnello der alte Giacomo Sarratti, der berühmteste Wachteljäger von ganz Italien, mit dem berühmtesten Wachtelhund der ganzen Welt!

Diesen Giacomo Sarratti ließ ich sofort herbeischleppen. Sein berühmter Wachtelhund war ein bißchen schäbig. Aber der alte, berühmte Sarratti machte keinen schlechten Eindruck. Ein magerer Graubart, ruhig, sachkundig – er verlangte wohl ein bißchen viel: 20 Lire für den Tag, dazu 5 Lire für seinen zwölfjährigen Enkel Giuseppe, der beim Tragen der erbeuteten Wachteln unentbehrlich war. Aber – der olivenfarbene Nimrod schien seiner Sache und der Wachteln sicher zu sein. Wir handelten ab, und ich gab ihm die 25 Lire für den ersten Tag als Angeld. Nur ein bißchen Geduld müßte ich haben. In 8 bis 10 Tagen würden die Wachteln kommen, mit dem ersten Scirocco. Dann würde der alte Sarratti gegen Mitternacht bei mir in der Pension erscheinen und mich wecken. Alles weitere würde er veranlassen und zu meiner Bequemlichkeit richten. *»Tutto sarà pronto!«* Alles wird klappen!

Also, jetzt eine Flinte und Patronen her! *Viel* Patronen! Mein Pensionsvater hatte einen alten Hinterlader, Modell 1860, klapperig in allen Gelenken, rot von Rost. Ich fuhr mit dem Dampfer nach Neapel hinüber und blieb da zwei Tage, bis der Hinterlader in Ordnung gebracht und die von mir bestellten 1000 Patronen geladen waren.

Bei der Rückkehr nach Sant Agnello erfuhr ich, daß ich in dem Lande, in dem es kein Wild gibt, doch einen Jagdschein nötig hätte. Ich rasselte unverweilt in einem flinken Zweispänner nach Castellamare zur Bezirksbehörde – bekam da aber keinen Jagdschein, nur die Aufklärung, daß ich, als Ausländer, zur Lösung eines Jagdscheines ein Attest des deutschen Konsuls in Neapel nötig hätte.

Gleich mit dem nächsten Zug nach Neapel! Der Konsul, der mich nicht kannte und zu meiner Visitenkarte kein reines Vertrauen besaß, telegraphierte auf meine Kosten an die Polizei nach München. Zwei Tage vergingen. Immer zitterte in mir die Sorge, daß der Schirokko kommen und die Wachteln bringen könnte. Aber glücklicherweise ließ sich der afrikanische Schirokko noch länger Zeit als die Münchener Polizei. Am dritten Tage traf die telegraphische Beglaubigung meines einwandfreien Leumunds ein. Der Konsul stellte das Attest aus, ich raste mit dem Expreßzug nach Castellamare, und nach dreistündigem Warten – wobei ich auf einem Rohrsessel ohne Rohrgeflecht wie auf glühenden Kohlen saß – bekam ich meinen Jagdschein.

Triumph! *Tutto è pronto!* Alles klappte. Nur der Schirokko und die Wachteln fehlten noch. Jeder Abend war windstill. Kein Lüftchen rührte sich. Und *wenn* sich eines rührte, so war's die kühle Tramontana, der Nordwind, bei dem die klugen Wachteln jede Neigung zum Reisen bezwingen.

Vier Tage voll knirschender Ungeduld, vier schlummerlose Nächte in fieberhafter Erwartung. Am fünften Abend fiel ich vor Sonnenuntergang in einen bleischweren Schlaf. Und in *dieser* Nacht weckte mich der alte Giacomo Sarratti. Mit seinem knurrenden Wachtelhund. Und mit dem zwölfjährigen Wachtelträger. Ganz schreckhaft stand der lange Nimrod vor meinem Bette, wie eine wilde Lederstrumpfgestalt, ins Italienische gesteigert.

»Le quaglie vengono!« Das war wie eine Stimme des Gerichtes.

Ich brachte kaum den Schlaf aus den Augen. Und alle Knochen waren mir lahm von der Hetze und vom zappeligen Warten der letzten Tage.

Aber ich wurde wach, sobald ich hinauskam unter diesen schwarzen, mit großen, heftig funkelnden Sternen besäten Himmel. In den dunklen, unbeweglichen Büschen dufteten die reifen Orangen und die neuen Blüten – am gleichen Zweig hing Blüte und Frucht.

Kein Hauch in der Finsternis. Wo ist der Schirocco, der die Wachteln bringt?

Ein zaubersamer Weg über die steilen Felswände hinunter. Drunten das schwarze, leis rauschende Meer mit den schaukelnden Reflexen der großen Sterne. Und weit da drüben ein brennendes Märchen: Neapel im nächtlichen Lichterglanz. Und mir zu Füßen ein rotes Qualmen: Fackelschein bei dem Boot, das auf mich wartete, um mich zur Punta di Sorrento zu bringen, zu jener gesegneten Stätte, wo die Wachteln zu Tausenden einfallen.

Mit wahrhaft rührender Aufmerksamkeit hatte man alles für mich bereitet: ein großes, festes, bequemes Boot mit sechs Fischern bei den Riemen; ein tüchtiger Korb mit Wein und Speisen; und im Heck des Schiffes erwartete mich eine Matratze mit gutem Kissen und wollener Decke, damit ich bei der fünfstündigen Nachtfahrt noch ein Restlein meines unterbrochenen Schlummers nachholen könnte.

Die fein reparierte Flinte und die zwei bleischweren Säcke mit den 1000 Patronen wurden wasserdicht verstaut. Dann ging es hinaus in dieses schwarze, unsichtbare Rauschen – klatsch, – mit festen, taktmäßigen Ruderschlägen.

Ich hatte mich auf der Matratze ausgestreckt, hatte mich warm in die wollene Decke gewickelt und guckte bei dem linden Geschaukel des Bootes träumend hinauf zu den unruhig brennenden Sternen. Eine wohlige Müdigkeit begann mir durch die Glieder zu rieseln. Aber mit dem Schlafen war es nichts. Denn jetzt kam etwas Wundervolles. Ich hatte das früher noch nie gesehen und hab' es später niemals wieder in solcher Schönheit erlebt.

Zart und bescheiden fing es an. Manchmal begannen die Wassertropfen, die von den Rudern herunterfielen, inmitten dieser Nacht mit sanftem Blau oder Grün zu schimmern. Dann zuckten lange, phosphoreszierende Glanzbänder geheimnisvoll über die gestreckten Wogenbuckel hin. Nun ein wirres, weißgrünes Lichtgezitter an jeder Stelle, wo die Ruder einschlugen. Vor dem Bug des Bootes spritzten violette Funkengarben auf und schwammen nach beiden Seiten auseinander wie gekräuselte Streifen eines sonndurchschienenen Zigarettenrauches. Und hinter dem Heck des Bootes war das rauschende Kielwasser bis weit hinaus verwandelt in einen brennenden, glühenden, quirlenden Feuerstrom.

Die tiefe Stimme des alten Sarratti: *»Ah, ah! Vè, sinorrr! Vuol amar, quel mar!«* Ist halb ein Fischer und halb ein Bauer, und sagt: »Das Meer will lieben!« Und macht dazu noch in seinem knappen Dialekt ein unübersetzbares Wortspiel, dessen Doppelsinn bedeutet: Will ein bitteres Ding, will süße Liebe!

Und da flutete schon dieses zärtliche, geheimnisvolle Brennen des Meeres über alle Wogen hin, ging auf und nieder in Kurven und Bändern, mit leuchtenden Schlingen und Augen, in glatten Schimmerflächen, in glühenden Schalen und Bukkeln, in gerollten, rhythmisch durcheinander geschlungenen Geisterflammen. Wo eine Welle aufspritzte, war sie wie ein zuckendes Licht, wo am Boot eine Wasserflocke klebte, war sie wie ein grünes Feuerchen; und über die Ruderstangen lief dieses blaue Glimmen herunter bis zu den Fäusten der Schiffer. Unter der Schwärze des Himmels, an dem alle Sterne verschwanden, war dieses Brennen des Meeres so hell, daß der alte Sarratti und die Schiffer weiße Gesichter bekamen.

Und dann erlosch es wieder – schneller, als es gekommen war – und schien erlöschend hinunterzusinken in die finstere Tiefe. Noch ein mattes Flimmern auf den Wellenbuckeln, die sich zu überschlagen begannen. Nun eine undurchdringliche Schwärze rings um uns her, ein Dunkel, in dem man die steilen Ufer, so nahe sie waren, nimmer unterschied.

Mit geschlossenen Augen saß ich in dem heftig schaukelnden Boot. Ich wußte: was ich gesehen hatte, das waren die Liebesschmerzen und Liebesfreuden von Myriaden mikroskopischer Tierchen, die in dieser Nacht ihre Hochzeit hielten. Doch ich sah die frauenhafte Seele des Meeres – sah, wie sie heraufstieg aus dem Bodenlosen – sah, wie sie lächelte in Hoffnung, in dürstender Sehnsucht zu brennen begann. Ich sah, wie der Himmel in schwarzen Mantel sich vermählte mit dieser Glühenden, ich hörte sie seufzen – und sah, wie sie stumm einen dunklen Schleier um ihre leuchtende Liebe hüllte und wieder hinuntersank in die Finsternis.

Das Boot machte wunderliche Sprünge und zitterte unter heftigen Stößen. Aus dem Traumgewoge meiner Bilder erwachend, fragte ich: *»Cos è?«*

Der alte Sarratti sagte ein bißchen beklommen: *»Lo scirocc! Momo vièn.«* Der Schirokko, der die Wachteln bringt – jetzt kommt er gleich!

Noch war kein starker Wind zu spüren, nur ein leichtes, nervöses Fauchen in der schwülen Luft. Doch das Meer in seinem Inneren fühlte schon den Aufruhr, der da von Süden kam, und begann von unten herauf in Unruh zu geraten. Und der ganze Himmel war mit schwarzem Gewölk bezogen, während sich über das flutende Meer so dicke Dünste senkten, daß man die Blinkfeuer der fernen Leuchttürme nimmer sehen konnte.

Die Schiffer hielten mit dem verrückt werdenden Boote schärfer gegen das Ufer hin, nicht allzu nahe, denn zwischen dem Gestein da draußen gurgelte schon die beginnende Brandung. Und jetzt, als wir um eine vorspringende Felswand herumtauchten, fiel der Schirokko mit peitschenden Schlägen über uns her.

Das schwere Boot tanzte wie ein Federchen und machte so widersinnige Zuckbewegungen, als möchte es sich selber in vier Teile auseinander reißen.

Sarratti, von dem ich in dieser Finsternis und bei diesem Dunst und Wassergespritze nur eine unklare Silhouette sah, fragte mich, ob ich nicht Angst vor der Seekrankheit hätte. Das konnte ich mit gutem Gewissen verneinen. Ich bin da völlig unbegabt, bin nie noch ein Opfer des Meeres geworden. Aber während ich mich in den Kanten des an Drehwurm leidenden Bootes einhakte, dachte ich: »Wenn es mir noch *nie* passiert ist, passiert mir's *heute*!«

Wir kamen nur mühsam vorwärts. Die Schiffer erleichterten sich die schwere Arbeit durch einen regelmäßigen Wechsel von Flüchen und Gebeten, die beide sehr melodisch klangen.

Im Rauschen des Meeres und im pfeifenden Sturmwind hörte man plötzlich ein erbarmenheischendes Gewinsel. Dann folgten unheimliche Laute, die in einer gruseligen Gespenstergeschichte ihre Wirkung getan hätten. Der berühmteste Wachtelhund der Welt war in seemännischem Sinne unpäßlich geworden. Und es dauerte nicht lang, da leistete ihm der zwölfjährige Beppo, der meine Wachteln tragen sollte, bei dieser verzweifelten Beschäftigung sehr treue Gefolgschaft. Aber Beppo trotz der Verwirrung seiner Organe wußte noch immer, wo das Meer und wo das Boot war. Der Wachtelhund, dem es augenscheinlich an Intellekt gebrach, wußte das *nicht*; schien auch nicht zu wissen, wo die Grenze meiner Matratze war. Ein Glück, daß die jagenden Windstöße dieser schrecklich über dem Boote kochenden Atmosphäre kein langes Bleiben gestatteten.

Aus den treibenden Wolken fiel kein Regen. Doch immer ging's im matten Ergrauen des Tages wie ein Gewitterguß von klatschenden Tropfen über mich her. Meine Lippen schmeckten nach sehr viel Salz.

Jetzt fing der graue Giacomo Sarratti unheimlich zu fluchen an. Er tat auch sonst noch verschiedene dunkle Dinge. Dieser berühmteste Wachteljäger von Italien drehte schmerzvoll die Augen nach einwärts, wurde *sehr* ungeduldig und bettelte um Wein, um feste Stillungsbissen für seinen inneren Aufruhr. Den ganzen Korb schob ich ihm hin. Er schluckte und fraß. Aber tückischer Weise war der Korb nur mit Speisen angepackt, die zur Freizügigkeit neigten und sich in keinem Heimatswinkel zur Seßhaftigkeit bequemen wollten.

Das Boot wurde immer wahnsinniger, wollte vorne und hinten in die Höhe und in der Mitte hinunter – oder umgekehrt – pendelte nach rechts, pendelte nach links, bog sich nach einwärts, knickte und schnappte und erfand Bewegungskurven, die kein Mathematiker zu berechnen, kein diplomierter Ingenieur zu konstruieren versteht.

Während ich selber schon das Gefühl hatte, als liefe mir immer eine eiskalte Stahlkugel rings um die Magengrube herum, wurde von den sechs Schiffern einer um den anderen meerleidend. Unglaublich! Schiffer! Die sollten doch an so was gewöhnt sein? »Ja«, sagte einer, natürlich im Sorrentiner Dialekt, »*alles* kann man nicht lernen. Aber Schönwetter, Sardinen und Makkaroni vertragen wir *sehr* gut!«

Um die Qual dieser gepeinigten Menschen im Dusterlicht des Morgens nicht sehen zu müssen, drückte ich immer krampfhaft die Augen zu. Plötzlich ging unter dem Boot ein unheimliches Knirschen über die Plankenwand. Waren wir aufgefahren? Ich sperrte die Lider auseinander und gewahrte dicht neben der Bootswand eine steile Klippe, von der die mauerbleichen Matrosen sich wegzustoßen suchten. Aber noch etwas anderes bemerkte ich: wie das Boot und diese Menschen aussahen! Und dieser berühmteste Wachtelhund der ganzen Welt! Der ließ die Ohren in doppelter Länge hängen und war im übrigen einer geschorenen Katze ähnlich geworden. Das Grauen schüttelte mich. Und in meiner gefährlich aufgewühlten Seele war nur noch dieser *eine* Gedanke: »Raus!« Ohne die Sache lang zu überlegen, machte ich von der schwimmenden Matratze weg einen irrsinnigen Sprung. Und hing an der triefenden Klippe, während das Boot hinter mir davontanzte über dieses weiße Gebrodel. Ich hörte das sorgenvolle Geschrei der Matrosen und vernahm noch andere Laute, wie sie der Mensch nicht gerne auszustoßen pflegt. Aber ich guckte mich nimmer um, sondern kletterte mit Affenschnelligkeit über die Felsen hinauf, um diesen klatschenden Wassergüssen zu entrinnen.

Ganz deutlich hörte ich noch, daß der alte Sarratti verzweifelt kreischte: *»Le quaglie!«*

Die Wachteln? Hol doch der Teufel die Wachteln! Meine Seele dachte mit Falstaff: »Ich wollte, es wäre Schlafenszeit.«

Auf den nassen Steinen glitschte ich immer aus. Beim Felsklettern sind glatte Ledersohlen keine empfehlenswerte Sache. Um nicht einen Purzelbaum machen zu müssen, streifte ich die Schuhe von den Füßen, ließ sie hinunterplumpsen ins Meer und kletterte in den Strümpfen, triefend an jedem Faden, den ich am Leibe hatte.

Gott sei Dank! Jetzt war ich droben. In einem Weingarten von Massa-Lubrense. Ach, wie schön ist das Leben! Über viele Mauern mußte ich klettern, bis ich zur Straße kam. Ein paar Frühaufsteher sahen mich und lachten unbändig. Ich fand einen Schusterladen und trommelte den braven Handwerksmann heraus. Wirklich, er hatte *sehr* schöne Schuhe. Aber weil er sah, daß ich ein Paar davon haben *mußte*, verlangte er den dreifachen Preis.

Schuhe hatte ich jetzt. Aber gehen konnte ich nicht. Meine Sohlen brannten wie Feuer, bei jedem Tritt spürte ich hundert Nadeln.

Da kam ein Einspänner. Wer's nicht erlebt hat, kann nicht wissen, wie beseligend so ein Zottelrösselchen zu wirken versteht!

Fest in die Pferdedecke gewickelt, ein bißchen mit den Zähnen klappernd, fuhr ich von meiner Sorrentiner Wachteljagd nach Hause. Und dann zu Sant Agnello, während ich behaglich unter dem Moskitoschleier in meinem schönen Bett die zerschundenen Glieder streckte, stellte ich zu meiner Erheiterung eine genaue Bilanz über Soll und Haben meines weidmännischen Vergnügens auf.

Keine Wachtel!

Das kostete, alles in allem, die Schuhe und den Einspänner gar nicht mitgerechnet: 483 Lire.

Aber – wenn ich an das Meerleuchten dachte – dann mußte ich wieder sagen, daß dieses namenlos Schöne *weit* unter seinem Wert bezahlt war. Wie billig doch die köstlichsten Dinge des Lebens zu haben sind!

Gegen Abend erschien der Nimrod Sarratti bei meinem Bett. Mit dem Boot war alles noch glücklich abgelaufen. Nur den Speisenkorb und die schweren Patronensäcke hatten sie – wie Giacomo Sarratti eidlich beteuerte – zur Erleichterung des bedrohten Schiffleins über Bord werfen müssen.

Wir lachten viel. Und nachdem ich auch die Rechnung für das Boot noch bezahlt hatte, begann Sarratti die Leiden und Heldentaten seines berühmten Wachtelhundes sehr anschaulich zu schildern und bekneipte sich auf meine Kosten. In diesem Schwips gestand er mir schließlich, daß die Wachteln wahrhaftig gekommen wären, und daß er mit meinen tausend Patronen – die *nicht* bei der Seele des Meeres lagen – 317 von diesen feinen Speckvögelchen geschossen hätte.

Die letzten »Rittersleut«

Das ist vor vielen Jahren einmal gewesen. Da wurde in einem Gebirgsort am 25. August das Königsschießen abgehalten.

Damals gab es noch nicht die kleinen, dreikreisigen Scheibenblätter, wie sie heut im Gebrauch sind, sondern das ›Schwarze‹ war noch ein ›urdntlicher Brocken‹ – und zwischen dem Dreier und dem Punktschuß hatte noch der ›Vierer‹ ein ehrenvolles Dasein. Auch war jene unromantische Maschine noch nicht erfunden, mit der man die Güte eines Punktschusses auf so und so viel ›Grade‹ haargenau auszumessen vermag. Der Permanederhansl von Wurzbach hatte nicht so unrecht, wenn er beim ersten Auftauchen dieser Maschine den ingrimmigen Fluch tat: »Himi Herrgott Bluatsa, in alls bringt da Teifi sein Furtschritt eini!« Denn wie die Erfindung der Kanonen innerhalb hundert Jahren die schöne Ritterromantik zur Welt hinauspulverte, so verdrängte diese Graduierungsmaschine innerhalb eines Jahrzehnts beim Scheibenschießen das herkömmliche ›Rittern‹, das auf jedem Schützenfest die Kulmination aller Spannung zu bringen pflegte. Früher mußten – wenigstens beim Scheibenschießen im Dorfe – jene Schützen, die eine gleiche Zahl von Punktschüssen aufzuweisen hatten, unter höchster Aufregung der ganzen Schützenkorona vor der Preisverteilung zum ›Ritterschuß‹ antreten. Da zählte die Gesamtleistung des ganzen Tages, das wirkliche Können, die ruhige Hand, das scharfe Auge und die Sicherheit in dem Augenblick, in dem es das Höchste galt. Und immer war der beste Schütze der Gewinner des ersten Preises. Heute trägt – nach dem Richterspruch der Maschine – den besten Preis der Glücksvogel davon, der den ganzen Tag einen ›Weißen‹ um den anderen ›herpatzen‹ kann und dann ›zuafälli amal einirumpelt‹ ins tiefste Schwarz, wie ein blindes Huhn sein Gerstenkörndl findet.

Aber damals, bei jenem Königsschießen zu Wurzbach, war diese ›gottverfluachte Maschin‹, wie der Permanederhansl sie späterhin zu nennen pflegte, noch nicht erfunden. Und schon vor Beginn des Scheibenschießens wußte man's in der ganzen Gegend, daß wahrscheinlich wieder einmal, wie schon so oft seit Jahren, der Permanederhansl und der Zillerbillerloisl die ›Rittersleut‹ um den ›ersten Fahnen‹ sein würden. Denn die beiden waren nicht nur die besten Scheibenschützen weit und breit, sondern es war auch einer dem anderen an Ausdauer und Können derart ebenbürtig, daß sie es immer so machten: wenn der eine einen Punkt schoß, ließ es dem anderen keine Ruhe,

bis er nicht auch den Böller wieder ›aussigfuiert‹ hatte. Bei dieser gleichen Kunst sahen sie einander so ähnlich wie der Schinkenknödl und ein Zwirnsfaden, oder, um einen in Wurzbach heimischen Vergleich zu gebrauchen: wie der dicke Pfarrer und seine magere Köchin.

Der Permanederhansl war königlicher Jagdgehilf, verheiratet, und mit vierzig Jahren Vater von siebzehn Kindern, von denen seine Ehefrau Kreszenzia, geborene Schuittenstecher, ihm neune in sieben Jahren zur Welt gebracht hatte. Über seinen tätigen Anteil an der Hebung der Einwohnerzahl des Königreiches Bayern tat der Permanederhansl einmal den sexualphilosophischen Ausspruch: »I woaß net, was dös is bei mir. Bal i die Kurzlederne bloß ummihäng übers Bettstattbrettl, is' scho wieder passiert.

Er war aber auch ein Kerl wie ein Baum, seine zwei Zentner alten Gewichtes schwer, mit einem Kopf wie ein Kürbis in der Reife, mit einem Urwald von rotbraunem Vollbart, den nur der Kamm der fünf Finger durchzuhecheln vermochte. Und das mußten noch Finger sein, wie der Permanederhansl sie hatte. Von diesen Fingern erzählt man sich in Wurzbach eine Geschichte. Als der Permaneder Soldat werden sollte, hätte er sich gern von der ›Militari‹ weggeschraubt und behauptete vor dem

Regimentsarzt, daß er einen krummen gelähmten Zeigefinger hätte. Der Arzt untersuchte den krummen Finger – und der Feldwebel, ein Hüne von einem Menschen, machte resultatlos alle Versuche, den krämpfigen Finger des Permanederhansl glatt auszustrecken.

Da fragte der Regimentsarzt, der seine Oberländler kannte: »Wie war denn der Finger früher?«

»So!« sagte der Permanederhansl, streckte den Finger schön grade aus – und wunderte sich, daß er Soldat werden mußte.

Der Zillerbillerloisl dagegen war ein Bauernknecht, lang und mager, mit einem Janker, der ihm zu kurz war und hinten abstand, und mit einer langen Hose, die der Schneider noch fürs Wachsen berechnete, und drum mußte sie der Loisl über den Nagelschuhen immer umkrempeln, so daß der rote Futterbesatz über das Graue heraus kam. Der Zillerbiller war *auch* ein Vierziger, aber ledig, und seine Kinder hatten immer einen anderen Vater. Drum wußte man nie, wieviel der Loisl zum Wachstum der Landesbevölkerung beitrug. Und ein mageres, glattrasiertes Gesicht hatte er, mit hundert winzigen Fältchen und von einem pfiffigen Ausdruck. Und wenn er vor der Scheibe die Büchse hob, stand er immer so krumm zusammengeringelt wie ein Paragraphenzeichen. Sein alter Stutzen war ein fürchterlicher Kloben, plump und schwer. Wenn der krummgeringelte Loisl zielte, war's ein immerwährendes Gewackel mit dem übergewichtigen Lauf. Doch wenn der Zillerbiller ›fuierte‹, krachte draußem am Scheibenstand fast immer der Böller.

Wenn diese beiden bei einem Scheibenschießen mittaten, war es ein amüsanter Sport für die anderen Schützen, immer wieder mit Bewunderung und Neid die ›Bulletten‹ des Zillerbillerloisl und des Permanederhansl anzugucken. Da stand ein Dreier und Vierer neben dem anderen, und dazwischen standen die Ringelziffern. Einen ›Weißen‹ gab's nicht auf diesen Bulletten. Die beiden verdienten bei jedem Scheibenschießen einen schönen Brocken Geld. Aber der Permanederhansl war ein armer Teufel, weil er siebzehn Kinder ernähren, respektive ›veralamenten‹ mußte. Und der Zillerbillerloisl hatte ein paar Tausender auf der Sparkasse, weil immer andere für seine verschleierten Vaterfreuden zu blechen hatten.

Und damals, bei jenem Königsschießen zu Wurzbach, war es so: der Permanederhansl hatte dreizehn Punkte unter hundert Schüssen – und der Zillerbillerloisl hatte unter hundert Schüssen dreizehn Punkte. Drum waren die beiden wieder einmal die Rittersleute um den ersten Preis.

Unter allgemeiner Aufregung der ganzen Schützengesellschaft trat der Hansl vor die Scheibe, stand wie eine Mauer – und schoß einen Punkt.

»Brüaderl!« schrie er den Loisl an, lachend und siegesfroh, in der Hand den rauchenden Stutzen. »Dösmal därfst aber *guat* einiwackeln!«

Der Zillerbiller war grün im Gesicht und sagte kein Wort. Er trat in den Scheibenstand, wickelte sich krumm zusammen und wackelte eine Minute lang. Dann krachte der Böller.

In der ganzen Schützengesellschaft ein lärmender Aufruhr. »Himi Herrgott Bluatsa!« fing der Hansl in Wut zu fluchen an und bestellte sich eine frische Maß. Der Loisl schmunzelte nur, ließ sich den Krug wieder füllen und bestellte noch ein ›Viertele Schnaps‹. Und als er meinte, daß es niemand sähe, goß er dieses ›Viertele‹ dem Permanederhansl in den Maßkrug.

Schießscheibe aus dem Privatbesitz des Grafen Arco-Zinneberg

Der Hansl merkte nichts von dieser schützenbrüderlichen Manipulation. Aber der Förster, der seine lustigen Luchsaugen überall hatte, benützte einen günstigen Moment und vertauschte die Maßkrüge.

Weil der Zillerbiller ›eingestellt‹ hatte, mußte er jetzt beim neuen Ritterschuß ›vorlegen‹. Doch bevor er zum Stand hinüber ging, griff er nach dem Maßkrug und sagte mit seiner dünnen Stimme schmunzelnd zum Permanederhansl: »Geh her, Spezi! Soll's ausfallen, wia's mag! Du oder i! Aber daß mer koa Feindschaft net haben ... trinken mer no oans! Bis abi aufs letzte Tröpfl!«

»Gilt scho!« brüllte der Hansl mit Lachen. »Daß mer koa Feindschaft net haben!«

Jeder von den beiden leerte den Krug – und dann guckte der Zillerbiller ein bißchen verwundert in den hohlgewordenen Stein. Er trat vor die Scheibe, krümmte sich klein zusammen und wackelte länger als sonst. Und wieder krachte der Böller.

Die Schützen, die als Zuschauer den Stand umringten, gebärdeten sich in ihrer Begeisterung wie die Narren. Und natürlich bildeten sich zwei Parteien: die Forstleute schworen auf den Permaneder, die Bauern auf den Zillerbiller.

Die Situation war ernst. *Sehr* ernst! Denn der Permanederhansl fluchte nimmer. Ganz bleich war er geworden, bis unter die Haarwurzeln seines rotbraunen Bartwaldes. Seine Tatze zitterte, als er nach dem Stutzen griff. Vor der Scheibe aber stand er wie eine Mauer. Und schoß einen Punkt.

Unter dem Echo des Böllers schlug die begeisterte Schützengesellschaft einen Spektakel auf, daß die Kühe, die auf einer nahen Wiese weideten, die Schwänze streckten und brüllend davonrannten. So was hatte man aber auch seit Menschengedenken noch nie erlebt: vier Punktschüsse beim Rittern!

Wie ein Freudenrausch befiel es den Hansl. »Gelt, Du Krippenreiter«, schrie er seinem Rivalen zu, während ihm das breite Gesicht gleich einem gebratenen Riesenapfel zu glänzen begann, »Di schnäuz i no allweil abi übern Wagen!« Er lud den Stutzen und ließ den Ladstock bis zur Decke der Schützenhalle springen. Und der Übermut packte ihn. Denn als er, um ›vorzulegen‹, zum Scheibenstand hinüberging, da schrie er: »Jetzt paßts auf! Jetzt muaß no oaner aussi! A Zirkelter! No oaner muaß aussi! Himi Bluatsa!«

Unter lautloser Spannung der Korona tat der Hansl, während der Zillerbillerlois mit steifen Augen lauernd in der Nähe stand, den dritten Ritterschuß. Aber kein Böller krachte. Und lange suchte der Zieler vor der Scheibe. Dann zeigte er einen ›Weißen‹ auf, handbreit über dem Schwarzen.

Die Bauern, die auf den Loisl gewettet hatten, erhoben ein wieherndes Gelächter, und die Forstleute begannen wütend auf den Hansl zu schimpfen. Der hatte im Gesicht das Käsfarbene bekommen. Doch ruhig blieb er im Stand und schüttelte den Kopf. «Dös ko ja do net sein! Der muaß ja bsuffen sein da draußt!« Wütend riß er an der Glockenleine und brüllte: »Wia du! Zoag no amal auf!«

Der Zieler zeigte – und wieder den ›Weißen‹.

Hinter dem Kreis der Schützen schrillte ein heiserer Juhschrei. Den hatte der Zillerbillerloisl aus seiner Freude herausgeschrien.

Dem Hansl fuhr eine ›fliegende Hitz‹ über die Stirne. »Himi Herrgott Kreizteifi und Bluatsa!« Aber weil jeder Schütze, der einen schlechten Schuß getan, gleich eine Entschuldigung und einen Trost bei der Hand hat, sagte der Hansl: »'s Kügei muaß i z'fest aufgsetzt haben. Drum is'r mer z'hoach ganga. Aber stangagrad is'r mer brocha! . . . No, der zwoate Preis is aa net schlecht! . . . Himi Bluatsa!«

Alle Spannung der Schützengesellschaft war zu Lärm und Lachen gelöst. Denn daß der Zillerbiller jetzt den ›Ersten‹ davontragen würde, das stand außer Zweifel. Dieser Meinung schien auch der Loisl selbst zu sein, als er vor die Scheibe trat. Denn er lächelte. Doch in seinem Gesicht war etwas Aschiges. Und die Augen riß er steif und kreisrund auf, während er den Stutzen hob und sich zusammenwickelte. Und lange, lange, lange wackelte der Loisl, ›aussi und eini‹, bis er endlich schoß. Kein Böller krachte. Trotzdem guckte der Pemanederhansl, der beim Ladetisch wütend sein Zeug zusammenkramte, gar nicht hinaus zur Scheibe. Doch ein johlendes Geschrei der ganzen Schützengesellschaft machte ihn aufblicken. Und da sah er draußen in der Abendsonne den Zieler jene bösen Winke machen, die bedeuten: »Die Scheibe ist gefehlt!« Mit einem brüllenden Freudenschrei tat der Hansl einen Luftsprung, wühlte sich mit den Ellenbogen durch den Kreis der Schützen und wollte den Zillerbillerloisl umarmen: »Brüaderl, Brüaderl, Brüaderl . . .«

Aber der Loisl stieß den zärtlichen Bruder zurück. Und während er das aschige Pfiffikusantlitz mit den steifen, kreisrunden Augen auf absonderliche Weise hin und her drehte, fing er zu kreischen an: »Dös laß i mer net gfalln! Und ums Verrecka net! Dös laß i mer net gfalln. Der hat mi damisch gmacht! Der hat mer ebbes einigschütt ins Biar!«

Das ging dem Permanederhansl gleich an die Ehre: »Was?« brüllte er im Zorn. »I? *Was* hab i? *Eini*gschütt hab i d'r ebbes? *Was* hab i d'r einigschütt?«

»An Schnaps hast mer einigschütt ins Biar! Der hat mi damisch gmacht! Dös gilt nix, sag i!«

Dem Hansl trat das Augenweiße aus dem roten Gesicht heraus. »Ja Himi Bluatsa!« Im gleichen Schnaufer hatte er den Zillerbiller mit der einen Faust schon an der Gurgel und fing mit der anderen zu dreschen an. Bei *diesem* Ritterspiel war der Permanederhansl von vornherein obenauf.

Unter Geschrei versuchten die Schützen dem Streit zu wehren und rissen die beiden Rittersleute auseinander. Und weil durch das Zeugnis der Kellnerin dokumentiert werden konnte, daß der Zillerbillerloisl *selbst* das Viertele Schnaps zu seiner letzten Maß bestellt hatte, war die Sache schützengerichtlich erledigt.

Der Förster schmunzelte und schwieg.

Als der Permanederhansl bei der Preisverteilung unter Trompetentusch den ›ersten Fahnen‹ in Empfang nahm, sagte er lachend zum Loisl: »Du, dös Viertele zahl i d'r! Brauchst d'r koane Unkösten machen! Weißt, auf der Welt muaß alles grecht vertoalt sein!«

Wortlos nahm der Zillerbiller seinen ›zwoatn Fahnen‹ in Empfang und torkelte davon. Und kreischte dann über die Schulter zurück: »Paß auf, du! Übers Jahr! Da raam i d'r 's abi, dir! . . . Kreizhagelsternsakra!«

Der Hansl lachte. Und in seiner Ritterfreude bichelte er sich am Abend einen Rausch an, wie man *auch* seit Menschengedenken noch keinen gesehen hatte.

Genau neun Monate nach dem Königsschießen, in der letzten Maiwoche, mußte der Permanederhansl sein achtzehntes und neunzehntes Kinderl taufen lassen. Denn in diesem schönen Frühling brachte seine Ehefrau Kreszenzia, geborene Schuittenstecher, ein gesundes Zwillingspärchen zur Welt. Aber das verdarb dem Hansl den Humor rein gar nicht.

Als sich das Königsschießen jährte, schrie der Hansl beim Eintritt in die Schützenhalle dem Zillerbiller lachend zu: »Was moanst? Muaß i d'r heint wieder a Viertele zahlen?«

Doch diesmal gab es beim Königsschießen keine Rittersleute mehr. Denn die neue, ›gottverfluachte‹ Punkt-Meß-Maschine war erfunden worden. Und *weder* der Permanederhansl, *noch* der Zillerbillerloisl bekam den ›ersten Fahnen‹ – obwohl ein jeder von den beiden seine siebzehn Punktschüsse auf der ›Bulletten‹ stehen hatte. Erster Preisträger war der Schneidermeister Haubenstoißer, der unter hundert Schüssen dreiundvierzig ›Weiße‹ gefleckelt hatte, aber – nach dem Schiedsspruch der neuen Maschine – mit dem einzigen Punkt, den er im Dusel herausgestochen, zufällig, ›ins tiafste Blattl einigrumpelt‹ war.

Und i und mei' Hundei

Zahlreich sind die Vergleiche, die der Volksmund aus der weidmännischen Zoologie zu wählen pflegt. Allerdings sind sie zumeist Vergleiche so recht nach dem Sprichwort – sie hinken.

Nur ein einziger unter ihnen besteht vor jedem Urteil – das jeder Menschenzunge geläufige: »Treu wie ein Hund.« Und niemand weiß die Wahrheit dieses Wortes höher zu schätzen als der Jäger. Wenn schon dem Flachlandsjäger der schneidige Teckel und der wohlgeschulte Feldhund weit mehr ist als nur ein nötiges Jagdrequisit, so gestaltet sich in den Bergen das Verhältnis zwischen Jäger und Hund noch weit inniger. Hier machen die beiden zusammen ein einziges aus, hier ist der Hund gleichsam des Jägers lebendig gewordener Schatten. Dem Hochlandsjäger ist der Jagdhund Kamerad und Genosse, und es ist kein Zufall, daß gerade der Name »Söllmann«, d. h. Gesellmann, für Gebirgsschweißhunde am häufigsten gebraucht wird.

Wenn solch ein Jäger von den langen Sommermonaten erzählt, die er hoch oben in entlegener Jagdhütte einsam zu verbringen hat, kann man ihn häufig sagen hören, daß in dieser Zeit für ihn sein Hund die einzige »Ansprach« wäre. Da haben die beiden nun freilich Gelegenheit und Muße, einander zu studieren und einander so nahe zu treten, daß die Scheidewand fast zu schwinden scheint, die zwischen Mensch und Tier errichtet ist.

Wer mit solchen Dingen nicht vertraut ist, dem mag es wohl komisch erscheinen, wenn er gelegentlich einen Gebirgsjäger in Ernst und Scherz mit seinem Hunde sprechen hört, gleich wie mit einem Menschen. Da ist dann auch jeder Zweifel, ob der Hund diese Sprache denn auch verstünde, gar übel angebracht. »Was? Mein Bürschl, meinen S', der versteht mi net? Der versteht a jede Silben, akrat wie wann er in d' Schul' 'gangen wär'. Grad, daß er selber net red'n kann!« Und solchem Glauben vermag man schwer zu widersprechen, wenn man beobachtet, mit wie klugen, verständnisvollen Augen das treue Tier auf seines Herrn Worte lauscht, wie es Scherz und Ernst schon im ersten Ton der Stimme unterscheidet, jeden Augenwink und jede Bewegung des Jägers begreift, und wie es sogar mit den Gewohnheiten, Launen und Stimmungen seines Herrn zu rechnen weiß. Aber auch der Jäger versteht die stumme und laute Sprache seines Hundes, den flehenden Blick des hungrigen oder dürstenden Tieres, sein Scharren und Trippeln, sein Knurren und Murren, sein Winseln und Klagen, und er hat ein feines Ohr für das Hundegebell, so daß er es genau zu unterscheiden vermag, ob der treue Wächter die Nähe eines Fremden meldet, ob der Hund »verloren« bellt, wenn er bei der »Schweißarbeit« in Dickicht oder Gestein sich verirrte oder verstieg, ob er, auf der Fährte hängend, das »aufgestochene« Wild mit hellem Läuten begrüßt, ob er vor dem gestellten Hirsche scharfen »Standlaut« gibt oder den verendeten Recken »tot verbellt«.

Hand in Hand mit der Zuneigung, die der Jäger seinem vierbeinigen Kameraden schenkt, geht der Stolz; da hält ein jeder seinen Hund für den Ausbund des Geschlechtes, und wer einen Jäger so recht ins Herz hinein kränken will, der braucht ihm nur zu sagen, daß sein Hund keinen Schuß Pulver tauge. Man muß sie nur hören, wenn sie bei einander sitzen und das Lob ihrer Hunde singen. Da will einer den anderen übertrumpfen, und wenn sie mit der Wahrheit nicht mehr ausreichen, nehmen sie ihre Zuflucht zu dickem Latein. Da kommt dann wohl die Geschichte von jenem schneidigen Hunde aufs Tapet, der mitten im Dorf eine Haustür »stellte«, weil über derselben eine Firmentafel angebracht war: »Schneidermeister Fuchs« – oder die Geschichte von jenem Schweißhund, der acht volle Tage vor einem verendeten Hirsch vergebens auf den Jäger harrte und schließlich dem Hirsche ein Stück Ohrwaschl – die Jäger sagen: Lauscher – abbiß, um dasselbe ins Forsthaus zu apportieren, gleichsam als Visitenkarte ... oder die Geschichte von jenem beharrlichen Birschmann, der seinem Herrn spurlos verloren ging, bis der Hund ein volles Jahr später vor den Knochenresten einer Gemse als »stehendes« Skelett gefunden wurde.

Ehrliche Bursche sind sie alle, diese Hochlandsjäger, aber so ehrlich ist dennoch keiner, daß er die etwaigen Mängel seines Hundes eingestehen möchte, nicht einmal im Walde draußen, wenn der Hund vor Zeugen schlecht auf der Schweißfährte arbeitet oder durch knurrige Unruhe den Birschgang verdirbt. »Na, jetzt da schau, was der Hund heut hat«, brummt wohl der Jäger in einem solchen Falle unter ratlosem Kopfschütteln, »jetzt das is aber gspaßig – so was tut er doch sonst nie!« Natürlich ist er auch um Ausreden nicht verlegen, und da muß es bald der »elende« Wind sein, welcher den sonst so verläßlichen Hund »fexiert«, oder der brave Bergmandl, der »halt gar so viel selten an' Menschen siecht«, ist durch die Anwesenheit eines Fremden »verschüchtert«, oder es hat ihm »d' Nässen vom Gras sein' Nasen verlegt« usw.

Wie anders aber, wenn Bergmandl mit promptem Fleiß arbeitet und etwa gar ein Meisterstücklein liefert, indem er nach stundenlanger Suche einen erbärmlich angeplänkelten, nur in seltenen Tropfen schweißenden Hirsch ausmacht, den »unter hundert Schwoaßhund' net an' oanziger mehr z'stand' 'bracht hätt'!« Da leuchten dem Jäger vor Stolz und Freude die Augen, da weiß er gleich mit einem Dutzend ähnlicher Geschichten aufzuwarten, und zärtlich tätschelt er mit den braunen Händen den Kopf des Lieblings, an den »in der ganzen Welt schon gar kein Hund mehr hin kann«. Für Bergmandl aber setzt es in den folgenden Tagen gute Zeiten und gute Bissen. Darben muß er freilich auch sonst nicht. Redlich teilt der Jäger die karge Hüttenkost mit seinem treuen Gesellen, breitet ihm den weichen Wettermantel zum Lager neben den kleinen, eisernen Kochherd, behütet ihn nach Möglichkeit vor Nässe und Kälte, und wenn eine Krankheit das Tier befällt, oder wenn es bei einem Sturze sich verletzte, widmet er seinem kranken Gesellen eine so ausdauernde und achtsame Pflege, wie er sie kaum sich selbst in unpäßlichen Zeiten angedeihen läßt. Der Hund versteht und fühlt diese Sorge, und er lohnt sie seinem Herrn durch schmeichelnde Anhänglichkeit und nicht selten durch Treue bis in den Tod. Die vielerzählte Geschichte des Hundes, welcher bei der Leiche des von einer Wildschützenkugel ins Moos gestreckten Jägers ausharrte, bis er vor Hunger verendete, ist ebensowenig eine Fabel wie die minder bekannte, zum Gegenstück solcher Tragik recht lustige Geschichte des braven »Haßl«, den ein alter Förster des Oberisartales sein eigen nannte. Der fidele Graukopf liebte einen guten Trunk, und da trank er denn häufig ein paar Krüglein über den

Durst. Das »bisserl« Zuviel spürte er nun immer »woltern in die Kniee«, und da war es in finsterer Nacht mit dem Heimmarsch vom Wirtshaus eine böse Sache. Da wäre es ihm gar häufig übel ergangen, wenn er seinen »guat'n« Haßl nicht gehabt hätte. Der diente ihm als Führer und Laterne. Der Förster brauchte ihn nur unter der Wirtshaustür beim Schweif zu packen, und dann zog der gute Haßl an, leitete seinen Herrn im Schlepptau heimwärts über die pechschwarze Straße und zu guter Letzt noch über die steile Treppe hinauf in die Kammer, wo der Förster nur ins Bett zu fallen brauchte.

Da mag es nun wohl begreiflich sein, wenn es im Volkslied der Berge heißt:

»Und das is dir a Lieb',
Ohne Falsch, ohne End',
Und das is dir a Lieb',
Dö koan Eifersucht kennt!

Und i und mei' Hundei
Mir zwoa halten z'samm',
Wie d' Stern mit 'n Himmi,
Wie der Wald mit die Baam!«

Keine Eifersucht, aber wohl einen Schmerz kennt diese »Liebe«, denn es ist eine harte Sache, wenn man dem treuen Gesellen nach langen Jahren inniger Freundschaft eines Tages die Kugel geben muß, um das von Alter und Strapazen gebrochene Tier doch wenigstens vor elendem Siechtum zu bewahren . . .

Da kommt mir die Erinnerung an einen Oktobertag, an dem ich zur Hirschbrunft auf die Berge stieg. Der Jäger, der mich führen sollte, erwartete mich in der Jagdhütte. Ich freute mich schon auf den lustigen Alten, machte aber verdutzte Augen, als ich seine trübselige Miene sah und den mürrischen Gruß hörte, den er mir bot.

»Ja was is denn?« meinte ich kopfschüttelnd. »Was machst denn du heut für an' Kopf? Mir scheint, heut hast an' schiechen Tag?«

»Ja«, murrte er mit heiserer Stimme vor sich nieder, »woltern an' schiechen Tag! Mein' Söllmann hab' i derschießen müss'n, weißt weil's halt gar nimmer mit ihm 'gangen is! Den ganzen Sommer hab' ich ihm noch 's Gnadenbrot 'geben, aber den Winter hätt' er nimmer überstanden. Auf ein' Aug' hat er schon nix mehr g'seh'n, und 's Schnaufen hat er a bald nimmer vermöcht. No mein, da hat's schon ihm z'lieb sein müssen, wann's mich gleich so viel hart ankommen is. Denn so an Hund gibt's ja gar nimmer, und wie der an ei'm g'hängt is, das kann i kein' Menschen net sag'n! Aber no, heut in der Fruh, da hab' ich ihm fürs letztemal noch a Fleisch auf'kocht, und dernach hab' ich ihn 'nausg'führt ins Holz, an a recht a schön's Platzl hin. G'wiß wahr, dreimal hab' ich auffahren müssen mit der Büchs, so viel haben meine Händ' 'zittert. Und wie ich's dengerst z'sammbracht hab', da hat er sich gstreckt im Schnall, a kloanwunzigsbißl noch hat er g'wedelt, und grad a wengerl hat er den Grind noch ghoben und hat sich umgschaut nach meiner, mit zwoa so traurige Augen, wie wann er noch hätt' sagen mögen: So? So machst es du mit mir . . .?«

Dem Alten schlug die Stimme über; schnüffelnd fuhr er sich mit dem Ärmel über die Nase und wandte sich ab, damit ich die Tränen nicht sehen sollte, die ihm über die Backen niederkollerten in den grauen Bart.

Der Michel und sein Todfeind

Im Laufe der dreißig Jahre, seit ich das Weidwerk übe, ist eine vielköpfige Reihe von Berufsjägern an mir vorbeigegangen. Die meisten waren mir freilich wie Menschen auf der Straße, die vorübergehen und kaum gesehen schon wieder vergessen sind. Mancher aber hat sich unauslöschlich in meine Erinnerung eingebrannt und seinen Namen in mein Leben geschnitten, wie man tiefe Zeichen in die Rinde eines Baumes schneidet, in der sie niemals wieder vernarben.

Wenn ich zurückdenke über diese dreißig Jahre, tauchen harte, eigensinnige Köpfe vor mir auf, frohe und gutmütige Gesichter, Männer von eiserner Energie und hilflose, weiche Träumer, wilde, heißblütige Kerle und kindlich besaitete Gemüter, wunderbar kluge Leute und ratlose Narren, Söhne der tollenden Lebensfreude und stille Kinder des Schmerzes.

Kunterbunt, wie sie aus meiner Erinnerung aufwachen, will ich sie schildern. Und diese absichtslosen Studien, treu nach dem Leben gestrichelt, mögen beitragen zum Verständnis der seltsamen Linien, mit denen die Natur bei der Bildung des Volkes die Köpfe und Herzen zeichnet.

Ihre Namen, wie sie im Taufbuch stehen, darf ich nicht nennen. Muß auch verschweigen, wo die Geschichte spielte. Denn der Michel – so soll der Jäger heißen – sagte mir damals: »Gelt, halten S' fein 's Mäu! Sonst kunnten mer nobel in d' Schlemastik kemma!« Und ich fühle nicht das Verlangen, als Ankläger aufzustehen, wo kein Richter war. Nach dem Strafrecht ist ja die Sache schon längst verjährt.

Schon der erste Abend, den ich mit dem Michel in der Jagdhütte verlebte, ist mir in schwüler Erinnerung geblieben. Noch heute laufen mir Ekel und Grauen mit einem Schauer über den Rücken.

Ich hatte damals, nach meinem letzten Universitätsjahr, eine Jagderlaubnis in einem der wildreichsten Reviere unserer Berge. Ende Juli, an einem regnerischen Nachmittag, kam ich in dem Dorf an, in dem der Forstmeister wohnte. Obwohl es in Strömen schüttete, ließ mir die Glut meines jungen Jagdeifers keine Ruhe, und ich wollte noch vor Abend hinauf ins Gemsrevier. Der Michel wurde mir als führender Jäger zugeteilt, ein langer, sehniger Bursch, mit einem derben und gutmütigen Gesicht, dem nach Art der Mongolenbärte ein dicker, brauner Schnauzer über die Mundwinkel hing. Im Wirtshaus verproviantierte ich mich flink für ein paar Hüttentage, dann nahm der Michel den schweren Bergsack auf den Rücken, und unter

dem Schutz der Wettermäntel marschierten wir los. Ein nasses Vergnügen, dieser Aufstieg! Es regnete, daß der Michel einmal sagte: »Gestern muß der Peterl aber ghörig pichelt haben!«

Ich hatte so viel mit meinem triefenden Mantel und mit dem glitschigen Weg zu schaffen, daß ich zum Plaudern nicht sonderlich aufgelegt war. Der Michel aber machte immer wieder einen Versuch, mir die Zeit zu vertreiben. Und als er gelegentlich stehen blieb, um zu rasten und hinunterblickte in das grauvernebelte Waldtal, sagte er: »Gestern haben s' den Lindlmayer hoambracht, an meinigen Kameraden.«

»Heimgebracht?«

»Schluß hat er halt gmacht! Wissen S', an der Lunglsucht hat 'r labariert. Und da hat 'r si gestern a Kügerl auffipelzt aufs richtige Fleckl. Jetzt hat 'r sein Fried. Is a braver Mensch gwesen, recht a handsamer, ja!«

Ich wollte mich umblicken nach dem Jäger, der mit einem kurzen Ja über allen Schmerz eines zerstörten Lebens hinübersprang. Aber da rann mir die grüne Lauge meiner neuen Hubertuskappe über das Gesicht, und ich hatte Arbeit, um Augen und Nase wieder trocken zu bekommen. Auch war das Thema, das der Michel da angeschlagen, nicht besonders erquicklich. Drum ließ ich es ruhen.

Bei den schlechten Wegen dauerte der Aufstieg länger, als ich gerechnet hatte, und wir kamen in finstere Nacht hinein. In der Hütte fanden wir die kleine Hängelampe völlig ausgebrannt, kein Tropfen Petroleum war in der Kanne – und daß ich Kerzen hätte mitnehmen sollen, daran hatte ich in der Eile nicht gedacht. So mußten wir im Dunkeln sitzen und unser Nachtmahl bei dem Glutschein verzehren, der aus dem Schürloch des eisernen Kochherdes gloste. In der winzigen Stube war eine Hitze zum Ersticken; die auf den Herdstangen trocknenden Kleider und Mäntel verursachten einen abscheulichen Dunst; aber das Rasten im Trockenen tat mir wohl, die Hoffnung auf gutes Wetter und einen ergiebigen Pirschtag vergoldete meine Laune, und während der Michel sich auf die hölzerne Bank legte, streckte ich mich behaglich auf die Seegrasmatratze des Kreisters.

»Guat Nacht, Herr!«

»Gute Nacht, Michel!« sagte ich gähnend und zog die wollene Decke über den Hals.

Wie süß mir die Ruhe in allen Gliedern prickelte! Doch als ich schon zu duseln anfing, spürte ich plötzlich unter meinem Rücken etwas Feuchtes. »Michel, da muß es hereingeregnet haben! Die Matratze ist ganz naß.«

»Ah na, da hat's net einigregnet! 's Dach is guat! Dös weard halt Blüat sein!«

Erschrocken fuhr ich in die Höhe. »Blut?«

»No ja, auf Enkerer Liegerstatt, da hat si gestern der Lindlmayer derschossen.«

Den Sprung, den ich aus dem Bett machte, hätt' ich sehen mögen! Und wie ein Narr hinaus zur Stube! Von Ekel geschüttelt, riß ich mir draußen das Hemd herunter und ließ mir vom heiligen Petrus den nackten Rücken waschen.

»Jesses, jesses«, brummte der Michel verdrießlich, »wia ko ma denn so hoakli sein? Blüat is halt Blüat! Wann a Gamsbock schwoaßt, da graust Eahna do aa net!«

Um keinen Preis der Welt hätt' ich die Nacht in dieser Stube zugebracht. Schauernd in den feuchten Mantel gewickelt, blieb ich unter dem vorspringenden Hüttendach im Freien sitzen. Der Michel redete mir immer zu, daß ich ›gscheid sein‹ sollte. Schließlich aber gab er die nutzlose Mühe seiner Überredungskünste auf, ging in die Stube zurück, breitete seinen Wettermantel über die Matratze und legte sich drauf. Ich konnte ihn schnarchen hören bis zum Morgen.

Als das Frühlicht dämmerte, übersiedelten wir in eine andere, zwei Stunden entfernte Hütte. Die Jagd aber wollte mich nicht mehr freuen. Doch der Michel lachte immer, als hätte er in seinen 35 Jahren was Lustigeres nicht erlebt. Und das wurde für ihn zu einem Sport, mich immer zu fragen: »Herr, haben S' an trückenen Buckel?« Ich mußte dem Michel das verbieten, denn ich konnte mich an diese fidele Frage nicht gewöhnen.

Im Laufe jenes Sommers hab ich mit dem Michel noch manchen Pirschgang gemacht. Doch in der ›feuchten‹ Hütte habe ich niemals wieder geschlafen. Mit dem Michel aber bin ich gut Freund geworden. Er war ein vorzüglicher Jäger, mit einer ruhelosen Aufmerksamkeit in den huschenden Augen. Auch sonst ein Mensch, mit dem sich's auskommen ließ – »recht ein handsamer«, wie er vom Lindlmayer gesagt hatte – einer, mit dem man lustig über alles schwatzen konnte. Nur von seinem Todfeind durfte man mit dem Michel nicht reden – vom Schmiedbartl, wie ich den anderen nennen will. Wenn dieser Name klang, wurde der Michel völlig ein anderer Mensch; seine Gestalt krümmte sich zusammen, wie die Katze den Buckel aufzieht, wenn der große Hund kommt; die eingekniffenen Augen bekamen einen starr funkelnden Blick, und ›fliegende Hitzen‹ gingen dem Michel über die aschfarbene Stirn. Dabei hatte er eine typische Redensart: »Herrgott Sakra! *Den* Kerl wann i amal . . .« Den Rest dieses Gedankens verschluckte er immer. Und mehr war aus dem Michel nicht herauszubringen. Aber vom Forstmeister erfuhr ich, daß der Schmiedbartl seit Jahren im Verdacht wäre, ein Wilddieb zu sein, und zwar von den gefährlichsten einer. Er trieb sein Handwerk nach § 11, der bekanntlich lautet: nicht erwischen lassen! Die Jäger hatten um seinetwillen Verdruß und Ärger an allen Enden und Ecken des Reviers. Und noch etwas anderes hatten sie: Sorge um ihr Leben! Da konnte hinter jedem Baum,

hinter jedem deckenden Fels eine unerwartete Kugel herausfliegen. Und jetzt verstand ich sie erst, diese blitzende, rastlose Aufmerksamkeit, die in Michels huschenden Augen war, wenn wir in der Dämmerung miteinander pirschten.

Eines Vormittags, ehe wir zu Berg steigen wollten, saß ich mit dem Michel im Extrastübchen des Wirtshauses, ich in der Aussicht auf gute Jagd, und der Michel in fideler Laune; denn er hatte einen kapitalen Hirsch bestätigt und wußte, daß es an einem guten Trinkgeld nicht fehlen würde, wenn der Geweihte sein Testament machte.

Da trat ein Bursch in die Stube, ein paar Jahre über die Dreißig und gut gekleidet, ein bißchen stutzerhaft, wie die Tegernseer Komödianten in der Stadt umherlaufen, wo sie gastieren. Auch gut genährt war er und brauchte schon einen weiten Hosenbund; aber an seinen lässigen Bewegungen merkte man gleich, daß sich eine eiserne Kraft hinter ihnen verbarg. Das glattrasierte, mit drei großen Blatternnarben gezeichnete Gesicht hatte gerade nichts Unsympathisches. Diese ruhigen, wasserblauen Augen gefielen mir sogar. Wie scharf mußten sie sehen! Denn die Pupillen, die schwarz in diesem Blau saßen, waren so klein wie Stecknadelknöpfe.

Ohne zu grüßen, setzte er sich an das andere Ende unseres Tisches, legte die Ellenbogen auseinander und musterte mit gemütlichem Schmunzeln bald den Michel, bald wieder mich. Mit diesem Schmunzeln verdarb er es bei mir, und fragend sah ich den Michel an. Der hatte plötzlich seine gute Laune verloren und redete kein Wort mehr. Als ich diesen aufgezogenen Buckel sah, diesen harten, lauernden Blick und diese ›fliegenden Hitzen‹ auf Michels kalkiger Stirne, da wußte ich gleich: Das muß der Schmiedbartl sein!

Der Michel in seinem Schweigen trank immer häufiger, doch immer nur mit kleinem Schluck. Und wenn er das Bierglas auf den Tisch zurückstellte, zitterte ihm die Hand. Als es leer war, schlug er mit der Faust auf die Tippglocke, die vor ihm stand. »Mareidl!« rief er der Kellnerin zu. »An Schnaps bringst mer!«

Und der andere sagte mit seinem gemütlichen Schmunzeln: »Mir bringst an Schampani, gelt!«

Die Kellnerin zeigte ein wütendes Gesicht. »Bartl, da machst, daß d' aussi kommst!«

»Ah so?« fragte der andere in seiner lächelnden Ruhe. »Hab i scho amal ebbes net zahlt? Geh! Mein Schampani bringst mer! Mir leidt's oan!«

»Wart, du! Der Wirtin sag is!« Und das Mädel surrte zur Türe hinaus.

Der Schmiedbartl begann einen Ländler leise vor sich hin zu

pfeifen und betrachtete dabei der Reihe nach die Hirschgeweihe, die am braunen Getäfel hingen. Den Michel sah er gar nicht mehr an. Der sprang aber gählings auf wie ein Verrückter, und seine Stimme kreischte vor Zorn: »Du? Willst mer ebbes?«

»Iiii?« Verwundert sah der andere an dem Jäger hinauf, und die kleinen Pupillen seiner wasserblauen Augen wurden noch kleiner. »Was d'r einfallt!«

Der Michel schien den Verstand verloren zu haben und wollte losdreschen. Aber da hatt' ich ihn schon an der Joppe erwischt und riß ihn zurück. Im gleichen Augenblick erschien auch die Wirtin, eine kleine magere Person, so schwächlich, daß der Schmiedbartl sie mit einem Schnaufer zur Türe hätte hinausblasen können. »Bartl!« sagte sie mit einem messerscharfen Stimmchen und deutete nach dem Loch, das der Zimmermann gemacht hatte. »Staub aus!«

Ohne ein Wort zu sagen erhob sich der Bursch und verließ die Stube.

Der Michel aber krampfte die Fäuste zusammen, daß er ganz weiße Knöchel bekam. »Haben S' es net gsehgn? 's Pech hat 'r no hinter die Ohrwascheln!«

»Pech?«

»Wo er si beim Wildern d' Larven dermit anpickt! . . . Herrgott Sakra! *Den* Kerl wann i amal . . .«

Das wußte ich jetzt: wenn die beiden sich da droben im Bergwald einmal begegnen, dann geht nur *einer* vom Fleck – der eine, der mit dem krummen Finger der Flinkere ist.

Zwei Jahre später sollte mich ein böser Zufall zum Zeugen der Abrechnung machen, die in der Sonne eines schönen Morgens diese beiden Todfeinde miteinander hielten.

Seit einer Woche hauste ich mit dem Michel hoch droben über dem See in einer Jagdhütte. Am Samstag abends mußte der Jäger ins Dorf hinunter, um seinen Wochenrapport zu erstatten. Weil er am folgenden Morgen nicht zurück sein konnte, bis es schußlicht wurde, machten wir aus, daß ich für mich allein einen Pirschgang unternehmen sollte, während der Michel den Rückweg zu einem ›Speggaliermarsch‹ durch die tiefer liegenden Wälder zu benützen gedachte, die an Sonn- und Feiertagen gerne von ungeladenen Jagdgästen besucht wurden. Dann wollten wir uns auf der ›Seeplatte‹ treffen.

Es war ein herrlicher Morgen, so reich an geheimnisvollem Reiz und zärtlich flüsternden Farben, daß ich bei unersättlichem Schauen ganz die Jagd vergaß. Als die kommende Sonne ihre Rosenglut über die steinernen Zinnen hinhauchte, alle die schweigsamen Wipfel der Zirben umgoldete und in den weißen Tauperlen die feurig blitzenden Seelchen weckte, schwammen aus der Tiefe gerade die sanften Glockentöne herauf, die drunten im Dorf zur Frühmesse riefen. Wie köstlich fein das in der Stimmung war! Zu solcher Stunde, wenn die Natur im keuschen Glanz der Frühe all ihre Schönheit entschleiert – zu solcher Stunde rinnen dir merkwürdige Dinge durch Blut und Sinne. Da glaubst du allem ungelösten Rätsel des Lebens wie ein Wissender gegenüberzustehen.

Aber der Hirsch, der auf dreißig Gänge vor mir stand, ohne daß ich ihn sah, und der mich erst durch den Lärm seiner Flucht auf sich aufmerksam machte – was sich *der* wohl gedacht haben mag? Und als ich dann hinauskam zu steil hinunterstürzendem Sand, den See da drunten liegen sah wie einen großen, dunklen Smaragd, im Filigran der steinernen Ufer – da vergrämte ich noch einen Gemsbock, der pfeifend über die Wand hinaufsauste.

Die gute Pirschzeit war noch nicht vorüber, aber mich lockte die Jagd nicht mehr. Und da war auch schon die Seeplatte, eine grün gepolsterte Felsnase, die sich wie ein kleiner Erker hinaushob in die Luft. Ich legte das Fernrohr und die Büchse ins Gras, breitete den Wettermantel in die Sonne und ließ mich nieder, um auf den Michel zu warten. Als ich die Zigarette anbrannte, klang der Hall eines fernen Schusses, weit draußen in der Leitenwand, die mit schwindelnder Steile hinunterfiel nach dem See, in hohen Stockwerken von schmalen, grünen Bändern durchzogen und gesprenkelt mit kleinen Waldflecken.

Der Michel hat einen andern Weg genommen, dachte ich mir, und hat irgendein Raubwild geschossen.

Eine Weile spähte ich immer über die Leitenwand hinaus, ob nicht der Michel irgendwo daherkäme. Dann guckte ich wieder hinunter in die wundersame Tiefe und blies in Träumen den Rauch der Zigarette vor mich hin.

Die Sonnenstrahlen, die da drüben durch alle Scharten der Berge breit hereinbrachen, spannten sich wie goldene Stege über den Kessel. Bei mir herüben, auf der Sonnenseite, war alles ein Schimmer und Glast. Drüben aber waren die Wände und Wälder versunken unter dunstigem Schattenblau, wie eine Welt, die noch nicht fertig ist.

Da weckte mich das Geklapper flinker Schritte. Der Michel kam, aber nicht von der Leitenwand, sondern von der entgegengesetzten Seite. »Hab scho ghört!« rief er mich an. »Liegt ebbes? Oder haben S' gfehlt?«

»Aber Michel? War denn der Schuß nicht von Ihnen? Ich hab ja doch gar nicht geschossen!«

»Herrgott Sakra!« Von hinten schob er den Hut in die Stirn. »Da habn mer an Lumpen im Revier!« Und an wen er dachte, das merkte ich gleich; denn er machte den krummen Buckel und hatte keinen Tropfen Blut mehr im Gesicht. Wie der Blitz huschte sein Blick über alles Sichtbare hin. Das war kein Mensch mehr – so muß der Blick eines Tieres sein, das den Wolf in der Nähe wittert.

Sich duckend sprang er zu mir, warf sich auf die Knie, fragte flüsternd, in welcher Richtung ich den Schuß gehört hätte – und zischelte: »Schaugn S', daß S' hoamkommen! Jetzt kon i Eahna nimmer brauchen, jetzt muaß i Deanst machen!«

Ich wollte schon in Eile mein Zeug zusammenraffen, als drüben in der Leitenwand das Rollen und Sausen fallender Steine klang. Und bei einem der kleinen Waldflecke, die wie Vogelnester an den Felsen hingen, meinte ich was Bewegliches zu entdecken. Während ich mit zitternden Händen das Fernrohr auseinanderzog, hörte ich hinter mir einen keuchenden Laut. Und was ich im Glas hatte, alles gauckelte, die mageren Bäumchen, das graue Gestein, die niederen Latschen und der nähersteigende Mensch da drüben, über dessen Kopf die Läufe des Gemsbockes hinaufstarrten, den er im Rucksack schleppte. Mit der einen Hand klammerte er sich immer an die Latschen und Felsen an, in der anderen hielt er, wie schußfertig, die Büchse. Alle paar Schritte blieb er stehen und drehte den Kopf. Der Gestalt nach meinte ich ihn zu erkennen. Aber das Gesicht war von einer schwarzen Maske aus Drahtgeflecht bedeckt und mit einem Wulst von Roßhaaren umhangen.

»Michel . . .« wollte ich sagen. Aber da warf mich der Luftdruck eines Schusses, der mir dicht am Ohr vorbeigegangen, fast zu Boden. Und der in der Leitenwand, der machte einen meterhohen Sprung – und verschwand.

Mir wurde übel. »A schöns Zoachn hat 'r gmacht!« so klang es mir in die sausenden Ohren. Und wie in einem Nebel sah ich, daß der Michel, in der Faust die rauchende Büchse, an den Rand der Platte vorsprang und mit gestrecktem Hals auf das Rollen und Gepolter lauschte, das immer weiter herunterrasselte gegen den See. Dann drehte er das Gesicht zu mir und fragte: »Ob jetzt dös der Gamsbock sein weard? Oder der Bartl?«

Das Grauen schüttelte mir alle Glieder. »Michel! Um Gotteswillen! Wie kann man denn einen Menschen so niederschießen?«

Der Michel gab keine Antwort, sondern guckte wieder und lauschte in die Tiefe, in der es still geworden. Dann sagte er: »Jetzt muaß i allweil umisteigen! Z' kurz abzogen wear i net habn. Kunnt abr aa sein, daß 'r no schnauft. Und da konst an Menschen do aa net so liegen lassen.« Er sprang von der Platte auf einen steinernen Sockel hinunter, und während er in die Leitenwand einstieg, schob er eine frische Patrone in die Büchse.

Es würgte in mir, ich konnte mich kaum noch auf den Beinen halten – und dennoch trieb es mich hinter dem Michel her. Aber langsam ging es. Und den Michel sah ich schon nimmer. Nach einer Weile hörte ich ihn rufen: »An Schwoaß hab i scho!« Dann schrie er: »Bartl! He! . . . Bartl! He! . . . Sei gscheid und gib an, bal no konst!« Nun Stille. Nur manchmal das Rollen kleiner Steine. Und jetzt ein Laut des Erbarmens: »Jesses, da liegt 'r!«

Von dem Felsband, über das ich mich vorwärts krabbelte, konnte ich hinuntersehen auf den Fleck, der den Bartl im Sturze aufgefangen hatte. Was mit Gerassel in die Tiefe gefahren, das war nur der Rucksack mit dem Bock gewesen.

Ganz ruhig lag der Bartl auf dem Rücken, mit der linken Hand an eine Latschenstaude geklammert. Die Joppe war ihm halb über die Schulter gezogen, und die Drahtmaske war von dem bleichen Gesicht gerissen, in dessen wasserblauen Augen noch das Leben glänzte.

Und jetzt kommt das Merkwürdige, um dessentwillen ich diese Geschichte erzähle. Ob einer meiner Leser das verstehen wird? Auch mir, der ich mein halbes Leben mit dem Volk der Berge teilte, ist das nicht völlig verständlich geworden.

Da liegt ein Sterbender, und sein Mörder steht vor ihm – zwei Menschen, in denen der aus Lebenssorge entstandene Haß seit Jahren gebrannt hat, wie das Feuer in der Esse brennt, wenn der Blasbalg getreten wird.

Ich sah, wie sich der Michel, die beiden Hände auf seine nackten Knie gestützt, über den andern hinbeugte, und hörte ihn fragen, in einem gutmütig freundlichen Ton: »Was moanst denn, Bartl? Fehlt's weit?«

Und der andere, mit der Stimme eines Gesunden, sagte: »Bis hoam, daucht mer, langt's ebba nimmer! Kunntst mer scho an Gfallen toan, wennst mer den Pfarr auffiholen tatst.«

»Aber freili, gearn, i lauf, was i laufen kon!«

»Vergeltsgott! Und bis si der Pfarr firti macht, konst es em Vater aa glei sagn.«

»Freili, ja.« Der Michel wollte davon. Und besann sich. »Wart, i tua dir no ebbes!« Mit seinen eisernen Händen riß er einen großen Rasenbrocken von der Felswand und legte ihn dem Bartl mit der Grasseite auf die rote Brust. »Woaßt, dös hebt d'r 's Blüat auf!«

»Moanst?«

»Ja. Dös hat mer oaner gsagt amal! Aber schön stadhalten

muaßt di, gelt! I tummel mi scho! Pfüe Gott derweil!« Und während der Michel durch die Felswand hinausstieg, so flink, als hätte er das Trottoir einer städtischen Promenade unter den Schuhen, rief er zu mir herauf: »Steigen S' abi, Herr, und bleiben S' hocken bei eahm! Sunst kunnt'r Zeitlang haben. In vier Stund, moan i, bin i da mit'm Pfarr!«

Alles Entsetzen, das in mir gezittert hatte, war für einen Augenblick überwunden von einem fassungslosen Staunen über diese beiden Menschen, für die alles Geschehene eine selbstverständliche und erledigte Sache war, über die es kein Wort mehr zu reden gab.

Doch als ich zu dem Grasband hinunterkam und den Sterbenden und sein rinnendes Blut in der Nähe sah, packte mich das Grauen wieder.

Er stöhnte ein wenig und wollte mit der rechten Hand nach seinem Nacken greifen.

Mühsam brachte ich's heraus: »Kann ich Ihnen was helfen?«

»A bißl a Mies kunntst mer einischiabn unters Gnack! So a Stoanl, dös druckt mi so!«

Mit der einen Hand raffte ich das Moos zusammen, mit der andern klammerte ich mich an einen Felszacken – denn der Platz war bedenklich. Und so schmal war der Fleck, daß ich am Bartl nicht vorbei konnte, sondern über ihn hinübersteigen mußte, um zu seinem Kopf zu kommen. Als ich mich bückte, das Moosbüschl zwischen den Händen, wollte sich der Bartl aufrichten, um mir die Sache zu erleichtern. Das Rasenpflaster, das ihm der Michel auf den Einschuß gelegt hatte, kollerte ihm über die Brust herunter – und da schien es, als wäre dem Bartl plötzlich zwischen den Rippen etwas entzwei gegangen. Die Augen quollen ihm starr aus den Höhlen, seine Fäuste machten noch einen Zuck nach dem Herzen, lautlos fiel er zurück, die Arme schlugen wie Blei auf die Steine, der Körper fing zu rollen an, leblos, nur vom Gewicht seiner Schwere – und bevor ich in meinem Schreck noch zugreifen konnte, glitt der Tote

über den Rand des Felsens hinaus, umprasselt von Steinen, die seine Reise in die Tiefe mitmachten.

»Michel!« begann ich wie irrsinnig zu schreien. »Michel! Michel! Michel!«

Nach einer Weile kam der Jäger hastig durch die Wand hereingestiegen. Nicht mein Schrei, sondern das Gepolter der Steinlawine hatte ihn zurückgerufen. Als er mich sah, tat er einen Schnaufer der Erleichterung und guckte über die Wand hinunter. »Hat's en *Bartl* abigrissen?« Den Namen betonte er. »Da braucht er koan Pfarr nimmer!« Der Michel nahm den Hut ab und bekreuzte sich. »Muaß 'r halt selm schaugn, wie er mit 'm Herrgott füranand kimmt!« Er warf die Joppe ab und streifte die Schuhe von den nackten Füßen. »Da habn mer jetzt a grobs Stückl Arbet!« Mit ruhiger Vorsicht kletterte er über die Felswand hinunter.

Das dauerte lange bis der Michel wiederkam – damals meinte ich, es wäre eine Ewigkeit – aber es waren nur drei Stunden. Plötzlich stand er vor mir, die Joppe über der Schulter, in der einen Hand die Büchse, in der anderen die klobigen Schuhe. Von den wundgerissenen Füßen tropfte ihm das Blut.

»Jetzt liegen s' alle zwoa beinand«, sagte er, »der Bock und der Bartl! Und dös macht 'r allweil a so, ünser See. Daß 'r koan nimmer auffilaßt! Da weard eahna 's Suachn net viel bideuten! Sauberer hätt's net aufgehn kinna . . . grad wia beim Zwicken, wenn der oane d' Sau und der andere den bsetzten Belli hat . . . da kimmt aa nix raus!« Mit einem Grasbüschl wischte er das Blut von den Füßen und schlüpfte in die Schuhe. »Schaugn mer hoamzua!« Tief atmend zog er die Joppe an, trocknete sich mit dem Ärmel den Schweiß vom Gesicht, nahm die Patronen aus der Büchse und sah mir fest in die Augen. »Gelt, halten S' fein 's Mäu! Sunst kunntn mer nobel in d' Schlemastik kemma! Die dalketen Leut san allwei die mehrern . . . da woaßt nia, wiast dranbist!«

Ich brachte kein Wort heraus. Und dieser Heimweg zur Hütte war eine böse Sache für mich. Die Nachwehen der Aufregung arbeiteten in mir, daß ich alle paar hundert Schritte zu einem bitteren Heiligen beten mußte. Überall hatte der Michel eine Quelle zur Hand, und immer lief er und brachte mir Wasser in seinem Hut. Schließlich verging ihm bei dieser Krankenpflege aber doch die Geduld, und verdrossen murrte er vor sich hin: »Malefiz Stadtleut, verfluachte! Was ma da allwei Schererei hat!« Doch er besänftigte sich wieder und rüttelte mich zutraulich am Arm: »Aber Herr! So stellen S' Eahna do a bißl vernünfti an! Is do gscheider, *mier* zwoa gengan hoam, und der ander liegt drunt! Bal uns der ander derspecht hätt . . . moanen S', der hätt Spingginkerln gmacht? Da hätt's halt ghoaßen: Sö oder i! Wens halt troffen hätt! Na na! Sammer zfrieden! Jetzt haben mer ünser Ruah!«

Diese Logik, der ich nicht widersprechen konnte, beruhigte mich ein wenig. Ich sagte nichts mehr, und schweigend marschierte der Michel hinter mir her. Aber dann hatte er zu seiner Logik noch einen Nachtrag zu machen: »A nagelneue Doppelbüchs hat 'r ghabt! Da hätt 'r uns alle zwoa rasieren kinna! A feins Gwehrl! Dös hat mi fein greut, weil i 's einischmeissen hab müassen in See!«

Nun blieb er still. Erst als wir in die Nähe der Hütte kamen, wachte er aus seiner nachdenklichen Stimmung auf und sagte: »Jetzt is 'r um d' Leich aa no kemma! *Dös* weard 'n fuxn! Drent! Wissen S', an der Schmidden, da hängt a mordsmäßige Freindschaft! Dö wären eahm alle ganga!«

Drei unbehagliche Tage blieb ich noch in der Hütte – und tat es, weil der Michel das aus triftigen Gründen für nötig hielt. Aber als ich am Mittwoch abend hinunterkam ins Dorf, mußte ich vor dem Forstmeister mein Gewissen erleichtern. Der erschrak zuerst, dann kratzte er sich hinter den Ohren und fing zu schimpfen an – aber nicht auf den Michel. Den ganzen Abend redete er in mich hinein. Und erzählte mir die Geschichte von einem Dutzend Jäger, die man kalt im Bergwald gefunden hatte, mit der Kugel im Rücken oder mit den Posten im Bauch. Aber von einem Wilddieb, der zu Gericht gegangen, um sich als Mörder zu bekennen, hätte man noch nie was gehört. Im Gesetz, da muß es freilich heißen: Der Jäger darf sich nur *wehren!* Aber wenn der Jäger, sobald es ans Wehren geht, schon ein toter Mann ist? Was dann?

Bis nach Mitternacht schwatzte der Forstmeister immerzu, bald heiß, bald wieder ruhig. Aber mit seiner fünfstündigen Rede sagte er mir auch nichts anderes, als was mir der Michel mit fünf kleinen Wörtchen gesagt hatte: »Gelt, halten S' fei 's Mäu!«

Als die Woche zu Ende ging, begann man in der Schmiede einen zu vermissen. Wo hätte man ihn suchen sollen? Auf zehn Stunden in der Runde war jedes wildreiche Revier ein Lieblingsaufenthalt des Bartl gewesen. »Den findt koa Katz nimmer«, hieß es. Von allen Jägern der Nachbarschaft stand jeder unter dem Verdacht, daß er den Bartl ›füranand bracht‹ hätte. Nur den Michel ließ das Geschwätz in Ruhe. Denn im Dorfe wußten sie: der Michel hatte einen Jagdgast zu führen; und so ein bequemer Stadtfrack will nicht nur auf die Pirsch geführt sein, sondern will auch seine Schuhe geschmiert bekommen; da hat der führende Jäger keine Zeit für andere Dinge!

Der Urmensch

Das war sein wirklicher Name: Egidius Trumpf. Wenn ihr's nicht glauben wollt, so könnt ihr im Lenggrieser Kirchbuch nachschlagen. Zu dem Übernamen, ›der Urmensch‹, kam er als neunzehnjähriger Bursch.

Damals war der Gidi ein Holzknecht – aber nur von sechs Uhr morgens bis sechs Uhr abends. Wenn die Sonne hinuntertauchen wollte, warf der Gidi die Axt aus der Hand und holte die unter Moos und Streu versteckte Büchse hervor. Fünf Minuten nach sechs Uhr abends war der Holzknecht schon in einen Wildschützen verwandelt und blieb es bis 6 Uhr morgens.

Wenn er dann am Sonntag aus dem Bergwald hinunterkam in die Kirche, schlief er sich aus. Und um das recht gründlich besorgen zu können, hatte er sich mit mancherlei Listen das sicherste Plätzchen in der ganzen Kirche erobert: dicht unter dem Kanzelboden. Das war nun freilich nicht ›kamod‹ – aber hatte den Vorteil, daß der hochwürdige Herr bei der Predigt nicht sehen konnte, wie sanft der Gidi unter dem Schutz des Kanzelbodens schlummerte.

Es war um den ›Wastelstag‹ – und in der Sonntagspredigt schilderte der Hochwürdige das grausame Martyrium des heiligen Sebastian und malte den von Pfeilen durchspickten Leib des frommen Dulders mit so viel roter Farbe, daß allen gutherzigen Weibsleuten vor Erbarmen die Augen zu tröpfeln begannen. Eine tiefe Stille folgte, und wie der Hochwürdige, so hörten auch alle Andächtigen in der Kirche ein lautes Schnarchen, das bei jedem Zuge mit kräftigem Gerassel einsetzte, um dann wohlig zu verhauchen.

»Wer schlofffft denn da scho wieda?« Bei dem dreifachen ›fff‹ dieser Frage schlug der Pfarrer in gerechtem Zorn mit der Faust auf das Kanzelgesimse.

Egidius Trumpf erwachte, sprang erschrocken von der Sitzbank auf – und da gab's ein heftiges Gerappel und Gekrache. Denn der Gidi hatte mit seinem Haardach nicht nur die Stuckschnörkel der Kanzelkonsole beseitigt, sondern das Eisenköpfl auch noch zur Hälfte durch den Bretterboden gestoßen. Der geistliche Herr, dem der feste Standpunkt etwas erschüttert war, klammerte sich im ersten Schreck mit beiden Händen an das Kanzelgesimse; dann guckte er, unter dem Gekicher aller Andächtigen, durch das aufgesträubte Bretterloch auf den von weißem Kalkstaub überpuderten Gidi hinunter und sagte: »Egüdius, du büst ein . . . ein Urmensch!«

Ein Jahr nach dieser Kalktaufe wurde er Soldat – und begann seine militärische Laufbahn mit einer Woche Dunkelarrest. Da hatte ihn ein Landsmann am Rekrutierungstage zu München ins ›Ewige Licht‹ geführt, in jene berüchtigte Soldatenkneipe auf dem Marienplatz. Hier traf er mit einem Kürassier zusammen, der die selbstbewußte Meinung äußerte: »Mi sauft so bald net oaner hi'!« Solch eine stolze Rede vertrug sich nicht mit dem Ehrgeiz des Egidius Trumpf. Er schlug zur Wette einen Kronentaler auf die Tischplatte und schrie: »Geh her, du Lauser, bal di traust!« Natürlich traute sich der Kürassier. Um zehn Uhr vormittags begannen die beiden Kampfhähne dieses sinnlose Schlucken, und gegen sechs Uhr abends lag der Kürassier unter dem Tisch. Gidi sackte die beiden Kronentaler ein, und während die Unparteiischen dem stillen Reitersmann den Geldbeutel aus der rotgestreiften Hose zogen, um die verlorene Zeche zu bezahlen, erklärte der Gidi: »Sakra, soviel Bier, dös macht oan dürsti!« Sprach's – und faßte mit beiden Händen den unter dem Bierfaß stehenden Tropfganter – und schluckte das seit dem Morgen angesammelte Tropfbier mit samt den hundert ertrunkenen Fliegen glatt hinunter in seine heißgewordene Seele. Er fand noch auf eigenen Füßen den Weg zur Kaserne. Den Kürassier mußten sie heimtragen.

Als Gefreiter machte Egidius Trumpf den Feldzug in Frankreich mit und holte sich vor dem Feinde das eiserne Kreuz und den Militärverdienstorden.

Nach dem Friedensschluß verwandelte sich der Gefreite Egidius Trumpf in einen Floßknecht. Und wenn er nicht die langen Wasserstiefel trug, dann machte seine wachsende Jagdpassion alle um Lenggries gelegenen Reviere unsicher. Daß der Gidi ›ging‹, das wußten alle Jäger. Aber sie erwischten ihn nie. Um diesen Jagdschaden los zu werden, gab es kein anderes Mittel, als den Gidi zum Jäger zu machen. Im Jahre 1876 wurde er königlicher Jagdgehilfe in der Wartei Fall. Und da erwies sich an ihm die Hypnose des ehrlichen Berufes. Der Urmensch färbte sich über Nacht in der Haut – ein so rassiger Wildschütz er bisher gewesen, so ein rassiger Jäger wurde er jetzt. Dennoch merkte er, daß sich beim Jagdpersonal das Mißtrauen gegen ihn nicht völlig beschwichtigen wollte. Das ärgerte den Gidi. Und mit Sehnsucht harrte er auf eine Gelegenheit, bei der er sich im königlichen Dienste auszeichnen könnte. Doch so fleißig er auch bei Tag und Nacht auf den Beinen war – das ersehnte Stündl, in dem der Egidius Trumpf einmal auftrumpfen wollte, stellte sich nicht ein. Die Lenggrieser Wilddiebe wußten: der kennt unsere Schliche. Und drum verschonten sie das Revier des Gidi mit ihrem Besuch. Nun dachte sich der Gidi: »Da muaß i wildern, anderst geht's net!« Und in einer milchigen Mondnacht fing er über der Grenze drüben, im Revier des Herzogs von Koburg, einen Tiroler Wildschützen. Den lieferte er aber nicht in der Hinterriß beim Koburgischen Wildmeister ab, sondern trug ihn, wie einen Hirsch zusammengeschnürt, auf dem Rücken über die Grenze ins Bayerische herüber und die drei Stunden hinunter nach Fall. Damit hatte der Urmensch ein Novum in der Geschichte der Jägerei geschaffen: daß man nicht nur auf Wild, sondern auch auf Wilderer wildern kann!

Im Sommer 1880 lernte ich den Gidi persönlich kennen. Da war ich, zu Anfang des August, seit einigen Tagen als Jagdgast in Fall. Doch ich hatte nur immer mit dem Förster gejagt. Nun sah es eines Abends, als wir von der Pirsch heimkehrten, nach schlechtem Wetter aus. Den Regentag, der da zu erwarten stand, wollte ich benützen, um mich wieder einmal auszuschlafen. Aber früh um acht Uhr, als ich erwachte, glänzte der schönste blaue Himmel durch die Scheiben herein. Mit einem gesunden Jägerfluche fuhr ich aus dem Bett und riß das Fenster auf. Ein Morgen war's, der das Blut zittern und die Seele dürsten machte. Und drüben, über den Wiesen der Dürrach, auf einem sonnbeglänzten Graslahner des nahen Jägerberges schimmert ein roter Fleck. Hochwild? So spät am Morgen noch bei der Äsung? Unmöglich! Das muß was anderes sein! Flink wird das Fernrohr vom Zapfenbrett geholt, aufgezogen und gerichtet. Wie Feuer fährt mir's in die Glieder. Da drüben steht ein Hirsch! Und ein Fetzenkerl! Ein Vierzehnender!

Meiner Lebtag bin ich nie so flink in die Hose gekommen, wie damals. Und im Saus über die Stiege hinunter. Aber der Förster ist nicht daheim. Jesus Maria! »Und keiner von den Jägern?«

»Ah woll, Herr Dokter! Grad is der Urmensch einitrappt in d' Jagerstuben!«

Ich hatte den Urmenschen noch nie gesehen, wußte nur, daß er Jagdgehilf war und kannte seinen Namen.

Wie ein Narr fuhr ich zur Haustür hinaus und rannte um die Ecke, wo die Jägerstube lag.

»Trumpf! Trumpf! Trumpf!«

Der Gidi kam aus der Türe gesprungen. Aber da hatte ich keine Zeit, mir den Urmenschen anzusehen – ich sah nur den Hirsch da drüben. Und schwatzte und deutete.

»Mar' und Josef! Hat *der* a paar Stangen droben!« Um das zu sehen, brauchte der Gidi kein Fernrohr. Der sah's mit freien Augen, obwohl es bis zu dem Lahner, auf dem der Hirsch äste, etwa zwölfhundert Meter hinüber war.

Im Laufschritt jagten wir, jeder mit der Büchse in der Hand, über die Wiesen. Dann mit Keuchen das steile Gehänge hinauf, gedeckt durch einen Waldstreif. Immer zitterte die Angst in mir, daß der Hirsch nicht aushielte. Und als wir auf zweihundert Gänge vor dem Lahner waren, ohne den Hirsch zu sehen, begann mich das Fieber zu beuteln.

»Schnaufen S' aus!« zischte der Urmensch. »Lassen S' Ehana derweil! Der Hirsch is no da!«

»Woher weißt du denn das?«

»Schmecken tuar i's! Geht ja der Wind grad her! Haben S'

denn koa Nasen net?« Der Gidi schnupperte. »Dämpfen tuat 'r in der Sunn!«

Für einen Augenblick kühlte mir die Verblüffung den schwülen Blutschlag des Hirschfiebers. War das ein Mensch? Oder ein Jagdhund?

Und richtig – als ich über den Waldgrat hinüberguckte, stand der Hirsch noch mitten auf dem Lahner. Hatte aber das Haupt schon aufgeworfen! Und als ich die Büchse hob, sah er den Sonnenblitz auf dem Lauf und sauste mit langen Fluchten davon. Der Schuß krachte.

»*Hat 'n* scho!« schrie der Urmensch. »A bißl hoach haben S' 'n derwuschen!« Glei weard 's 'n reißßßn!«

Drüben im Buchenwald ein Gepolter und Gekrache – da rollte der Hirsch durch den steilen Wald hinunter und zerschlug mit Geweih und Läufen die Zweige. In meiner Freude begann ich ein sinnloses Rennen – damals war ich vier Wochen über die Fünfundzwanzig – und immer tiefer ging's, immer hinter dem Hirsch her. Doch erst auf der Wiese erreichte ich ihn. Da saß er am Waldsaum, mit entzweigeschossenem Rückgrat, ein leises Zittern in den aufgestemmten Vorderläufen. Er machte keinen Versuch mehr, sich vom Fleck zu rühren, sondern sah mich mit stolzen, blutunterlaufenen Lichtern an. Aber was dieser Blick in mir erweckte, das ging nur wie ein flüchtiger Nebel durch meinen Verstand. Es war mein erster Hirsch! Und die Freude war wie Irrsinn in meinem Blut. Wie soll man da denken, oder beobachten, oder den Vorwurf empfinden, daß man zerstört? Mir fiel nichts anderes ein, als den Jägersieg dieses Morgens voll zu machen und dem Hirsch mit dem Messer den Fang zu geben. Während ich mit der Rechten ausholte zum Stoß, faßte ich mit der Linken den Hirsch am Geweih.

Da brüllte im Wald eine Stimme: »Sakrament no amal! Die Pratzen davon!« Aber im gleichen Augenblick verging mir Hören und Sehen – solch einen Purzelbaum ließ mich der Hirsch über seine Stangen machen! Im Dusel hörte ich noch den Hall eines Schusses. Und als ich mich wieder ermunterte und meine Knochen langsam aus dem Gras zusammenklaubte, lag der Hirsch verendet im Schatten einer Buche, und der Gidi stand vor mir und brüllte in heißem Zorn: »Sie Narrenschüppel! Da können S' von Glück sagen, daß Eahna der Hirsch die stadtischen Darm net auslassen hat! Wia ko ma denn an Hirsch, der dö halbete Kraft no hat, so mir nix dir nix angreifen! Sakrament no amal! Und i waar nacher verantwortle gwesen! Sakrament no amal! Daß d' Leut aber allweil jagern müassen, bal s' koan Dunst net haben davon!«

Ich schnaufte. Der ›edle Weidmannsstolz‹ dieses Morgens war mir gründlich beschnitten. Den Schmerz, der mir in allen Gelenken brannte, verbiß ich wohl. Aber zu einem Laut des Widerspruches schwang ich mich doch nicht auf, sondern guckte nur immer den Urmenschen an, der sich die Galle aus der Leber schimpfte. Und so im Zorn mußte man ihn sehen! Da sah er viel schöner aus, als wenn er gemütlich lachte.

Er war nicht groß, fast unter dem Mittelmaß. Aber Beine hatte er wie Säulen und Arme wie Dreschflegel – und wenn er den Arm bog oder beim Gehen die Knie so hart durchdrückte, hatte man immer die Vorstellung: das sind eiserne Scharniere mit fest angezogenen Schrauben. Die Schultern waren unverhältnismäßig breit und wuchtig – zu diesen Schultern hätte ein Mensch gehört, um einen Bauernschuh noch größer als der Gidi. Die Brust, an der das Hemd immer offen stand, war bis an die Halsgrube herauf ganz schwarz behaart. Kegelförmig strammten sich aus den Schultern die dicken Sehnen gegen den Hals hinauf, der den kleinen, flinkbeweglichen Kopf trug, umwustet vom schwarzen Ringelhaar. Und der schwarze Vollbart, der lang und starr über die Brust herausstand, hatte etwas Stilisiertes, etwas Altpersisches. Ganz merkwürdig war das anzusehen, wie diese harte, schwarze Bartflamme bei der hurtigen Beweglichkeit des kleinen Kopfes hin und her flog.

Wenn der Gidi bei guter Laune war, trug er den mürbverwitterten zwiebelgelben Filzhut mit der Adlerfeder immer tief in die Stirn gerückt. Und da sah man unter dem schwarzen Haargewirr nicht viel von seinem Gesicht. Eine schmale, scharfe Nase mit ungewöhnlich beweglichen Nüstern stach

Bleistiftzeichnung aus dem Jagdbuch von L. Ganghofer

9. Okt 97.
Erlegt von Ganghofer

heraus, im Schatten der Hutkrempe funkelten die kleinen, huschenden Augen ganz winzig – und beim Lachen blinkten die starken Zähne weiß aus all dieser Schwärze. War aber der Urmensch wütend – wie damals vor meinem Hirsch – dann trug er den Hut übers Haar zurückgeschoben, die Stirne war kreidebleich, ein Netz von bläulich geschwollenen Adern zog sich über jede Schläfe hinauf, die erweiterten Augen blitzten wie polierter Stahl, auf den Wangen brannte die Haut unter dem Ansatz des Bartes wie Scharlach, und in seiner Stimme – so laut er auch brüllte – zitterte immer etwas unheimlich Versunkenes.

Bei dem viereckigen Mißverständnis zwischen Breite und Länge war der Gidi alles andere eher als das, was man einen schmucken Kerl zu nennen pflegt. Doch wenn ihm die Galle kochte, wurde er schön durch die Wildheit seines Zornes und durch das Wuchtige seiner Kraft.

Damals, auf der Wiese unter dem Jägerberg, verschlug's mir die Sprache. Und ich guckte den Gidi immer an. Der wurde erst ruhiger, als er mir auf grünem Bruch die schönen Granen des Hirsches hinbot.

Gegen 10 Uhr lag meine Beute schon in der Zwirchkammer – und um den Urmenschen wieder gemütlich zu stimmen, ließ ich im Wirtshaus einen Eimer Bier auflegen. Der war um 5 Uhr abends leergetrunken. Wir rechneten nach: der Förster, der Wirt, die Tochter und der Sohn des Wirtes, ein Grenzaufseher und ich, wir hatten zusammen – ganz ehrlich gerechnet – 23 Maß getrunken. Was zum Eimer noch fehlte – 37 bayerische Maß – hatte der Gidi für sich allein geschluckt. Da war er nun freilich gemütlich geworden. Aber um sechs Uhr lud er sich seinen schweren Rucksack mit dem Wochenproviant auf und stieg noch die drei Stunden zur Lärchkogelhütte hinauf.

Ende August hausten wir miteinander in der Lärchkogelhütte. Der Proviant war uns ausgegangen, und der Träger wollte noch immer nicht kommen. Im Zustand des Hungers pflegen die Grenzen zwischen Mein und Dein zu verschwimmen – und so vergriffen wir uns an ärarialischem Eigentum, indem wir einem Gemsbock, den ich erlegt hatte, zwei handgroße Wildbretstücke von der Innenseite der Schlegel wegstibitzten. Und der Urmensch, der sich nicht übel auf's Kochen verstand, machte sechs ›Karminadln‹ draus. Viere verspeisten wir; die zwei übrigen kamen ins Kellerloch, um am folgenden Morgen als Frühstück zu dienen. In der Nacht aber kam der Träger mit dem Proviant. Eine Woche später, als wir eines Nachmittags vor dem Abmarsch die Hütte sauber machten, hör ich im Kellerloch den Gidi schreien: »Mar' und Josef! Da san ja no dö zwoa Karminadln!« Auf dem Holzteller bringt er sie hergetragen – und sie waren von gut genährten Maden ganz lebendig.

»Pfui Teufel! Hinaus!«

»Ah, wos! Is no allweil a Fleisch! Da waar oft oaner froh drum!« Sprach's, wickelte die ›Karminadln‹ mitsamt ihrem fetten Leben schmunzelnd in ein Zeitungsblatt und ging aus der Stube.

Am Abend, als schon die blaue Dämmerung um die Berge träumte, kamen wir auf dem Heimweg an einer Hüterhütte vorüber, durch deren lückiges Balkenwerk ein roter Schein herausglostete.

»Schaugn mer eini!« sagt der Gidi. »Da kon i an der Gluat mei Pfeifl ankenten!«

Wir traten in die Hütte. Und wo Kohlen glühen, setzt man sich gerne nieder. So saßen wir und schwatzten. In der dunklen Ecke hinter dem Herd war etwas Haariges und Plumpes, das sich träg bewegte und mit dem Atem rasselte wie ein Bär im Winterschlaf.

Da sagte der Gidi: »Hansl? Mogst a Fleisch?«

»Ah woll! So ebbes mog i allwei!« klang es aus der Ecke.

Der Urmensch nahm aus seinem Rucksack ein in Zeitungspapier gewickeltes Packerl.

Ich begriff – der Ekel schüttelte und jagte mich – aber die Neugier hielt mich fest; ich wollte den Moment nicht versäumen, in dem der Gidi den Dank seiner schenkenden Barmherzigkeit an den Kopf bekäme.

In aller Gemütsruhe, ganz ernst, begann der Urmensch die Lebensgeschichte eines Gemsbockes zu erzählen, den er im verwichenen Herbst unter dem ›Luderer Gwänd‹ erlegt hatte. Dabei raschelte in der dunklen Ecke das Zeitungspapier. Und während der Gidi erzählt, wie der Bock die Gais zu treiben begann, sagt der Hansl: »Herrgott! Is dös aber mürb! Dös laaft oam ferm über d' Finger abi.«

»Gelt, Manndele? So ebbes Guats hast im Leben no nia derwuschen?«

»Na!«

Und der Gidi erzählt: »No also, und wia der Bock die Goas so unter der Wand hin treibt, und in fünf Minuten dreimal stellt . . .«

Aus der dunklen Ecke hörte man immer wieder ein leises Knacken, wie wenn ein Bub auf grüne Stachelbeeren beißt. Und dann frägt der Hansl: »Was muaß denn dös sein, was i da allweil derbeiß?«

»Woaßt, da san Weimberln drin.«

»Gelt, ja! Hab mer's aa scho denkt! Weil's gar so süaßelet!«

Mit einem Sprung fuhr ich zur Hütte hinaus.

Als mir der Gidi nach einer Weile in der Dunkelheit nachkam, sagte er: »Schaugn S', so ko ma oft oam Menschen a Freid machen! Freili hat alls seine zwoa Seiten ... aber bal oaner bloß die guate siecht ...« – –

Eines Nachmittags, in den schwülsten Hundstagen, lagen wir in der Jagdhütte auf dem Heukreister und hielten Siesta. Die Glut des Tages und die Mucken quälten uns – Mucken von allerlei Arten.

»Du, Gidi!«

»Was?«

»Weißt du, das ist ja wunderschön ... die Jagd, so den ganzen Sommer ... aber manchmal möchte man doch ein bisserl Abwechslung haben.«

Er verstand mich gleich. Denn auch der Urmensch war dem ewig Weiblichen nicht feind, das uns hinanzieht. Sich halb im Heubett aufrichtend, tat er seinen Lieblingsfluch: »Sakrament no amal! Jetzt dös is gspassi! Grad hab i aa dran denkt!« Eine Weile sinnierte er vor sich hin. Dann bekannte er mit rührender Offenheit: »Daß mer da bei uns umanander lauter Alte auf die Sennhütten haben, da bin fei i dran schuld! Dö Bauern lassen koa Junge nimmer auffi.« Wieder studierte er und hielt die feucht schwimmenden Augen auf den grellen Sonnenfleck des Fensters gerichtet. Und schlang die Arme um die aufgezogenen Knie. »Sakrament no amal!« Jetzt sah er mich an, mit schmunzelndem Gezwinker. »Sö! Glei überm Berg da drent, da wußt i an Alm. Sieben Hütten stengan beinand auf'm schönsten Fleck. Und sieben Sennerinna! Nudelmollete Weibsbilder! Und oane säuberer wie die ander! ... Sakrament no amal!« Er stieß mich mit dem Ellbogen an. »Was moanen S'? Springa mer ummi, morgen in der Fruah?«

»Wie weit haben wir denn da hinüber?«

»Ah wos! So a Katzensprüngl!«

»Na ja, aber ... da drüben kenn ich doch niemand?«

»Bal Eahna i rekommandier!«

Jetzt konnten wir schlafen, trotz Hitze und Mucken!

Früh um zwei Uhr weckte mich der Gidi. »Z'earst machen mer unser Pirsch! Der Earnst geht allweil für. Und bal mer um Achte marschieren, kumma mer allweil no fruah gnuag ummi.«

Ein wundervoller Morgen war's. Doch in der milden Kühle schien alles grüne Leben schon zu zittern vor den Gluten, die der Tag wieder bringen würde. Es gab an diesem Morgen mehr zu schauen als zu jagen. Denn das Wild begann sich schon zu verschliefen, als der erste Sonnenglanz die Bergspitzen anleuchtete.

»Heut bideut's uns nix!« sagte der Gidi um halb Sieben. »I moan, mier marschieren glei!«

Ich nickte.

So begannen wir die Wanderung, der Gidi mit hetzenden Schritten voraus, ich hinter ihm drein. Eine Hitze kam, daß ich erst die Joppe und dann die Weste herunterzog und in den Rucksack stopfte. Und immer rann ein Gesicker von heißen Tropfen über Stirn und Wangen, über den Hals und über den Rücken. Und keine Straße! Nur ein schlechter Fußweg, bald über Geröll, bald über Wurzelwerk! Und immer hinauf und hinunter, hinauf und hinunter!

Gegen elf Uhr sagte ich: »Du! Wie lang dauert denn bei dir ein Katzensprung?«

Er lachte. »Jetzt haben mer's bald!« Aber auch ihm war es heiß geworden unter dem zwiebelgelben Hut. »Sakrament no amal!« Er wischte mit der Faust über die Stirne.

Hinauf und hinunter! Und wieder hinauf, so steil, daß ich vor Ingrimm über meine Erschöpfung zu fluchen begann. Jeder Faden klebte mir naß am Leib. Und die Sonne brannte auf die Steine her, daß alles waberte in der Luft. In dem niederen Latschengestrüpp keine Flocke von Schatten! Nirgends ein Tropfen Wasser, nirgends ein Laut, kein Vogelruf – nichts, nichts, nichts, was an Leben hätte denken lassen. Alles, was lebte, schien verschmachtet in dieser Schwüle. Und der harte Steinboden glutete, daß mir die Schuhsohlen heiß wurden. In die Höhe konnte ich nimmer schauen – so blendete der gleißende Sonnenglanz, der über die weißen Kalksteinwände ausgeschüttet lag. Ich mußte immer mit gesenktem Kopf und halbgeschlossenen Augen gehen.

Um ein Uhr sagte ich: »Gidi! Jetzt leg ich mich hin und stehe nimmer auf vor Nacht!«

»Sakrament no amal! Dö paar Sprüngln bis da auffi wearn S' wohl no dermachen! Von droben sieht ma dö sieben Hütten scho!«

»Na also! In Gottesnamen!«

Als wir den kahlen Grat erreichten, deutete der Gidi: »Da schaugn S' her! Da haben mer jetzt dö sieben Hütten vor der Nasen!«

Ich spähte mit meinen brennenden Augen in die Tiefe. Steingeröll, über dem die Hitze flimmerte und wogte! Dann Wälder und Wälder! Und in der Ferne ein graublauer Dunst!

»Wo denn, Gidi?«

»Ja san S' denn blind? Da liegen s' ja glei, dö Hütten . . . glei da draußt, wo d' Sunn a so nebelet!«

Ich schwieg. Und wischte mit dem nassen Taschentuch über

Gesicht und Hals. Und atmete auf – nur weil es bergab ging! Nach einer halben Stunde erreichten wir den ersten Fichtenstreif. Waldschatten! Wie ein Berauschter taumelte ich durch dieses kühle Grün. Eine Quelle! Und ein Trunk, so gierig, daß es klunkerte im leeren Magen! Und jetzt ein Bach! Sich waschen können! Ein Fußbad nehmen! Wie viel herrliche Reize, wie viel namenlose Süßigkeiten doch das Leben hat!

Aber der Gidi fluchte: »Sakrament no amal! So vertragen mer die beste Zeit! Bal mer uns net tummeln, derwischen mer koane nimmer! Dö müassen auf'n Abend ihr Vieh eintreiben!«

Was ich mir bei dieser Mahnung dachte, verschwieg ich vor dem Gidi. Und schnürte ohne Übereilung meine Schuhe wieder zu, die ich zur Abkühlung in den Bach gestellt hatte.

Gegen vier Uhr nachmittags erreichten wir die Alm mit den sieben Hütten. Und als ich mich in der Landschaft orientierte, machte ich die Entdeckung, daß wir durch drei Oberförstereien durchgewandert waren. Seit zwei Uhr morgens auf den Beinen! An einem solchen Tag! Bei dieser sengenden Glut! Vierzehn Stunden hatte der ›Katzensprung‹ des Egidius Trumpf gedauert.

Doch der Urmensch beutelte sich in schmunzelndem Vergnügen. »Jetzt passen S' aber auf!« Er gab mir schäkernd mit der Faust einen Puff in die Seite und spazierte auf die erste von den sieben Hütten zu. »Da drin, da habn mer glei die säuberste von alle! Ja! Und Röserl hoaßt s'. Dö hat Schmalz an der Latten! Bei der, da bleiben S'! I schaug mer nacher scho um ebbes!«

Wir traten in die Hütte.

»Grüaß Gott, ös zwoa!« sagte das Röserl, das beim Herd stand und die blaue Schürze herunternahm – ein dickes, schwarzhaariges Weibsbild mit knallroten Wangen, deren Haut von Frost und Hitze aufgesprungen und bläulich geädert war wie die Nase eines Weinbeißers. Das Gewicht dieser holden Weiblichkeit durfte man gut auf zwei Zentner schätzen. Wenn das Röserl sich in Bewegung setzte, gingen die mächtigen Hüften auf und nieder gleich einer schweren Schaukel. Und beim Anblick des Urmenschen lachte diese vollerblühte Rose, wie ein Knecht meines Vaters immer zu lachen pflegte, wenn die Leberknödel aufgetragen wurden.

Der Gidi begann auch gleich seine lustigen Redensarten zu machen, die das Röserl nicht ungerne zu hören schien.

Ich legte inzwischen mein Jagdzeug ab. Dann steckte ich den Kopf in einen Wasserkübel, rieb das Haar mit der Joppe trocken, ließ mich auf den Herdrand nieder und streckte langsam die Beine – *sehr* langsam.

Während ich mir eine Zigarette anzündete, ging das Röserl zum Brunnen, um frisches Wasser zu holen – »der Herr kunnt ebba no oans brauchen!« Gidi tappte lachend hinter diesen zwei schaukelnden Zentnern her und zwinkerte mir von der Türe mit wohlwollender Gönnermiene zu.

Draußen hörte ich die beiden wispern.

Und als das Röserl den Kübel mit dem frischen Wasser in die Sennstube brachte, sah mich das gute Ding halb verlegen und halb prüfend an und sagte: »Jetzt muaß i auffi auf d' Leiten und 's Vieh eintreiben. Gehts ebba mit?« Sie sah nur mich an, fügte aber zögernd bei: »Ös zwoa?«

Auch der Gidi sah mich an. »Na also?« Und machte dazu eine Handbewegung wie eine Köchin, wenn sie Schaum schlägt.

»Ich danke! Nein! Geht nur . . . ös zwoa! Ich lege mich schlafen!«

Das Gesicht, das der Urmensch machte, kann ich nicht schildern. Ganz sprachlos war er. Und schüttelte immer den Kopf, während er hinter dem Röserl zur Türe hinausging – um das Vieh einzutreiben.

An der Türe, die von außen zugedrückt wurde, klapperte was. Aber ich achtete nimmer darauf, sondern riß so flink wie möglich meine Kleider herunter, um den Wasserkübel über meinen Nacken auszuleeren. Dann suchte ich eine Ruhestatt für meine mürben Knochen. Zuerst probierte ich's in der Kammer, im Kreister der Sennerin. Aber in diese muffige Seegrasmatratze waren Löcher und Höhlungen eingedrückt, in denen sich meine etwas herberen Formen nicht behaglich fühlten. Und in dem engen Bretterverschlag dunstete eine Hitze, um verrückt zu werden. Ich sprang wieder auf und legte mich in der Sennstube platt auf den Lehmboden. Aber kaum war ich eingeschlafen, da weckten mich die Fliegen und Schnaken wieder, die mich zu Hunderten mit hochsingenden Tönen umsumsten und so gierig auf mich einflogen, als hätten sie, beim Röserl an fette Kost gewöhnt, nun plötzlich Geschmack an einem mageren Bissen gefunden.

Aber draußen war ja der Abend nah – da mußte doch irgendwo ein kühles Plätzchen zu finden sein! Ich fuhr in die Kleider. Und nun kam eine Überraschung – der Urmensch und das Röserl hatten von außen die Türe versperrt, um meinen süßen Schlummer vor Störungen zu bewahren. Bei dieser Entdeckung befiel mich etwas, das der Tobsucht ähnelte. Aber schließlich gewöhnt sich der Mensch an alles, auch an die schwüle Kammer, die nach dem Röserl duftete, an sumsende Fliegen und Schnaken. Um mir die Zeit zu vertreiben, nahm ich mein Fernrohr, setzte mich an das kleine Fenster und begann den Berghang, der da drüben in der Abendröte vor mir aufstieg, nach Hochwild und Gemsen abzusuchen. Und während ich das Fernrohr so hin und her gleiten lasse, kommt mir plötzlich etwas Merkwürdiges in's Glas – etwas Merkwürdiges, das ich nicht gleich erkannte, weil es von einer Erlenstaude überschattet war. –

Eine Stunde später, als es schon zu schummern anfing, näherte sich der Hütte ein sanftes Geläut, das in fünf Tönen zu einem Akkord in Moll gestimmt war – die Glocken der Kühe, die da eingetrieben wurden! Dann nebenan im Stall ein ohrenbetäubendes Gebimmel.

An der Türe rasselte was. Und das Röserl kam mit dem Urmenschen in die Stube. Die beiden sprachen vom Wetter, und der Gidi schwor bei allen Heiligen, daß es morgen wieder den schönsten Tag geben würde, mit ›flaumenaperem‹ Himmel – das sollte heißen: nicht mit dem kleinsten Wölklein im Blau!

Das Röserl fing zu kochen an. Aber der hungrig gewordene Urmensch wollte vorweg einen Bissen Brot haben. Die Sennerin legte ihm den schwarzen Laib auf die Bank, und Gidi griff nach seiner Messertasche. »Sakrament no amal! Wo hab i denn mein Gnicker?«

Da sagte ich: »Der ist dir droben bei der Erlenstaude aus der Hose gefallen.«

Das Röserl drehte langsam das knallrote Gesicht über die Schulter. Und der Urmensch sah mich an, als hätte er Sorge um meinen Verstand. »Ja Sakrament no amal! Woher wissen S' denn dös?«

»Weil ich's mit dem Perspektiv gesehen habe.«

Unter grillendem Schrei und mit einer Flinkheit, die ich diesen zwei Zentnern gar nicht zugetraut hätte, sauste das Röserl zur Tür hinaus. Der Gidi aber stellte sich breitspurig vor mich hin, stemmte die Fäuste in die Hüften und brach in sein brüllendes Lachen aus. »Sakrament no amal! Dö haben S' aber guat derwuschen!«

Es wurde finster. Aber das Röserl ließ sich nimmer blicken. Der Urmensch ging, um das Mädel ›zur Vernunft‹ zu bringen; doch er kam allein zurück. »Dös damische Luader geht nimmer eini! Net um a Gschloß!«

Um für das Röserl die Luft wieder rein zu machen, entschloß ich mich, noch die Stunde bis zum Dorf hinunterzuwandern. Der Gidi wollte mich wohl bereden, meine Ruh in einer der sechs anderen Hütten zu suchen. Aber ich schüttelte energisch den Kopf.

»Sö san aber aa scho so a Hoakliger!« meinte der Urmensch

verdrossen. Und als ich hinauswanderte in die stille, schwüle Nacht, in der die Sterne ruhig funkelten, sagte er: »Marschieren S' nur derweil voraus! I muaß mein Gnicker no suachen. Sakrament no amal! Den laß i net dahint, net ums Verrecken!«

Am anderen Morgen, gegen 9 Uhr, kam er drunten im Wirtshaus angerückt.

»So lang hast du suchen müssen?«

»Ah na! Mein Gnicker hab i glei wieder ghabt. Aber in die andern sechs Hütten hab i no bißl hoamgarten müassen. I laß hinter meiner net gern a Bileidigung zruck ... so Weibsbilder, dö san oft so empfindle ... da hoaßt's nacher glei: es waar oaner z'stolz!«

In der folgenden Woche stiegen wir wieder zur Lärchkogelhütte hinauf. Und während wir auf rauhem Pfad die Schutthalde unter dem ›Luderer Gwänd‹ überschreiten, merke ich, daß mit dem Urmenschen irgend was los ist. Er blinzelt immer so sonderbar über das Berggehänge hin, schmunzelt so merkwürdig und macht unglaublich vergnügte Schweinsäugelchen.

»Gidi?« Was ist denn?«

»Was soll den sein? Nix! Ah na! Gar nix!«

Aber dieses geheimnisvolle Gezwinker in seinem Gesicht wird immer fideler. Noch ein paarmal frage ich und bekomme immer die gleiche Antwort:

»Nix! Gar nix!«

»Gidi! Ich weiß doch, daß du lügst!«

Er lachte, als hätte ich irgend etwas wahnsinnig Komisches gesagt.

Nach hundert Schritten blieb er aus eigenem Antrieb stehen, sah mich mit seinen kleinen Blitzaugen an, kicherte in Glückseligkeit wie ein sanft Beschwipster und winkte mir mit einer kindlich grotesken Fingerbewegung. »Kummen S'! I zoag Eahna ebbes!« Immer vor sich hinkudernd stieg er über das Geröll hinauf, am Rand eines Steingrabens, der halb mit Felsschutt angefüllt war. Jetzt blieb er stehen, spähte schmunzelnd nach allen Seiten, ließ sich auf die Knie nieder, und mit heimlich fidelem Geschäker, wie man einen lustigen Knabenstreich beginnt, so fing er an, in dem Graben die Felsbrocken beiseite zu räumen.

»Da!« Sein Gekicher erstickte ihm fast die Stimme. »Schaugn S' eini!«

Ich beugte mich nieder. In dem Felsschutt lag eine Höhlung offen, wie ein großer Fuchsbau. Doch als ich hineinspähte, fuhr ich erschrocken zurück – in dem Dunkel da drinnen flimmerte das weiße Skelett einer Menschenhand.

Für meinen Schreck hatte der Gidi keine Augen. Er kicherte

und schmatzte vor Vergnügen, während er das dunkle Felsloch mit Steinbrocken wieder sorglich vermauerte. Und jedes Wort, das er sprach, war begleitet von einem halb unterdrückten Lachen: »Den hab i, hohohoho, da droben abigschossen vom Grat! Koan Maunkser hat'r nimmer gmacht, und, hohohoho, wie er dringlegen is im Graben, hehehehe, da hab i a Stoanlawin drüber abilassen! Hohohoho! Den findt net amal unser Herrgott am jüngsten Tag! Hihihihi!« Er drückte die Fäuste vor sein Gekicher und schüttelte sich in fideler Wohligkeit.

Mir rann ein kalter Schauer über den Rücken. Aber ich habe durch fünfundzwanzig Jahre niemals wieder im Gesicht eines Menschen solch einen leuchtenden Ausdruck von Behagen, Verschmitztheit und schattenloser Freude gesehen, wie damals im Gesichte des Egidius Trumpf.

Und da soll nun unsereins, mit Plato, Paulus und Goethe in Herz und Kopf, solch ein eisenknochiges Exemplar der Schöpfung kapieren! Der Namenlose, den der Gidi vom Grat der Luderer Wände kalt herunterschoß – war ein Wilddieb, ein Schaden für das Revier, eine schleichende Gefahr für das Leben der Jäger. Gut! Aber er war doch auch ein Mensch! Und das ist dem Gidi niemals eingefallen. Der hatte nur seine ›damische Freid‹, so oft er unter dem ›Luderer Gwänd‹ über die Schutthalde marschierte und kichernd hinaufblinzelte zu dem Felsgeröll im Steingraben.

Noch viel habe ich mit dem Urmenschen gejagt, und was ich von ihm sonst alles zu erzählen hätte, würde ein Buch füllen.

Nur eines will ich nicht vergessen anzumerken: er ist seinem sonderbaren Namen treu geblieben bis in den Tod. Es war gegen Ende der achtziger Jahre, als der Gidi von Bartholomä nach Berchtesgaden auf »Rekerazion« ging und vergnügt sein gewohntes Quantum Bier hinunterschluckte. Am Abend setzte er sich noch zu Königssee vier Stunden beim Schiffmeister in der Schwemme fest. Um Mitternacht wollte er über den gefrorenen See nach Bartholomä heimwandern. Das versuchten sie ihm auszureden. Seit drei Tagen hatte der Föhn geblasen, das Eis war von breiten Frageln durchrissen, und überall quoll schon das Wasser heraus.

Am Morgen, als der Urmensch zu Bartholomä nicht eingetroffen war, stellte der Förster am Ufer den Tubus auf und sah im Weitsee draußen, daß auf einer Stelle, so groß wie eine Wiese, das Eis in Scherben geschlagen war.

Weder in Bartholomä, noch in den Holzerhütten am Ufer, noch in Königssee hatte man in der stillen Nacht einen Schrei vernommen. – Das einzige, was sie fanden, war ein zwiebelgelber Hut.

Jägerlied

Geht der Wind über d' Schneid,
Aba Buam, dös is g'scheit,
Dös gibt a Birsch.
Heut is a rechter Tag,
Heut, wenn's a wengei mag,
Kriag'n ma an Hirsch.

I moan, er waar scho drent
Unta de Leitenwänd,
's is no net z'spaat.
Wechselt a über's Ries
Hör'n ma de Stoanein g'wiß,
Seid's no grad staad.

Do sitz di her und lus!
Do hättst an rechten Schuß,
Bal a dir kimmt.
Schaug'n net z'femi o,
Geh no guat oni dro,
Daß's 'n glei nimmt!

Tua no net gar so gach,
Bal er di z'letzt no sach,
Ganget's ins schlecht.
Herrgott, jetzt hast'n g'feit,
Glei um an Schuach is's z'weit,
Du bist da recht!

Eintrag Ludwig Thomas in das Jagdbuch vom 23. 8. 1903 zum
Namenstag Ludwig Ganghofers

Hans »Dauerhaft«

Ich wollte die Pirsch ins Blaueis machen. »Da kann ich Ihnen gute Jagd versprechen«, sagte der Forstmeister, »und zur Führung geb' ich Ihnen den besten unter all meinen Jägern mit.« Dann rief er zur Tür hinaus: »Franzi, spring hinauf zum Dauerhaft, er soll gleich kommen, einen Jagdgast führen.«

»Dauerhaft?« In meiner Schwäche für absonderliche Namen spitzte ich die Ohren. Aber als der Jäger in die Stube trat, meinte ich, daß sein Aussehen nicht ganz seinem Namen entspräche. Obwohl er kaum ein paar Jährchen über die Vierzig hatte, war er doch vom Leben schon übel mitgenommen. Ein magerer Kerl mit wildverwittertem Gesicht. Die linke Schläfe war von einer großen, ausgefransten Narbe bedeckt, und über dem linken Auge, dessen Lid gelähmt schien, lag's wie ein feiner, milchiger Flor. Aber das rechte Auge hatte blitzenden Glanz. Über der hohen, runzligen Stirne starrten dünne Haare von verwaschenem Braun durcheinander, ein fadenscheiniger Backenbart, der schon ergrauen wollte, hing ihm langsträhnig auf die Brust herunter, das Kinn und die schmalen, strengen Lippen waren rasiert; aus den Ohren standen zwei kleine, schwarze Schnauzbärte heraus. Und Hut, Joppe, Lederhose und Strümpfe, alles war so verbraucht und gleichmäßig grau, daß er aussah wie eine Steinsäule.

Er musterte mit forschendem Blick meine Ausrüstung und mein Gestell. Dabei riß er das rechte Auge rund auf, während sich das weiße Lid des linken straff über den verschleierten Augapfel spannte. Zufrieden nickte er und sagte mit einer harten, langsamen Stimme: »Mit Eahne laßt sich scho ebbes riskieren.« Er meinte eine Pirsch, auf deren beschwerliche Wege man schließlich nicht jeden Jagdgast führen durfte.

Als wir aus dem Garten des Forsthauses hinaustraten auf die sonnige Straße, fragte ich: «Was glauben Sie, Dauerhaft, werden wir einen guten Gamsbock heimbringen?«

»Wann S' net patzen! Aber gelt, Sie, i hoaß fei Fest, Johann Fest! Meinetwegen können S' mi Hans hoaßen. Dös sagt si gschwinder.«

Ich lachte. »Vom Forstmeister hab ich nur den anderen Namen gehört. Wie ist denn das gekommen, daß Sie den bekamen?«

»A bißl viel übertaucht hab i halt!« Er schmunzelte. »Allweil is mer's graten.« Mit dem Rücken der braunen Hand, die sich in ihrer Magerkeit ansah wie eine Adlerklaue, strich er über das umflorte Auge. »'s letztmal halt, da is mer a bißl ebbes blie-

ben.« Dann begann er von den Aussichten zu schwatzen, die uns der Pirschgang ins Blaueis versprach. Dabei nahm er den Mund nicht voll. Doch am Abend brachte er mich auf einen alten Schlaumeier von Gemsbock mit einer ausgetüftelten Raffiniertheit zu Schuß, die dem Spürsinn eines Indianerhäuptlings alle Ehre gemacht hätte. Es war etwas Raubtierähnliches, etwas ursprünglich Wildes in der Art, wie er lauschend den mageren Hals reckte, lautlos schleichend einen Schritt vor den anderen setzte, beim Anblick des Wildes zu zittern begann und nach meinem Schuß einen Sprung machte, als müßte er dem stürzenden Wild noch eine Kralle in den Nacken hauen.

Ich habe nur selten mit einem Jäger so reiche Jagderfolge erzielt wie mit dem Dauerhaft. Dennoch hab ich nicht gerne mit ihm gejagt. Stille Beschaulichkeit, Freude an einem leuchtenden Morgen, am Glanz eines reinen Abends – dieses ruhige

Trinken aus dem Schönheitsbrunnen der Natur, das mir der liebste Reiz an allem Weidwerk ist –, für so was hatte der Dauerhaft keinen Sinn. Bei ihm hatte man immer den brennenden Schweiß auf der Stirne und das hämmernde Herz bis heroben im Hals. Nach jeder Pirsch mußte ›was liegen‹. Sonst war der Hans in unerträglicher Laune und fluchte wie ein Berserker. Aber wenn er am Abend bei der Heimkehr in die Jagdhütte sagen konnte: ›Heut liegt ebbes, und ebbes Guts!‹ – dann konnte er kreuzfidel sein und bis in die späte Nacht hinein so lustig schwatzen, als hätte er einen guten Schoppen über den Durst getrunken. Bei solchen Plauderstunden bekam ich nach und nach fast alles zu hören, was der Dauerhaft ›übertaucht‹ hatte. Und das war viel! Dreiundzwanzigmal hatte die bleierne Bohne hinter ihm hergepfiffen. Eine hatte ihm das linke Ohrläppchen weggerissen, bei nächster Gelegenheit war ein fingerlanges Stück Rippe mitgegangen, dreimal hatten sie ihn ›woach‹ durch den Schenkel geschossen – »aber«, sagte er, »passiert is mer nie ebbes!« – eine Tatsache, an die er das Urteil zu knüpfen pflegte: »Net amal schießen können s', dö Saulumpen, dö miserabligen!« Sein besonderer Stolz war ein alter Wettermantel. Den trug er mit einer Würde, wie ein chinesischer Vizekönig die gelbe Jacke trägt. Denn dieser mürbe Lodenfleck hatte vierzehn Kugellöcher. Dauerhaft nannte diese Löcher seine ›vierzehn Nothelfer‹. Und vom ganzen Mantel behauptete er, das wäre ›dem Doktor Faust sein Schlafröckerl‹. Allen Ernstes versicherte er: »Da bald drunter einischlupfst, da bist sicher, Bua!«

Daß der Dauerhaft so vieles ›übertaucht‹ hatte, das war eine Folge merkwürdiger Verhältnisse. Im Anfang seiner Jägerlaufbahn war er als bayrischer Jagdgehilfe in den Salforsten angestellt. Die liegen auf österreichischem Boden, aber Wälder und Jagd gehören zu Bayern. Die Forstleute und Jäger in den Salforsten sind bayrische Beamte, doch stehen sie unter österreichischer Gerichtsbarkeit – vorausgesetzt, daß sie sich nach einem Renkontre mit österreichischen Wildschützen da drüben auch erwischen lassen. Aber das tun sie nie! Rumpelt ein Jäger in den Salforsten mit einem Wilddieb zusammen und läuft die Sache für den letzteren ungemütlich ab, so weiß der bayrische Jäger, daß er vor einem österreichischen Gerichtshof einen etwas ungnädigen Spruch zu erwarten hätte. Drum macht er flink den Sprung über die nahe Grenze, meldet sich bei dem nächsten bayrischen Forstamt, wird versetzt, und wenn es zu einer Gerichtsverhandlung kommt, wird er nach bayrischem Gesetz wegen Notwehr freigesprochen. Aber drüben ist man mit diesem Richterspruch nicht einverstanden, und es wird ein

Steckbrief erlassen, der den ›flüchtigen Mörder‹ bei einem ›kaiserlich-königlich hierortsigen Gerichte einzubringen‹ befiehlt. Ob es heute noch so ist, weiß ich nicht. Aber vor zwanzig Jahren, als der gute Dauerhaft unter diesen merkwürdigen ›Territorialverhältnissen‹ zu leiden hatte, da war es so!

Also, der Johann Fest war Jagdgehilfe in einer Wartei der Salforsten, nicht weit von Salfelden. Und war schneidig und gefürchtet im Dienst. Dabei hatte er, um mich seines eigenen Wortes zu bedienen, ›a jungs Madl kennen glernt‹, das heißt auf deutsch: Sie hatte ein Kind von ihm bekommen. Dieses Mädel war die Tochter eines in den Salforsten angestellten bayrischen Jagdgehilfen, dem ein Salfeldener Senn die Kugel durch den Hals geschossen hatte. Die Witib hauste mit ihrer Tochter Monika auf einem netten Anwesen. »No also«, erzählte der Hans, »so haben mer halt gheiret, wie 's Kindl da war!« Und das Glück war fertig. Aber es hatte keine lange Dauer.

Bei einer Pirsch stieß der Festen-Hans mit einem Wilddieb zusammen, der auf den Jäger Feuer machte, aber vorbeischoß. ›Wart, Brüaderl!‹ dachte sich der Hans. »Bums! Und den andern hat's über'n Haufen grissen! Koan Schnaufer nimmer hat er gmacht: A bißl z'tief einigfahren bin i, woaßt! I hab bloß auf d' Haxen antragen. Aber es grat't eim halt net jedsmal, wie ma's haben möcht. Sakra, sakra, da hab i mi nobel hinter die Ohrwaschln kratzt! Und hoam in oam Sauser! Jöises, Jöises – 's Weib hat gjammert, und der Buab hat gflennt in der Wiegen, und d' Schwiegermuatter hat aufrebellt wia narrisch! Aber was hab i denn machen können?«

Der Hans konnte nichts anderes machen als den flinken Sprung über die nahe Grenze. Beim nächsten bayrischen Forstamt meldete er den Vorfall, wurde versetzt, und das Gericht zu Traunstein sprach ihn frei, weil er in Notwehr gehandelt hatte. Drüben aber wurde der übliche Steckbrief gegen den ›sicheren Johann Fest‹ erlassen. Freilich, sicher war der Festen-Hans – aber nicht sonderlich zufrieden mit dieser Wendung der Dinge. Seinem jungen Weib war er gut, und seinen ›nudelfetten‹ Buben hatte er lieb. Die beiden hausten da drüben in dem netten Anwesen – und der sichere Festen-Hans saß einsam da herüben und mußte sich hüten, der Grenze zu nahe zu kommen, bei der die österreichischen Postenführer und Grenzaufseher lauerten. Die dachten: ›Den Hans wird's jahlings amal ummireißen zur Moni. Lang halt er's in der Zölibari net aus!‹

Diese Rechnung stimmte bis auf den kleinen Fehler, daß die schlauen Rechner den Hans nie erwischten, wenn es ihn ›ummiriß‹ zur Moni. Das bei Tag und Nacht überwachte Haus aufzusuchen – diese Dummheit machte der Hans nicht. Immer fand er einen verläßlichen Liebesboten, der die Moni irgendwohin in den Wald oder in eine nicht weit von der Grenze gelegene Sennhütte bestellte. Manchmal brachte sie dabei auch das ›nudelfette‹ Bübchen mit. Aber nicht immer.

Der ungestörte Erfolg dieser Zusammenkünfte machte den Hans übermütig. Er bildete das zu einem Sport aus, bei hellem Tag die Landesgrenze aufzusuchen, sich auf die bayrische Hälfte des Grenzsteines zu setzen und die patrouillierenden Postenführer zu hänseln: »Wia, probiert's es und schießt's ummi! Da kunnt's wegen meiner zwischen Deutschland und Östreich an Krieg geben!« Denn der Festen Hans hatte sich über alle Paragraphen des Völkerrechts genau informiert.

Aber die Strafe für seinen Übermut blieb nicht aus. Drüben begann man die Spaziergänge der Moni schärfer zu überwachen. Und eines Abends, bei schönem Vollmondschein, erwischten sie das zärtliche Pärchen in einer Sennhütte. Aber während die Postenführer die verriegelte Hüttentür aufzubrechen versuchten, sauste der Festen-Hans durch das Schindeldach hinaus und jagte der nahen Grenze entgegen. Vier Kugeln pfiffen hinter ihm her. Dabei ging dem Festen-Hans das linke Ohrläppchen flöten, und sein Wettermantel bekam die ersten sechs Löcher. Drüben über der Grenze tat der Hans einen Juhschrei. Und die Moni, nach überstandenem Schreck, sagte zu den Postenführern: »Ös müaßts mit die Mistgabeln schießen! Da kunnts 'n ebba treffen, mein' Hans! Mit enkere ärarialischen Schießprügeln derlangts 'n net!« Dann schüttelte sie lachend die Röcke und strich die Schürze glatt.

Vier Wochen später bekam der Wettermantel wieder zwei Löcher. Aber als der Hans seinen Juhschrei getan hatte, spürte er ›ebbes Warms hinterm Haxen‹. Und als er hingriff, hatte er die Hand voll Blut. Die Sache war nicht gefährlich. »Bloß a bißl woach haben s' mi derwuschen!« Während mir der Hans das erzählte, fuhr er mit der Hand nach rückwärts. »Da greifen S' her! A kloans Grüberl is mer blieben vom Einschuß.« Aber ich bin kein Mediziner und war nicht neugierig auf dieses Dokument einer Geschoßwirkung.

Damals fingen die bayrischen Jäger mit Lachen an, dem Johann Fest den Namen Hans Dauerhaft zu geben.

Als der Hans dann im Herbste wieder vierzehn Tag liegen mußte, um den abermals ›woach‹ durchschossenen Schenkel auszuheilen, entschloß sich die Moni doch, das nette Anwesen unter dem Werte herzugeben. Denn sie hatte Angst vor dem langen Winter, der mit tiefem Schnee den Weg über die Grenze sperren würde. Und das Kind, das sie unter dem Herzen trug, sollte ›boarisch‹ werden. Der Hausrat wurde auf einem Leiterwagen über die Grenze spediert, und die Moni übersiedelte zu ihrem Hans ins sichere Bayerland.

Im Frühjahr, drei Tage nach der Taufe eines ›nudelsauberen‹ Dirnleins, bekam der Wettermantel wieder zwei Löcher. Die Salfeldener Wilddiebe hatten dem Hans ein ›Kügerl‹ zugeschworen, und weil er nicht mehr hinüberkam über die Grenze, drum kamen sie jetzt zu ihm herüber.

So wurden die ›vierzehn Nothelfer‹ vollzählig.

Da saß er eines Morgens in einem weiten, öden Felskar und beobachtete die Gemsen. Und hört einen Schuß. Und fährt natürlich auf wie der Teufel, für den es eine arme Seele zu holen gibt. Doch bei der nötigen Vorsicht kommt er in dem ungedeckten Felskar nur langsam vorwärts. Und plötzlich sieht er auf sechshundert Schritte drei Kerle mit Büchsen gegen die Grenze steigen. Die Wilddiebe einholen? Das ist unmöglich. Die Gauner ohne Denkzettel entlassen? Das ist für den Hans noch unmöglicher! Sieben Patronen hat er bei sich. Der Wettermantel mit den ›vierzehn Nothelfern‹ wird als lindes Polster auf einen Stein gelegt, die Büchse drüber, und dann geht's los: bumm, bumm! »Herrgott! Dö haben Sprüng gmacht!« Und wieder: bumm, bumm! »Z'erst hab i allweil z'kurz gschossen um an Bauernschuah. Aber beim vierten Schuß is mer's gwesen, als hätt oaner a Zoachen gmacht –

mit'm Haxen hat er so gspassig gschlenkert.« Dann drücken sich die Wilddiebe hinter einen Felsblock und beginnen ein Schnellfeuer nach der Stelle, wo sie die Pulverwölklein des Festen-Hans aufrauchen sahen. Und da spürt der Hans wieder ›ebbes Warms‹ – ein Streifschuß, der unter dem Arm durchgegangen, hat ihm die Haut zerrissen und eine Rippe zerschlagen –, das lose Stück der Rippe klunkert ihm unter der blutenden Wunde. Aber der Dauerhaft läßt sich durch solche Kleinigkeiten nicht stören. »Bumm, bumm!« Als sechs Patronen verschossen sind – die letzte muß für alle Fälle gespart werden –, duckt er sich hinter den Stein, reckt am Bergstock den Wettermantel in die Höhe und pfeift durch die Finger, so oft er eine Kugel pfeifen hört. Der Mantel bekam kein Loch mehr. Aber nach einer Weile sieht der Hans die Wilddiebe Reißaus nehmen und in wirrem Felsgeklüft verschwinden. Mit dem Fernrohr beobachtet er die Steige, die zum Grat hinaufführen, der die Grenze bildet. Doch niemand erscheint da droben. Die Wilddiebe müssen sich irgendwo ›niedertan‹ haben – und da geht's nicht anders, der Hans muß nachschauen!

Zuerst untersucht er seine Wunde. »So a Bröserl tuat mer nix.« Er läßt die verschlagene Rippe klunkern – denkt sich: ›Der Adam hat aa um oane z'weni ghabt!‹ – und klebt ein Stück von dem Heftpflaster, das er als vorsichtiger Mann immer im Rucksack führt, auf die Wunde – »weil i gschwoaßt hab wie a Sau!« Dann los! Mit nackten Füßen natürlich. Bei dem Felsblock, hinter dem die Wilddiebe herauspulverten, findet er ›a paar liachte Spritzer‹. Und jetzt weiß er, wohin. Diese roten Tropfen führen den Dauerhaft. Schon will er in die Schroffen einsteigen – da hört er leise Stimmen. Lautlos steigt er über den Platz hinaus, mit gespannter Büchse, und guckt über eine Felskante hinunter. In einem dusteren Steinloch sieht er die drei ›Brüaderln‹ einträchtig beisammen. Der eine sitzt links auf einem Stein und verbindet sich den Schenkel – der andere sitzt rechts auf einem Stein und zieht gerade mit den Zähnen über dem Handgelenk einen Knopf an das blutige Taschentuch. Und der dritte, schön gesund und ahnungslos, steht zwischen den beiden, gibt den Blessierten gute Ratschläge und empfiehlt ihnen – um mich appetitlich auszudrücken – die Anwendung eines von der menschlichen Natur destillierten Antiseptikums. »Dös is fei ebbes Hoalsams!« behauptet er.

Und da legt der Dauerhaft die Büchse fort und zerschneidet die Hundsleine, die an seinem Rucksack hängt, in drei Stücke. Die nimmt er zwischen die Zähne. Dann springt er in das Steinloch hinunter, mit den genagelten Schuhen dem gesunden Heilkünstler mitten auf den Kopf – und die beiden ›Marodibrüaderln‹ packt er an den Hälsen, so kräftig, daß sie blaue Gesichter bekommen. Und ehe die drei sich von ihrem taumelnden Schreck erholen, sind ihnen die Hände gebunden. Dann geht's hinunter zum Forsthaus, in behaglichem Tempo, denn auf die beiden ›Spitaler‹ muß der Festen-Hans Rücksicht nehmen. Mit den gebundenen Händen müssen die Wilddiebe bei dieser schönen Bergpartie noch die Hosen festhalten, weil ihnen der Dauerhaft, um jeden Fluchtversuch unmöglich zu machen, die Hosenträger abgeschnitten hat. Und hinter den dreien marschiert, sein Pfeifl schmauchend, der Hans mit den vier Büchsen – und manchmal greift er an die zerschlagene Rippe, um zu fühlen, ob sie noch klunkert.

Zwei Jahre später kamen die drei ›Brüaderln‹ gebessert, doch etwas abgemagert, aus der ›blauweißen Stub‹ in die schwarzgelbe Heimat zurück. Und der Dauerhaft hatte vor denen da drüben endgültig Ruhe.

Bei der letzten Geschichte, von der ihm ›a bisserl ebbes blieben‹ war, hatte er's mit einem bayrischen Wilddieb zu tun.

Da war ein Jagdgast im Revier – ›die alt Exlenz‹. Für den Dauerhaft eine harte Zeit! Denn da mußte er kurze Schrittlein machen und schön auf dem Steig bleiben.

Bei solch einer Steigpirsch hörten die beiden ganz in der Nähe einen Schuß. Und der Hans – mit der feinen englischen Büchse, die er dem bequemen Jagdgaste vorangetragen – rennt auf und davon, trifft bei einer Wendung des Steigs mit dem Wilddieb zusammen – und weil die Gegner einander zu nahe waren, um noch schießen zu können, schlägt Hans Dauerhaft mit dem Kolben zu. Ein Knax – und die feine, englische Büchse der alten Exlenz ist mitten entzwei. Im gleichen Augenblick hängen sich Jäger und Wilddieb schon an den Hälsen – der Steig ist schmal – und holterdipolter fährt der raufende Knäuel über das steile Gehäng hinunter, an die zwanzig Meter.

Als die alte Exlenz sich endlich mit Mühe hinunterkrabbelte zu der Stelle, von der das Keuchen und Stöhnen zu hören ist, liegt der Wildschütz mit dem Rücken auf der Erde, und Hans Dauerhaft hockt ihm auf der Brust und drückt ihm mit den Knien den Hals zusammen. Recht übel sieht der Festen-Hans aus! Sein Gesicht ist von Blut überströmt, und der linke Arm hängt regungslos von der Schulter herab. Doch mit der rechten Faust hält er einen Stein umklammert und schlägt auf das Schädeldach des Wildschützen los, der noch um seine Freiheit ringt. Bei jedem Schlag erkundigt sich der Dauerhaft: »Gibst bald a Ruah oder net?«

Aber der Wildschütz will keine Ruhe geben, und dem Festen-Hans schwinden die Kräfte. In halber Ohnmacht trom-

melt er noch immer zu und schreit: »Ja, Herrgott, Exlenz, a bißl taat i mi halt aa rühren!« Dann macht er einen Plumps und liegt dem Wilddieb auf dem Gesicht. Auch dem anderen sind die Sinne vergangen, und da liegen sie nun alle beide still und friedlich übereinander.

Fünf Stunden später, als die Exlenz das Forsthaus alarmiert hatte, fanden sie den Dauerhaft noch bewußtlos. Der linke Arm war nicht gebrochen, nur aus dem Schultergelenk herausgefallen. Aber vom Ohr lief über die Schläfe eine klaffende Wunde gegen die Stirne hinauf.

Der Wilddieb war verschwunden. Es half ihm nicht viel, daß er dauerhafter gewesen als der Dauerhaft! Weil er den Bader brauchte, spürte die Gendarmerie ihn aus.

Eine Woche lag der Hans zwischen Leben und Tod. Dann hatte er noch zwei Monate ›Lazaari und Krankenkost‹ zu übertauchen. Die Wunde heilte; aber die Sehkraft des linken Auges blieb geschwächt, das Lid gelähmt. »Ah, 's linke, dös macht mer nix«, meinte der Dauerhaft, »zielen tuast ja mit'm rechten!«

Nur Haut und Knochen war der Hans noch, als er aus dem Spital nach Hause kam – doch er wäre mit allem zufrieden gewesen. »Bal koan Speck hast, woaßt, da steigst di leichter!« Wenn er nur nicht die böse Entdeckung hätte machen müssen, daß der unrichtig eingesetzte Arm nur halb zu gebrauchen war! »Teifi, Sakra, was mach' i denn da?«

Zum Bezirksarzt und zur Krankenkost hatte er kein Vertrauen mehr. Und ich will ihn mit seinen eigenen Worten erzählen lassen, wie er von einer Wunderdoktorin kuriert wurde.

»Weil i halt allweil umananderghockt bin und gfluacht hab über mein Arm, da haben mer d' Nachbarsleut verraten, daß in Salzburg a Schuasterin waar, dö si auf söllene Sachen verstund. Dö taat an jeden kurieren, den der Doktor scho abgeben hat – und dö hätt' scho amal an Oxen wieder auf gleich bracht, der si an Haxen derfallen hat. Zu der gehst eini, hab i mer denkt! Probierst es amal! Schlechter kann's net werden! Guat! Bin i halt eini auf Salzburg. Himi Sakra, dö Schuasterin, dö hätten S' sehgn sollen! Dö muaß ihre vier Zentner gwogen haben! So an Endstrumm Weibets hab i meiner Lebtag net gsehgn! Dö hat a Fetten ghabt wie d' Sau auf Weihnächten! Und zwoa Schunken wia Krautfässer! Aber a verstandsams Weibsbild! Dö hat si fei gschwind auskennt, wo 's mer fehlt. Und hat gsagt: ›Dös haben mer glei!‹ Und fünf Lehrbuaben hat s' gehabt. Dö haben her müssen! Und z'erst hat mer d' Schuasterin an Schoppen Schnaps geben, recht an scharfen, woaßt, daß mer der Widerstandskraft net auslaßt! Und nacher hat s' mi mit feste Strick an' Ofen anbunden. No, denk' i mer, dös is ja grad, als sollt' i köpft werden! Und derweil i no allweil so schau, haben die fünf Lehrbuaben in d' Händ gspieben und haben mi packt beim steifen Arm. Und d' Schuasterin fangt zum zählen an: ›Ooans, zwoa – Obacht, drei!‹ Und da haben d' Lehrbuben anzogen, und d' Schuasterin druckt am Arm, und an Schnackler hat's gmacht, und d' Armkugel is einigrutscht ins Glenk. Ja, is scho wahr! Dö hat si verstanden aufs Leutkurieren. Da schauen S' her!«

Der Dauerhaft ließ den geheilten Arm kreisen und Räder schlagen, wie beim Sturm der Flügel einer Windmühle herumsaust.

Dabei lachte der Hans, daß er sich aus dem rechten Auge die Tränen seines Vergnügens fortwischen mußte. Das linke blieb ihm trocken. Und die große Narbe an der Schläfe wurde, während er lachte, so rot wie Scharlach.

Nachträglich erfuhr ich aber, daß der Dauerhaft die Salzburger Kurgeschichte – vermutlich aus Dankbarkeit – zu idealisieren pflegte. Denn auch die Wunderdoktorin hatte dem Festen-Hans den ausgekegelten Arm fürs erstemal nicht richtig eingesetzt. Vierzehn Tage später hat er die Kur bei der nudeldicken Schusterin und ihren fünf Lehrbuben ein zweites Mal durchmachen müssen. Dann war ihm aber geholfen! Gründlich!

Eintrag in das Jagdbuch vom 2. Juli 1903

Den 2. Juli abends 9 Uhr kommt der Postbote schweißtriefend angeradelt mit der Meldung, Wilhelm hätte bei der Leutascher Grenze einen kapitalen Hirsch mit fertigem Geweih gesehen, der Hirsch läge einen Büchsenschuß von der Straße in der Ruhe.

Die Liesl war flink gesattelt, und im Galopp gings hinaus, um den Leutaschern diesen feinen Bissen vor Torschluß abzukneifen. Als ich ankam, war der Hirsch schon aufgestanden und äste auf 300 Meter über der Klamm drüben. Das Fernrohr zeigt ein kapitales Zehnergeweih mit gut ausgeschobenen Enden. Aber der Platz war schwierig, – der Hirsch mußte im Feuer bleiben, oder es drohte der Sturz in die Klamm. Ich wählte den Schuß auf den Stich – und der Hirsch brach im Knall zusammen. Ein alter Herr, der nur noch ein einziges Granl hatte.

Die Moritat vom Hirschenmädel Lieserl und vom Jäger Silvester Pischl

Eintrag in das Jagdbuch
vom September 1897

1
O sehet an dies Liebesglück
So schön und vielversprechend,
Doch ach, das Schicksal, das ihm ward,
Ist wahrhaft herzzerbrechend.

2
Kaum brannten ihre Herzen hell
Wie pechgetränkte Brander,
Da riß des Unheils grobe Faust
Sie grausam auseinander.

3
Neugierig – wie die Mädchen sind,
An Launen reich und Listen –
Verfolgte Lieserl einst die Spur
Durchziehender Touristen.

4
Macht ihr zum Vorwurf nicht, daß sie
Den Fehltritt nicht erkannte!
Denn auferzogen wurde sie
Ganz ohne Gouvernante!

5
Sie hat der bösen Buben Brot
Wohl ahnungslos genommen
Und ist – sie wußte selbst nicht wie –
Nach Leutasch so gekommen.

6
Doch die Verwirrung mußte sich
Gar schlimm und traurig lohnen,
Weil in der Leutsch, wie man weiß,
Sehr böse Menschen wohnen.

7
Ein Bauernlackel, wüst und roh,
Geneigt zu Missetaten,
Der dachte, als er Lieserl sah:
»Dös is a fetter Braten!«

8
Blutlüstern griff er nach dem Beil
Und lockte sie mit Tücken
Und schlug dem armen, guten Vieh
Das Mordbeil in den Rücken.

9
Doch, Gottseidank, die Untat war
Nicht fein genug gesponnen,
Denn Lieserl ist mit letzter Kraft
Dem Mörder noch entronnen.

10
Blutüberströmt, dem Tode nah,
Sucht sie den Heimweg wieder,
Doch siehe, auf halbem Wege schon,
Sank sie verendet nieder.

11
Und während sie verblutend lag
In einem tiefen Graben,
Da dachte sie mit Seufzen noch
An ihren holden Knaben.

12
Der saß, dieweil die junge Braut
Ihr Leben still verhauchte,
Beim Adlerwirt, wo er zum Wein
Sein Tubakspfeifchen schmauchte.

13
Als er die Hiobspost vernahm,
Befiel ihn kaltes Zittern,
Und jammernd sprach er: »Mir ist schwach,
Herr Wirt, schnell einen Bittern!«

14
Er konnte nicht mehr von der Stell,
War auf die Bank gesunken,
Und stündlich wuchs der Liter Zahl,
Die er vor Schmerz getrunken.

15
Verzweiflungsvoll und gramgebeut,
Getroffen bis ins Leben,
Hat sich Silvester Pischl so
Dem stillen Suff ergeben.

16
Hubertus, mächtiger Patron,
Kannst du ihn nicht versöhnen,
So wird ihm niemand, niemand mehr,
Das Saufen abgewöhnen.

17
In Blut und blutig rotem Wein
Versank dies Glück und Lieben,
Drum ward mit Blut auch dieses Lied
Ins Jagdbuch eingeschrieben.

Flori

Keine Geschichte – nichts weiter als die Erinnerung an ein paar alte Worte, wie sie das Volk in schöner Stunde zu sagen weiß.

Nur vierzehn Tage stand der Jäger Florian Wachtler in meinem Dienst. Denn als ich die Jagd im Geistal übernahm, hatte der Flori seinen Posten schon gekündigt, weil er im Leben vorwärtskommen und die Forstbauschule besuchen wollte. Ein schlanker, beinahe zierlicher Mensch von 19 Jahren, mit einem offenen Knabengesicht und heiter wie ein klarer Tag im Mai. Er war der Sohn einer armen Witib, einer Häuslerin, die im Taglohn schwitzte, um für ihren Buben das Geld zum Studieren zusammenzukratzen.

Als ich zum erstenmal ins Revier kam, schien mir der Flori für eine Tagespirsche auf bedenklichem Terrain zu schwächlich, und ich wählte mir lieber zum Begleiter einen von den grobknochigen Lümmeln. Am Abend aber, wenn wir mit den Jägern in der Stube beisammen saßen, wußte der lachende Flori immer wieder ein Wort zu sagen, hinter dem sich ein hübscher Gedanke klein machte, wie Kinder im Spiel sich kichernd hinter die Hecken ducken. Immer besser gefiel er mir, und eines Tages nahm ich ihn mit zur Pirsch. Als Jäger machte er sich nicht gerade berühmt. Aber mir war so behaglich zu Mut bei jedem Schritt, den dieser prächtige junge Mensch an meiner Seite tat – fast hätt' ich geschrieben: dieser Jüngling! Denn so was, wie der Flori war, so was Ähnliches muß man sich denken bei diesem schönen, ein bißchen aus der Mode gekommenen Wort.

Es war im November, zur Zeit der Gemsbrunft. Noch lag kein Schnee – nur droben auf den höchsten Spitzen blühten schon die silbernen Rosen. Und der gefrorene Almboden klang unter den Nagelschuhen wie eine stählerne Platte.

Fünf Stunden hatten wir auf dem Gemswechsel ausgehalten. Seit einer Weile klapperten mir schon die Zähne, und als ich aufstehen wollte, glaubte ich in einen Eiszapfen verwandelt zu sein. Auch der Flori, der in seiner dünnen Joppe schauerte, machte ganz langsame Bewegungen, während sonst an ihm alles so flink ging wie bei einem Windspiel. Um wieder in Wärme zu kommen, wurden wir auf dem Heimweg zu Einbrechern – wir rissen die vernagelte Tür einer Sennhütte auf, dann schleppte der Flori dürres Holz zusammen und zündete in der Herdgrube ein Feuer an. Still saßen wir bei der Flamme, bald die Brust und bald den Rücken nach der Wärme drehend. Und ein paar Mal schielte der Flori sehnsüchtig nach meinem Rucksack. Aber da war nichts drin, nur die Patronentasche und das Fernrohr.

»Hast Hunger, Flori?«

»Ja, Herr, der Magen hat Hoamweh wie a verirrte Seel nach'm Paradeis!«

Um dieses Heimweh zu übertauchen, begann er mit dem Feuer zu spielen und legte einen Ast nach dem andern zum Glutstoß, bis die rauschende Flamme fast hinaufschlug zur Balkendecke. Es waren Latschenäste dabei, an denen noch die roten Nadeln hingen. Die knisterten immer so merkwürdig und leuchteten so wunderbar schön, wenn sie Feuer fingen. Und statt in Asche zu fallen, zersprühten sie zu winzigen Sternen, die im Tanz der Flammen gegen die Decke flogen und an den schwarzberußten Balken noch glimmend hängenblieben. Das sah sich an, als hätte die armselige Sennstube ihren eigenen dunklen Himmel, an dem zu Hunderten die kleinen Lichter flimmerten.

Nur das Krachen des Holzes und das Rauschen der Flamme – sonst kein Laut in der Hütte – und die tiefen Atemzüge des Flori. Sein Gesicht glühte. Und während er unablässig in das

Gegaukel der kleinen flimmernden Sternchen schaute, war ein träumender Glanz in seinen feuchten Augen.

Ich fragte mich im stillen: ›Was der sich jetzt wohl denken mag?‹

Und da tat er einen langen, wohligen Atemzug und sagte mit einem Lächeln, dessen liebenswürdigen Reiz ich nie vergessen werde: »So a Fuierl geht für a halbe Mahlzeit! Und waar a Madl dabei, so gang's für a ganze!« – –

Zwei Tage später stieg ich mit dem Flori beim Erlöschen der Sterne zum Sebensee hinauf. Noch immer kein Schnee. Aber eine Kälte, daß am Bach entlang alle Büsche vom Reif in dicke Silberbäume verwandelt waren. Sooft wir da durch mußten, war um unsere Füße her von den großblättrigen Eiskristallen ein leises Geklirr.

Als sich der Morgen zu lichten begann, erreichten wir den Sebensee, der schön wie eine verlorene Gottesträne in der Öde eines großen Felskares gebettet liegt.

Und da sah ich das Herrlichste von allen Farbenwundern, die mir das Naturleben der Berge noch je gezeigt hat.

Der kleine See war gefroren bis auf den Grund. Und das spiegelklare Eis hatte ganz die Farbe des Wassers, wie ein lichter Saphir, durchzogen von grünlichen Bändern, die vom Spiegel senkrecht hinunterhingen – nur an diesen Sprüngen, die das Eis durchfächerten, erkannte man, daß der See gefroren war.

Die Sonne kam. Und über die reifbedeckte Erde strich ein feines Atmen hin, und vom Eisduft, der die Latschenbüsche umkleidete, fielen kleine, silberne Flocken herunter. Weit drüben über den gelben Niederalmen hatten die Schroffen des Wetterstein schon volle Sonne und hingen wie ein heißer Traum im kalten Glanz des Morgens. Die Berge aber, die nahe vor uns das Kar umschlossen, verdeckten unserem Blick die Sonne noch. Der weite Schattenmantel, der die steinernen Riesen umhüllte, hatte ein tiefes, sattes Blau. Doch über alle Grate dieser blauen Berge hin lief eine goldzitternde Feuerlinie, durch einen dunklen Strich geschieden von der matten Bläue des Himmels. Und hinter uns, wo der Grünstein sich erhob, waren die steilen Wände schon angehaucht von der rosigen Glut des Morgens.

Da stieß der Flori einen Laut aus, wie ihn nur das heiligste Staunen in der enggewordenen Brust eines Menschen weckt. Und deutete mit beiden Händen nach dem gefrorenen See.

Der spiegelte den blauen Mantel der Schattenberge und das glühende Rot der sonnbestrahlten Wände. Die glatte Fläche des Eises schillerte in allen Tönen vom tiefsten Stahlblau bis zu hellem Grün. Rote Lichter zuckten mit feinen Strichen durch diesen blauen und grünen Schimmer. Alle Steinblöcke des Grundes, die man deutlich unter dem Eis erkannte, schienen verwandelt in irisierende Opale – und alle Sprünge, die das Eis durchzogen, hingen als dunkel glühende und rosig leuchtende Bänder vom Spiegel in die Tiefe hinunter, seltsam gefaltet, an jene Glanzwunder des Nordlichtes erinnernd, von denen die Polarreisenden zu erzählen wissen.

Das dauerte, ich weiß nicht, wie lange. Doch je höher die Sonne stieg, desto mehr ernüchterte sich dieser zaubervolle Farbenrausch. Eine Weile hingen die Sprünge des Eises noch wie blasse Tücher in milchigem Blau. Und als der gleißende Tag über die Schattenberge zu uns herüberguckte, war der gefrorene See verwandelt in einen funkelnden Goldschild, der die Augen blendete.

Aufatmend sah der Flori mich an, mit großem, erschrockenem Blick. Und stammelte: »Herr Dokter, da trau i mer nimmer leben!«

Was mag in seiner Seele gewesen sein, als er dieses merkwürdige Wort hatte sagen müssen?

Ich war vom Schauen nicht satt geworden. Und dachte: Wenn du die Sonne im Rücken hättest, so könntest du vielleicht dieses farbige Wunder vom anderen Ufer nochmal sehen? Und wollte geraden Weges über das Eis hinüber. Aber der Flori, als er meine Absicht erkannte, klammerte die Hände um meinen Arm und sagte ernst: »Herr Dokter, in so ebbes Schöns, da darf ma net einitappen mit die drecketen Schuah!«

Wir gingen im Bogen um das Ufer. Doch das Wunder blieb erloschen. Auch von drüben gesehen, schimmerte das Eis nur noch wie mattes Glas.

Den ganzen Tag, bis wir heimkamen, war der Flori wie einer, der über den Durst getrunken. Immer schwatzte er, verworren und aufgeregt. Das meiste verstand ich nicht. Im Flori war eben ein Denken und Fühlen, für das die unbehilflichen Mittel seiner Sprache nicht ausreichten.

Wie schade, daß ich diesen Menschen nicht behalten durfte! Denn der Flori war ein Poet. Nun sitzt er irgendwo in einem verlorenen Tiroler Nest als k. k. Forstgehilfe – und vermutlich ist er sehr stolz, weil er's im Leben so weit gebracht hat!

Vor neun Jahren war das. Und in jedem November, den ich seit damals in meinem Jagdrevier verbrachte, bin ich ein paarmal beim Erlöschen der Sterne hinaufgestiegen zum Sebensee. Aber was ich damals mit dem Flori zusammen schauen durfte, das hab' ich niemals wieder gesehen. Die ganz schönen Dinge des Lebens kommen immer nur einmal. Und niemals wieder.

Aquarell von Hugo Engl ▷

Uns're Gemsbrunft war verschnoben.
Gott den Herren muß man loben,
Doch man unterläßt es auch,
Wenn er tut, was nicht der Brauch.
In der Gemsbrunft, sollt' man meinen,
Müßte warm die Sonne scheinen!
Gott warf einen Meter Schnee.
So was tut dem Jäger weh!
Ja, das macht den besten Christen
Über Nacht zum Atheisten,
Welcher schließlich nichts mehr glaubt,
Weil ihm Gott die Freude raubt.
Blutige Tränen muß man weinen,
Und so lernt man das Verneinen!
Aber man bekehrt sich prompt,
Wenn die Sonne wiederkommt.

Eintrag in das Jagdbuch 1909

Heut die erste Patzerei!
Schöner Rehbock. Bautz! Vorbei!
Dann 12 Hirsche noch entdeckt,
und 'nen jungen »Mönch« gestreckt.
Freilich, ja, ich bin halt schon
So ein »Feind der Religion«.
Dann zu Hause, währenddessen
Ich im Kochbrunnbad gesessen,
Bummelten im Tillfußtale
Sieben Hirsche, kapitale,
Ästen auf der Alpe frei
Vis a vis vom Stallgebäu.
Als man dies mir mitgeteilt,
War ich von der Gicht geheilt,
Aber – wie ja zu vermuten –
Leider nur für fünf Minuten!

Eintrag in das Jagdbuch vom 28. Juni 1911

Ludwig Ganghofer und seine Frau Kathinka; Schützenscheibe von F. A. von Kaulbach

Die Tänzerin unseres lieben Herrn

Auf der Gemspirsch im Wettersteingebirge, eines Nachmittags im August, trieb mich ein jäh und heftig ausbrechendes Gewitter in eine alte Sennhütte, die seit einigen Sommern nicht mehr bezogen war.

Gerade noch rechtzeitig, ehe der Regen in Strömen herunterklatschte, konnte ich die Tür erwischen. Das Gefühl, einer Unerquicklichkeit entronnen zu sein, ist immer eine feine Sache. Drum gefiel mir der leere, dickverstaubte, unwirtliche Raum, in dem die Sennleute nur wertloses Gerümpel zurückgelassen und die unterstandsbedürftigen Touristen eine unliebliche Kulturschicht von fettfleckigen Papieren, Flaschenscherben und leeren Konservenbüchsen abgelagert hatten.

Unter dem schweren Wettergewölk, das mit Regen, Hagel, Sturm und Donner über die Hütte hinjagte, war der Raum so duster wie an spätem Abend. Manchmal gab's eine kurze, scharfe Helle, wenn der Schein eines stärkeren Blitzes durch die Türklumsen und durch die Lücken des Balkenwerkes hereinflammte.

Mit ein paar Holzscheiten und Astknorren, die sich finden ließen, schürte ich in der Herdgrube ein Feuerchen an. Und dann kam bei diesem Gezüngel und bei der Zigarette ein behagliches Sitzen im warmen Winkel.

Das Strömen des Regens war wie eine linde Musik um die Hütte her, in Pausen trommelte der Donner seinen Part, und wenn ein stärkerer Windstoß gegen die Balkenwand sauste, geriet der alte, morsche Bau in ein leichtes Zittern und Schwanken, das sich erst nach einer Weile wieder beruhigte.

Solange das Feuer brannte, sah ich immer in diese kleine, schöne Flamme, die mit ruheloser Sehnsucht irgend etwas im Dunkel zu suchen schien. Nach einem Viertelstündlein mußte meine Flamme welken, weil ich sie nimmer nähren konnte. Wieder dieses träumerische Dunkel in der Hütte. Da loderte ein greller Blitz, blendende Lichtbündel zuckten durch alle Winkel des Raumes, und als unter rasselndem Donner die Dunkelheit wieder kam, war das Gefühl in mir: jetzt hast du ein winzig kleines, bleiches, schmerzvolles Menschengesicht in wundervollem Leuchten gesehen!

War's nur eine Ausgeburt meiner Flammenträume? Oder hatte ich dieses Spielwarengesichtchen wirklich gesehen?

Ein neuer Blitz. Und da sah ich es wieder. Für eine Sekunde glomm es aus der Dämmerung heraus, mit weißer Stirne, runden traurigen Äugelchen, mit spitzgeteiltem Braunbart und

halb erloschenen Blutspritzern, die von der Dornenkrone auf die blassen Wangen gefallen waren.

Ein Kruzifix.

Vor Jahren, als die Sennleute diese Almhütte aus Gespensterfurcht verließen, hatten sie alles Gerät und Gerümpel mitgenommen, bis auf ein paar wertlose Scherben. Hatten sie ihren »Herrgott« zurückgelassen, damit er die schutzlose Hütte beschützen möchte? Oder hatten sie ihn nimmer von der Wand heruntergeholt, weil auch er eine wertlose Sache geworden war? Drunten in der Dorfstube lieben sie die neuen, schön bemalten Herrgötter mit mohnrotem Blut. Der da war alt und erloschen, verwittert und bestaubt. Auch hatte er keine Arme mehr, sah wie ein hölzernes Herrchen von Milo aus und haftete nur noch an dem einen Nagel, mit dem die übereinandergelegten Füße ans Kreuz geschlagen waren.

So hing er im dunklen Balkenwinkel über einem leeren Schüsselbrett, hing ein bißchen stark nach vorne geneigt, und so oft diese heftigen Windstöße die Hütte zittern machten, schwankte er an dem federnden Nagel ein wenig hin und her. Das war anzusehen, als möchte er bei verständnisvollem Nikken ganz leise sagen: »Ja, ja, ja, ja!« Es war in diesem Nicken ein göttlicher Humor.

Während ich das graue, nickende Bild betrachtete, war in mir eine warme Heiterkeit und eine tiefe Andacht. Unter den religiösen Kunstwerken hat mich auch das herrlichste, dessen Wert man mit einer Million beziffert, nicht so friedvoll und andächtig gemacht, wie der armlose, vergessene Herrgott im Käserwinkel der Wettersteiner Hochalm.

Rings um die Hütte begann es nun ruhiger zu werden. Wohl fiel noch immer ein kräftiger Regen, doch das Gewitter verzog sich schon, die Blitze waren ein schwaches Glimmen, der Donner rollte über fernen Bergen, und die Dämmerung des Hüttenraumes begann sich aufzuhellen.

Schon wollte ich den Herdwinkel verlassen, da vernahm ich ein leises Klirren. Und als ich rasch die Augen wandte, sah ich etwas Blankes und Schimmerndes laufen. Der runde Deckel einer Konservenbüchse rollte über den schwarzen Hüttenboden gegen mich her und fiel mit einem feinen Klington auf die Seite. Und bevor ich mir noch das Rätsel ausdeuten konnte, wie er in Bewegung geraten wäre, huschte unter dem Kreister ein junges, schlankes, flinkes Wiesel heraus, holte in leichten, reizvollen Sprüngen das blinkende Deckelchen ein und begann mit ihm zu spielen.

Wie entzückend war das! In einem heiter scherzenden Raubtier, groß oder winzig, steckt die höchste Grazie des Lebens. Das ist doch der wundersamste von allen Kontrasten: Grausamkeit und Blutgier, die sich in die Freude an zierlich beflügeltem Tanz verwandeln!

Um das spielende Tierchen durch keine Regung zu vergrämen, saß ich wie versteinert gegen die Balkenwand gedrückt, zwang den Atem zur Ruhe und schloß auch halb noch die Lider.

Es war ein kleines, feines, braunes Dingelchen mit zwei blitzenden Diamantsplittern als Augen, ein Jungwiesel vom vergangenen Jahr, nach Bau und Gestalt zu schließen ein Jüngferchen, das noch nicht Mutter geworden war. Wie ein hurtiges Schlänglein mit winzigen Füßen sah es aus, die Kehle und das Brüstchen silberweiß, das straffe Schwänzlein flaumig gebuscht.

Unermüdlich spielte es mit der glänzenden Blechscheibe, streckte immer wieder die spitze Schnauze schnuppernd und in höchstem Staunen gegen dieses sonderbare Menschheitsrelikt und hob zwischen Spiel und Getändel alle paar Sekunden neugierig das zierliche Köpfchen, spähte nach allen Winkeln und schien Geräusche zu hören, die mein menschliches Trommelfell nicht registrierte.

Jetzt rollte das blinkende Deckelchen wieder, wich dem

Sprunge des Wiesels im Bogen aus und machte beim Endlauf unter feinem Blechgetriller einen hübschen Kreiseltanz. Über diese seltsame Begebenheit schien das Tierchen in eine Art von Überfreude zu geraten, die es durch die höchste Grazie seines Lebens bekunden mußte. Als der klirrende Kreisel umfiel und liegen blieb, begann es mit bezaubernden Bewegungen in einer endlosen Doppelschlinge über die Blechscheibe hin und her zu springen, so unglaublich flink, daß es aussah wie ums Vierfache verlängert, wie verwandelt in eine lebendige, braun und weiß gestreifte Achterlinie mit sechzehn winzigen Füßchen. Und so im Sprunge schnappte es das schillernde Spielzeug vom Boden auf, warf es in die Luft und fing es wieder, sprang der Blechscheibe nach, als sie davonrollte, kam zum Greifen nahe bis vor mein Knie und saß wie erstarrt und sah mich an. Und witterte wohl die Wärme meines nahen Körpers. Und wie ein Husch davon, unter schrillem Gezwitscher blitzschnell über die Balkenwand hinauf, mit weitem Sprung hinüber zu dem leeren Schüsselbrett und dem armlosen Herrgott auf den Rücken.

Und wieder nickte das Bildnis humorvoll: »Ja, ja, ja, ja!«

Von dem ganzen Wieselchen, das sich hinter den Schultern des Geduldigen versteckte, war nichts mehr zu sehen als die Schweifquaste, die sich um die Lende der Holzfigur herumwand, und die spitzige Schnauze, die mit funkelnden Äuglein dicht neben der weißen Wange des Bildes herauslugte.

So blieb das Tierchen, das seinen Beschützer gut zu kennen schien, lautlos und unbeweglich sitzen. Sehr lange. Dann regte sich die Neugier in ihm, und langsam begann es auch wieder vertraut zu werden. Es hob und duckte das Köpfchen, fuchtelte mit der Schweifquaste, guckte bald über die Dornenkrone, bald links und bald rechts über die armlose Schulter, zwitscherte fein, murmelte wie ein Eichhörnchen und schmiegte die Wange an das blasse Gesicht des Milden, der immer nickte und leise zu lächeln schien.

Jetzt mit einem flinken, unhörbaren Sprung herunter auf das leere Schüsselbrett.

Und da bekam ich etwas unbeschreiblich Reizvolles, ich möchte fast sagen: etwas Wundersames zu schauen.

Gewiß, ich weiß: diese sonderbaren Stellungen und Sprünge des zierlichen Tierchens waren nur Bewegungen seiner Neugier, seines Spähens, seiner halb beschwichtigten Unruhe. Und dieses gleichförmige Hin und Her, diese regelmäßige Um- und Wiederkehr des graziösen Gegaukels war verursacht und erzwungen durch den begrenzten Raum des Brettes. Aber meiner nüchternen Weisheit zum Trotz erschien das seltsame Gebaren des Tieres als eine mystisch-fromme Sache, die mich ergriff.

Wie das feine, schlanke Jüngferchen, hinter dem die Schweifquaste gleich einem bräunlichen Schleier mit schwarzer Borte herflog, diese unveränderlichen Sprünge von abgezirkelter Länge machte, immer mit drei völlig gleichen Sprüngen den Raum des Brettes füllend; wie es sich bei jeder Wendung aufrichtete und sich im Wirbel drehte; wie es sich bald zur Rechten und bald zur Linken des schwankenden Bildes emporstellte, ähnlich den Wappentieren, die sich zur Helmzier hinaufstrecken; wie es bald an dem einen, bald an dem anderen Ende des Brettes ruhig sitzen blieb, jetzt mit geducktem Kopf, jetzt auf den Hinterfüßen eine Sekunde starr und wie leblos aufgerichtet; wie es dann wieder im Sitzen wiegend den Kopf bewegte und mit den gehobenen Vorderfüßchen predigende Gesten machte oder Gebetsstellungen einnahm und nun aufs neue mit der Raserei eines verzückten Geschöpfes in einer dreifachen Schleifenlinie hin und her gaukelte, immer zu Füßen des alten heiligen Bildes – wahrhaftig, das war anzusehen wie ein frommer Tanz, rhythmisch gegliedert, von Sinn und künstlerischem Willen durchhaucht – war ähnlich dem Tanz einer Japanerin, einer Bajadere, eines Nubierkindes.

Und immer nickte das armlose Bild des Gekreuzigten, der vorgebeugt auf seine kleine Tänzerin heruntersah.

Da begann im Zwielicht der Hüttenstube eine starke goldschöne Helligkeit aufzubrennen. Erst durchrieselte mich etwas Unerklärliches. Dann wurde ich aus meinem versunkenen Schauen wach – bei der ersten Bewegung, die ich machte, verschwand das Wieselchen mit einem schrillen Laut – und erschrocken sprang ich auf, weil ich fürchtete, die Hütte hätte Feuer gefangen. Aber dieses Leuchtende kam von draußen herein, durch die Risse der morschen Türe, durch die Spalten des Gebälks.

Ich sprang ins Freie und sah ein neues Wunder.

Das Gewitter war fast vorübergezogen, und nur noch eine dünne Regenwand hing zwischen mir und der klaren Abendsonne. Und vor dem tiefblauen Himmel, der durch die Striche des Regens schon zu sehen war, glich jeder von diesen Millionen fallender Wassertropfen einem großen, feuergelben, in Strahlen blitzenden Goldkorn. Es war ein Gefunkel und ein Leuchten, als hätte sich vor meinen Augen die Schatzkammer eines Märchenkönigs aufgetan.

Ich nahm den Hut herunter, trat aus dem Schutze des Hüttendaches hinaus und ließ diesen Goldregen des Himmels über mich herfallen.

Ein weidmännischer Glücksfall

Bei einem Wegkreuz erwartete mich der Förster von Laubau, und nun ging's einem Bergtag entgegen, der mir gleich auf den ersten Anhieb ein wunderliches Erlebnis bescherte. Mit Jägerpech begann es und endete mit einem weidmännischen Glücksfall, der so wirklich war, wie er unglaublich erscheint.

Wir stiegen zur Hirschbergwand hinauf. Ich mußte immer wieder stehen bleiben und hatte so viel zu gucken, so viel zu lauschen, so viel zu staunen, daß der Morgen schon hell wurde, ehe wir die Balzstätte des Auerhahnes erreichten und den Hauptschlag seines urweltlichen Liebesliedes vernahmen. Der einsame Lärchbaum, auf dem er sang, stand dicht am Abfall der Wand und war von uns durch eine zweihundert Meter breite Blöße getrennt. Der Förster meinte: »Da spuckt's, Herr Doktor! Den kriegen S' heut net!« Das unmöglich Erscheinende reizte mich erst recht. Nach dem Takt des Hauptschlages, der deutlich vom Lärchbaum herüberklang, begann ich zu pirschen, zu springen und zu schleichen. Da verstummte der Hahn. Hatte ich meine Sache schlecht gemacht? Oder hatte mich nur das Morgenlicht auf der Blöße verraten, die fast ohne Deckung war? Qualvolle Minuten. Endlich vernahm ich das mißtrauisch zögernde Klippen des Hahnes wieder, und endlich, endlich wieder einen Hauptschlag. Ich sprang und warf mich nach jedem Sprung der Länge nach ins Almrosenkraut. Einmal tat ich's um eine halbe Sekunde zu spät. Und wieder schwieg der Hahn. Noch ein paarmal so. Immer länger wurden die Pausen dieses herzklopfenden Harrens. Und da schlug schon die Morgensonne den Gipfel des Lärchbaumes an, und ich wußte: jetzt war's vorbei. Fehljagd am ersten Morgen in den Bergen! Wütend knirschte ich durch die Zähne: Erzwings! Bis zum Lärchbaum hinüber war's noch zu weit für den Schuß. Und der vergrämte Hahn äugte immer her zu mir und machte schon den Kragen so lang wie eine aus ihrem Häuschen gekrochene Schnecke. Aufspringend fing ich in langen Sätzen zu rasen an – und als der Hahn die Schwingen lüftete und sich abstieß vom Baumgipfel, krachte mein Schuß in den sonniggewordenen Bergmorgen. Ein paar Federchen stoben auf, und im Gleitflug sauste der Hahn über die steile Wand hinaus. Als ich atemlos die Sturzkante der Felsen erreichte, konnte ich ihn noch sehen. Von der Sonne bestrahlt, gleich einer schmetterlingsförmigen Goldflocke, schwamm er, immer tiefer gleitend, über das lange Waldtal hin, so weit hinaus, daß der Förster über die Blöße herüberkommen und den davonschwebenden

Hahn noch sehen konnte. »No also, jetzt haben S' es, mit Ihrer narrischen Umanandschaugerei in der Fruah!« Immer kleiner wurde der große Hahn, wurde wie eine Mücke, blitzte über dem fernen, dunklen Walde noch ein letztesmal wie eine Nadelspitze und war verschwunden.

Suchen? Dieser Gedanke war Irrsinn. Bis da hinaus, wo uns der Hahn verschwunden, waren es ein paar Wegstunden.

Der Beginn des Heimweges hatte das lange Gesicht eines trostlosen Jägerkummers. Aber dann gab mir der von Licht und Farben funkelnde Sonnenmorgen tausendmal mehr, als ich im ersten Tageserwachen verloren hatte. Im Laubauer Forsthaus ein paar Stunden Schlaf, und als ich nach der Mahlzeit mit dem Förster schwatzend beim Kaffee saß, kam ein alter Holzknecht: »Herr Förstner, da draußten beim Ferchensee, da is ebbes Gspaßiges. Da steht auf'm Waldweg a Hirschl und rüahrt si net und is a so zahm, daß d' eahm hingreifen kannst, wo d' magst, hint oder vurn.«

Ich sagte: »Zahm? Nein. Der Hirsch ist krank. Da müssen wir hinaus. Vielleicht können wir das vom Winter erschöpfte Tier noch durchbringen.«

Gleich wanderten wir davon, der Förster mit einem dicken Heubündel, ich mit einem Habersäcklein, der Richtung zu, in der »mein« Auerhahn verschwunden war. Ein Marsch von anderthalb Stunden. Und richtig, auf dem Waldweg stand das Hirschl, unbeweglich, zahmer als zahm – ein junger Sechser, auf dem Haupt noch das schwache Geweih, das im Winter bleich geworden war. Die Lichter offen, den steifen Hals gestreckt, mit seitwärts gespreizten Läufen, so stand er mitten im Weg wie eine geschnitzte, mit einem Hirschfell überzogene Holzfigur – bereits verendet. Als wir den Hirsch umwarfen, blieb seine Körperhaltung die gleiche, die sie vorher gewesen war; nur die zwei schon abgemorschten Geweihstangen klirrten dem Hirsch von der Stirne weg wie Glas. »Der is im Starrkrampf verendt«, meinte der Förster, »der muß arg marod gwesen sein.« Die Krankheit mußte festgestellt werden. Ob's nicht eine bedenkliche Wildseuche wäre? Der Förster zog die Joppe aus, und während er das anatomische Forscherwerk begann, wollt' ich mich im Schatten des Waldsaumes niedersetzen. Und just an der Stelle, die ich mir zum Ausrasten wählte, leuchtete was Blauschwarzes und weiß Gesprenkeltes! – Mein Auerhahn! – Hätt' ich nicht vorher hingeguckt, ich hätte mich draufgesetzt!

Nach dem ersten Staunen, und als ich den Hahn schon in der Hand hatte, mußte ich glückselig lachen. »Gelt! Hab ich's halt doch erzwungen!«

»A Kunst! Bal oaner so a Sauglück hat wia Sie!« Auch der Förster lachte. »Oft sag' i's: hat oaner 's richtige Glück, so kann er blind marschieren und braucht koane Augen net. Allweil findt er! Kreuzsakra! Sie därfen ans Leben glauben wie der Tag an d' Sunn!«

Während der Förster das Eingeweide des aufgebrochenen Hirsches bis auf die Nieren untersuchte, kam für mich eine nachdenkliche Viertelstunde. Glück haben? Das ist freilich die wirksamste von allen Lebenshilfen, die bequemste von allen Leitern nach aufwärts. Aber – um beim Symbol dieses wunderlichen, auch in seiner erwiesenen Wirklichkeit noch unwahrscheinlichen Zufalles zu bleiben – hätte ich denn »meinen Auerhahn« nicht verscherzt, wenn ich im Laubauer Forsthause sitzen geblieben wäre, mit dem Gedanken: »Was geht mich das kranke Vieh da draußen an?« Eine billige Moral. Aber müssen die billigen Dinge denn immer die schlechten sein? Und war der Weg, den wir da gemacht hatten, gleichviel aus welchem Grunde, nicht doch ein Weg unseres *Willens?* Nahm das dem sonderbaren Zufall nicht schon die Hälfte seiner Unwahrscheinlichkeit, die Hälfte dessen, was der Förster an ihm als blindes »Sauglück« bezeichnet? Und Zufall? Ist das nicht *auch* nur ein Wort für eine unbegreifliche Sache, genau so, wie wir Gott oder Teufel, Glück oder Unglück sagen? Und mehr als jede Klarheit des Lebens ist jede seiner verschleierten Wunderlichkeiten ein Fingerwink und Wegweiser. Das Nötigste ist nicht immer das Verständnis – es kommt nur darauf an, den Wink zu fühlen, ihm willig zu sein. Schmiege dich den Absich-

ten des Lebens an, und du wirst emporgezogen ins Helle, widerstrebe dem Leben, und du gleitest hinunter ins Dunkle und Trostlose. Um beharrlich ans Leben glauben zu können, braucht man im Grunde nur zwei Eigenschaften zu besitzen: Dankbarkeit und gutes Gedächtnis. Man darf eine Glücksstunde, die uns kam, nie wieder vergessen, und immer muß man bereit sein zu der hilfreichen Überzeugung: Das Glück war da, es wird wieder kommen.

Solche Gedanken gingen mir durch den Kopf, bis der Förster die von Blattwürmern ekelhaft durchwimmelte Leber des Hirsches vor mich hinhielt und sagte: »Da! Dös hat'r davon, weil er allweil auf der Schattseiten gstanden is. A sonnseitiger Hirsch hat allweil a gsunde Leber!« – In dem Manuskripte, das während der folgenden Wochen zu Ruhpolding entstand, steht ein Zweizeiler an den Rand gekritzelt:

»Es führt jede Straße dem Guten zu.
Die Wege sind da. Aber gehen mußt Du!«

Ich vermute, dieser kleine Lebensspruch hat einigen Zusammenhang mit dem Laubauer Auerhahn, den ein unwahrscheinlicher Glücksfall mich finden ließ, und mit dem maroden Hirsch, der die Schattenseite seines Tales nie verlassen wollte.

Idylle

Anna, Burgi und die Lieserl
Rasten hier im Hof a bisserl,

Friedlich sitzt das brave Annerl
Bei dem leeren Abspülwannerl.

Gar nicht weit von ihrem Näserl
Hängt ein schönes Birkenbeserl.

Links ein weißes Küchentücherl,
Rechts das leere Kehrichtwüscherl.

Freundlich blickt das brave Burgerl,
Macht dem Jagdheren nie ein Surgerl.

Eintrag in das Jagdbuch vom Oktober 1904

Idyllen.

Anna, Liesgi und die Eselerl
Rasten hier im Hof ein bißerl.
Friedlich sitzt das brave Annerl
Bei dem langen Alpzügelmannerl.

Gar nicht weit von ihrem Näserl
Hängt ein schönes Lindenhaferl.

Links ein weißes Küchentücherl
Rechts das leere Kehrichttücherl.
Freundlich blickt das brave Liesgerl,
Macht dem Fotografen ein ein Bürgerl.

L.

Ausklang

In den letzten Jahren vor dem ersten Weltkrieg zieht ein etwas melancholischer Ton in das Jagdbuch ein. Die große Zeit der Gaistaljagd scheint vorbei. Ludwig Ganghofer hat die Fünfzig überschritten, und allerlei körperliche Beschwerden machen sich bemerkbar. Mit der Migräne, die ihn nach seinen Mißerfolgen mit den Blutauffrischungshirschen so heftig niederwarf, hat er schon früher zu tun gehabt. Sie stellte sich zumeist ein, wenn er etwas erzwingen wollte und unterlag. Ganghofer folgte keineswegs immer seiner taoistischen Erkenntnis, daß man dem Strom des Lebens nachgeben müsse. Er schwankte stets zwischen ungestümer Willens- und Tatkraft und einem nach innen gekehrten Lauschen und Suchen nach dem rechten Weg. Besonders in der Jagd ging er mit seinem Zwingenwollen manchmal bis an die äußerste Grenze. Als er einmal in den Karpaten unbedingt einen Bären erlegen wollte, trieb er seine Helfer bei eisiger Kälte in den tiefen Schnee hinaus, damit sie ihm mit ihren Körpern einen Weg bahnten. Nur mit knapper Not entging er dem Tode durch Erschöpfung und Erfrieren.

Von seiner quälenden Gicht erzählen mehrere Gedichte des Jagdbuches. Auf späteren Fotos sieht man den Jagdherrn mit langen bis über die Knie reichenden Wollstrümpfen unter der Kurzledernen, in weichem Schuhwerk und mit etwas müdem traumverlorenem Blick. Um sich die weiten Wegstrecken seines ausgedehnten Reviers zu verkürzen, schaffte er sich ein Reitpferd an, die Liesl, und durchquerte sein Reich nun hoch zu Roß. Dabei kam er sich wohl selbst etwas komisch vor, wie das folgende Gedicht vermuten läßt:

Es reitet ein Reiter zur Birsche hinaus,
Juhe!
Das Zipperlein zwickt ihn, die Haar' gehn ihm aus,
Juhe!
Sein frohes, sein lachendes Blondgesicht
Wird runzlig bei Rheuma und Fingergicht,
Juhe, juhe, juhe!
Hopseisa, Jugend, ade!

Der Reiter reitet und singt ein Lied:
Juhe!
Es kann nicht altern, wer Schönheit sieht,
Juhe!
Noch leb' ich und reite im grünen Forst,
Und plagen mich Schmerzen, das ist mir worst,
Juhe, juheisa, juhu!
Ich lache und sing' immerzu!

Aber ganz so heiter wird er die Beschwerden nicht genommen haben. Oft machten ihm nur schmerzstillende Mittel das Dasein erträglich. Als er einmal eine zu große Dosis Atophan nimmt, gerät er an den Rand des Todes. Kaiser Wilhelm, einer seiner begeisterten Leser, schickt ihm ein Telegramm und gratuliert zur Genesung.

Doch Mitleid und Trauermiene konnte Ganghofer nicht lange ertragen. Sich selbst aufmunternd schreibt er ins Jagdbuch:

Menschenkind, mach keine Faxen!
Dies ist Pflicht des Optimisten,
Daß er, wenn die Bauern misten,
An die Ähren denkt, die wachsen,
Voll, wie er schon viele schnitt.

Mit zunehmendem Alter überkommt ihn das Verlangen, sich

ab und zu ganz in die Einsamkeit zurückzuziehen. Er mietete sich in Ehrwald im Hause eines Kaufmanns ein Zimmer und arbeitete dort wochenlang ungestört. Als das Haus in seiner Abwesenheit niederzubrennen drohte, ließen die Ehrwalder den zentnerschweren Schrank mit seinen Manuskripten in Eile zum Fenster hinab. Unter dem Titel »Tiroler Treue« war darüber in der Lokalzeitung zu lesen.

Als das Jahr 1914 näher rückt, werden die Eintragungen ins Jagdbuch immer spärlicher. Man fühlt, daß andere Dinge den Jagdherrn in Hubertus beschäftigen. Der »Zeitschnupfen«, wie er es nennt, hält den glühenden Patrioten gepackt und raubt ihm die Ruhe. Im Juli 1914, nachdem sich die leeren Blätter, die später mit Zeichnungen oder Fotos gefüllt werden sollten, gehäuft haben, bricht das Jagdbuch plötzlich ab. Die Lücken sind nie geschlossen worden.

Als die Nachricht von der Mobilmachung kam, weilte Ganghofer wie jeden Sommer in Hubertus. Sofort eilten seine Jäger zu ihren Regimentern. Soldaten kamen ins Jagdhaus und holten seine Reitpferde zum Militärdienst. Kurz darauf machte sich Ganghofer mit seiner Familie in einem von zwei klapprigen Feuerwehrgäulen gezogenen Omnibus auf die abenteuerliche Heimfahrt nach Bayern. An der Grenze erklärte ein bewaffneter Posten, daß niemand »hinausdürfe«. So kletterte Ganghofer in einem unbewachten Augenblick mit Frau, Kindern, Enkeln und Schwiegersohn über die Absperrung und gelangte glücklich nach Mittenwald, wo er eine Depesche aufgab und um Verwendung in der Armee bat. Bald darauf fuhr er als erster deutscher Kriegsberichterstatter zu den Truppen an die Front.

Ludwig Thoma und Ludwig Ganghofer

Aber der Krieg, der so jubelnd begonnen hatte und manchem braven Jäger und Bauernburschen nicht mehr als eine große Wirtshausrauferei zu sein schien, entwickelte eine Eigengewalt, die am Ende auch den Optimisten Ganghofer verstört und ratlos am Rande eines Trümmerhaufens zurückließ.

Untätig saß er die ersten Wochen in seiner Münchner Wohnung. In seinem schönen Revier unter dem Wetterstein knallten die Büchsen der Wilderer wie bereits während des Krieges. Sie verschonten nichts, was einen guten Braten versprach.

Ludwig Thoma hat ihn schließlich wieder an den Schreibtisch zurückgebracht. Aber die Arbeit wollte ihm nicht mehr von der Hand gehen. Zu sehr beschäftigte ihn das Zeitgeschehen. Etwas anderes war stärker gewesen als er, und er hatte es nicht »zwingen« können. »Oft klagte er während des Jahres 1919«, schreibt Thoma, »daß ihn, wenn er sich zur Arbeit und zum Vergessen zwingen wollte, der Zorn vom Schreibtisch aufjage, und daß ihm das sinnlose Geschehen ringsumher, diese Welt, der er einmal so freudiges Verstehen entgegengebracht habe, als Narrenhaus erscheinen lasse.«

Dennoch fand er schließlich in seiner Arbeit Trost und es kam einiges zustande. Er schrieb weiter an seiner Biographie, die er »Lebenslauf eines Optimisten« nannte und unter anderem auch an jener merkwürdigen »Waldphantasie«, von der er zu Thoma bereits 1904 gesprochen hatte. Er hatte vor, sich gedanklich in einen Hirschen zu verwandeln und dessen Leben aus dieser Perspektive zu beschreiben. Thoma nannte das Vorhaben »doch etwas bizarr« und schwierig, aber Ganghofer »wies die Bedenken lachend zurück und sagte, daß er sich schon unbändig auf die Schilderung der Brunftzeit freue«. Und Thoma fährt fort: »Es gehört die sichere, in allem festgefügte Kenntnis von Natur und Wild dazu, um diesen Plan nur als möglich hinzunehmen und es gehört Ganghofer dazu, um ihn auszuführen.«

Die Arbeit blieb Fragment. Unvermutet und ohne Mahnung ereilte ihn der Tod in seinem neuen Haus am Tegernsee, das er noch nicht lange bewohnte. Am 24. Juli 1920 hatte ihn ein leichtes Übelsein befallen, und der Arzt war geholt worden. »Meine Mutter setzte sich an sein Bett«, berichtet seine Tochter, »und nahm seine Hand. Wohlig streckte er sich. Ich bin so glücklich! – ein tiefer Atemzug, und alles war zu Ende.«

Den schönsten Nachruf auf den Hingeschiedenen schrieb Ludwig Thoma. »Um den Mann ist schade«, sind die einfachen Worte, mit denen er seinen vertrauten Freund ehrt. Die beiden Jagdgenossen ruhen Seite an Seite auf dem Friedhof in Egern am Tegernsee.

Die Gräber der beiden Freunde auf dem Friedhof von Egern

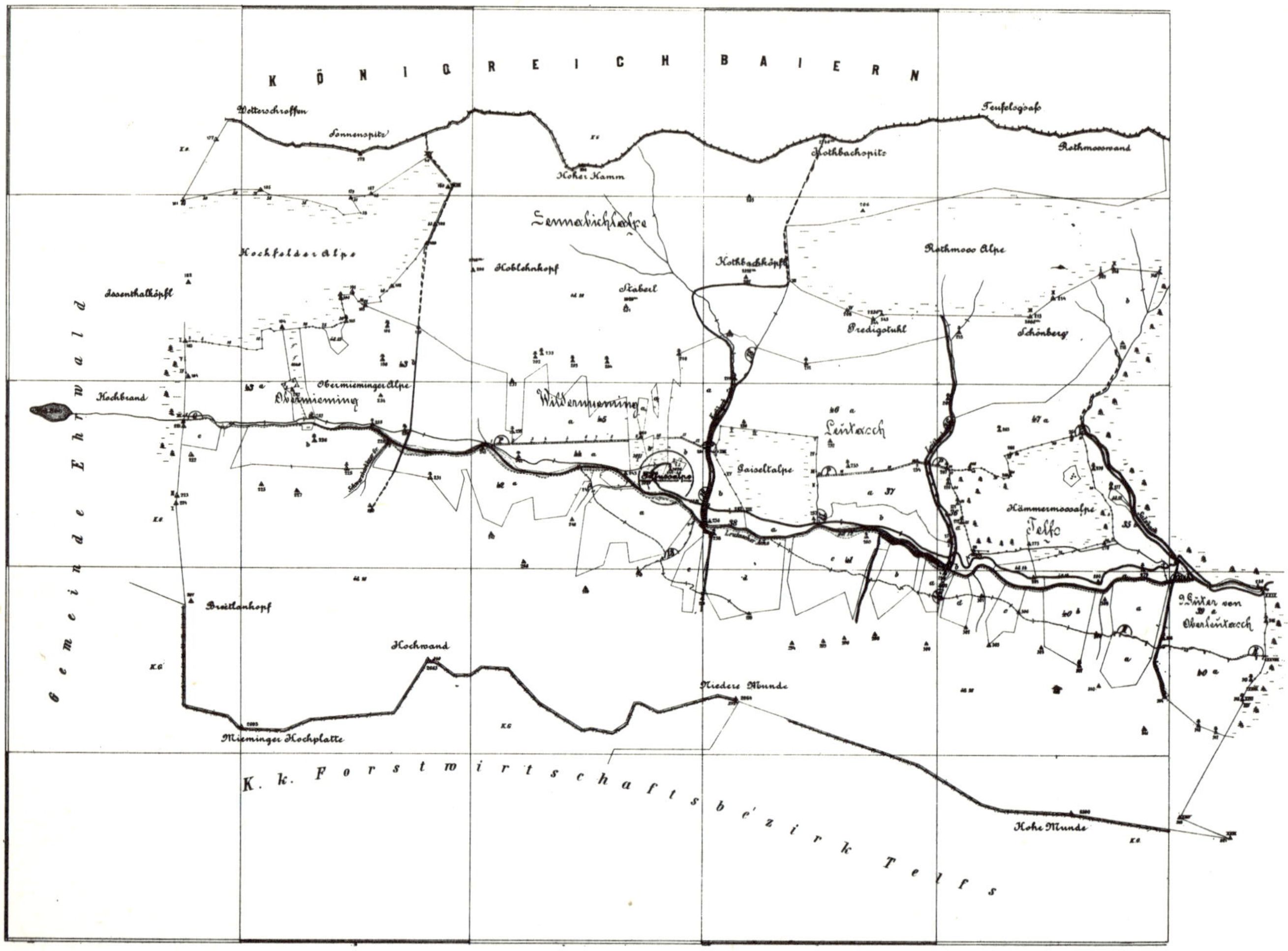

Revierkarte der Gaistaljagd um 1910

Dritte Auflage
© 1978 ISBN 3-475-52230-6
Das Buch erscheint in der Reihe »Rosenheimer Raritäten« im Rosenheimer Verlagshaus Alfred Förg GmbH & Co. KG, Rosenheim. Es wurde gedruckt in der Buchdruckerei Georg Wagner, Nördlingen, und gebunden in der Verlagsbuchbinderei Hans Klotz, Augsburg. Den Schutzumschlag gestaltete Ulrich Eichberger, München, unter Verwendung eines Aquarells aus L. Ganghofers Jagdbuch (Vorderseite) und einer Zeichnung von C. W. Allers aus »Das Deutsche Jägerbuch«. Die Vorlagen für die übrigen Abbildungen stammen, soweit sie nicht L. Ganghofers Jagdbuch entnommen sind, aus der Staatlichen Graphischen Sammlung, München (Leopold Rottmann: S. 1, 23, 58, 206 f., 224; Lorenz Quaglio d. J.: S. 30, 79, 114, 162, 226, 241), aus dem Deutschen Jagdmuseum, München (I. G. Wintter: S. 17, 36 f., 149, 199; Max Haider: S. 47, 152 f., 154 f., 159, 168 f., 170 f., 179, 234, 236), aus »Das Deutsche Jägerbuch von C. W. Allers (Zeichnungen) und Ludwig Ganghofer, Stuttgart–Berlin–Leipzig« (um 1900) (S. 11, 14 f., 18 f., 25, 28 f., 54 f., 56, 65, 67, 69, 77, 87, 95, 101 f., 109, 113, 125, 131, 136, 147, 151, 157, 161, 164, 181, 183, 185, 192 f., 197, 210 f., 213, 217, 223, 227) und aus Privatbesitz (S. 8 f., 24, 32, 43, 46, 50 f., 61 f., 72, 123, 141, 173, 186 f., 220, 229, 232, 238, 244, 247; Ludwig-Thoma-Haus, Rottach: S. 5). Folgende Erzählungen wurden mit freundlicher Genehmigung des Verlags Droemer Knaur, München, aus dort erschienenen Büchern Ganghofers übernommen: aus »Bergheimat«: »Adlerjagd«, »Pirsch auf den Feisthirsch«, »Gamsbrunft« (Originaltitel »Wenn sich die Blätter färben«), »Der Graben-Teufel«; aus »Hochlandzauber«: »Hirschbrunft«, »Hans Dauerhaft«, »Flori«; aus »Lebenslauf« finden sich »Scheibenschießen F. v. Kobell«, »Der erste Gamsbock« und »Der erste Auerhahn« in das Einleitungskapitel »Jäger und Poet« eingearbeitet.